LATINA
CITTÁ DEL RAZIONALISMO
Gemellata con
PALOS DE LA FRONTERA
"Culla della Scoperta dell'America"
(SPAGNA)

Rationalisme herzien

Justin Agyin, Bart Decroos en Christoph Grafe

'Welkom in de stad van het rationalisme.' Met die woorden verwelkomt de stad Latina, voorheen bekend als Littoria, gelegen in de Pontijnse moerassen ten zuiden van Rome, haar bezoekers. De gekozen typering suggereert vanzelfsprekendheid: alsof iedereen die deze in de jaren 1930 gebouwde stad bezoekt, begrijpt dat de benaming verwijst naar het rationalisme van de architectuur die onder het regime van Mussolini de bevoorrechte taal was van de betekenisdragers van deze autoritaire versie van moderniteit.

Er zijn evenveel vormen van rationalisme als er aanspraken zijn op rede en rationaliteit, zo veel zelfs dat de bruikbaarheid van het begrip 'rationalisme' er enigszins door in het gedrang komt. Aan de andere kant wijst het voortdurende gebruik van deze term ondanks de verscheidenheid aan interpretaties op een bepaalde retorische kracht. 'Rationalisme' kan verschillende betekenissen dragen, en worden aangepast of toegeëigend voor diverse formeel-esthetische, technologische of ideologische programma's. De term is zowel bruikbaar als vatbaar voor misbruik, en betekent heel veel en heel weinig. Toch is het een woord met zeggingskracht, niet zozeer de beschrijving van een methode of houding, maar het sjibbolet, een aankondiging van een agenda.

Toen wij met een voorstel voor de werktitel van deze editie van *OASE* kwamen, gebruikten we de term 'rationalisme' als kapstok voor architectonische benaderingen die streven naar een economisch verantwoorde inzet van middelen bij het bouwen in een eindige wereld en de ontwikkeling van een culturele houding die ervan uitgaat dat het nodig is excessen te vermijden. De onnauwkeurigheid van de term bleek echter, in combinatie met zijn aanspraak op rede en redelijkheid, een zekere mate van postmoderne verwarring op te werpen. In onze gesprekken plaatsten wij het woord altijd tussen (inmiddels onzichtbare) aanhalingstekens. 'Rationalisme' verwees volgens ons naar een houding waarbij over bouwen wordt gedacht in termen van noodzaak, nut en techniek in plaats van technologie; het woord weerspiegelt de hedendaagse toestand van schaarste die vraagt om een kritische herziening van de economische aspecten van het bouwen. Hier hoort ook een hernieuwde focus op de rationalisatie van de bouwproductie en belangstelling voor seriefabricage bij. In roerige tijden, zo leek ons, moet de essentie van architectuur tot uitdrukking worden gebracht door bouwprocessen te rationaliseren, door op efficiënte manieren te bouwen.

In het werk van de Catalaanse architect Antoni Gaudí is goed te zien hoe efficiënt bouwen en architectonische inventiviteit kunnen worden gecombineerd. De rijke decoratie van zijn gebouwen verhult een verrassend aspect van zijn denken en ontwerpen, namelijk de wens om op een economisch verantwoorde manier te bouwen. Naast zijn beroemde hangende touw-zandzakmodellen om de krachtlijnen te testen voor de efficiënte constructie van onder andere de Sagrada Família, getuigt ook zijn eerste project Casa Vicens hiervan. De keramische tegels verlenen dit huis niet alleen zijn expressieve

Rationalism Revisited

Justin Agyin, Bart Decroos and Christoph Grafe

'Welcome to the city of Rationalism.' It is with these words that the town of Latina, formerly Littoria, in the pontine marshes south of Rome greets its visitors. The adopted characterisation suggests clarity, as if everyone entering this 1930s new town can be expected to understand the denomination. Rationalism as defined by the architecture created by the Mussolini regime, the privileged signifier of its authoritarian version of modernity.

There are as many rationalisms as there are claims to reason and rationality. So many that the term's capacity for definition is somewhat compromised. On the other hand, the recurrence of the term, despite the variety of interpretations, points to a particular rhetorical potency. Rationalism can be charged, bent, appropriated for different formal-aesthetic, technological or ideological programmes, it lends itself to being used and abused. It means so much and so little. Yet it is a word with muscles, not so much the description of a method or attitude, but the shibboleth, an announcement of an agenda.

When proposing the term in the working title of this issue of *OASE*, 'rationalism' was used as a coat hanger for approaches to architecture that sought to engage with the economy of means when building in a finite world, and that showed an interest in developing a cultural stance out of the awareness of the necessity to avoid excess. Indeed, the very imprecision of the term rationalism combined with its claim to reason and reasonability seemed to invite a degree of postmodern confusion. In our conversations it never lost its by now invisible quotation marks. Rationalism for us pointed at an attitude towards thinking about buildings from need, utility and technique rather than technology. It reflects a contemporary condition of scarcity demanding a critical revision of the economics of building. And this includes a renewed focus on the rationalisation of building production, and an interest in serial manufacturing. In turbulent times, it seemed to us, the essence of architecture must be sought in a rationalisation of processes, using efficient forms of construction.

How efficient forms of construction and architectural invention succinctly come together can be observed in the work of Catalan architect Antoni Gaudí. The ornate buildings might obscure a surprising aspect of his thinking and designs: the wish to build economically. Besides his famed up-ended wire string-sand bag models to test catenary structures for the efficient construction of, among other buildings, the Sagrada Família, his first project Casa Vincens also attests to this. The building's ceramic tiles give the house an expressive character, yet their serial production and application reveal attention for a reduction of cost, labour and material, as only a few moulds had to be produced. Similarly, Gaudí repeated patterns for the cast iron fence of the house and avoided making corridors by positioning doors at the corners of all rooms – resulting in a compact building, thus leaving more space for the garden. The mosaic style that he first applied in the pavilions of the Parque Güell, known as *trencadís* (*trencar* = to break), was in fact a way to reuse

karakter, maar zijn daarnaast in serie gefabriceerd en toegepast, en onthullen zo Gaudi's aandacht voor de besparing van kosten, arbeid en materiaal – er hoefden immers maar een paar mallen te worden gemaakt. Ook herhaalde Gaudí de patronen van het gietijzeren hek van het huis en zag hij af van het gebruik van gangen door deuren in de hoeken van alle kamers te plaatsen. Dit resulteerde in een compact gebouw, waardoor er meer ruimte overbleef voor de tuin. De mozaïekstijl die hij voor het eerst toepaste in de paviljoens in het Parque Güell, die *trencadís* (*trencar* = breken) wordt genoemd, was in feite een manier om afval te hergebruiken; daartoe betrok hij afgekeurd keramiek van fabrieken in de buurt. In feite gebruikten Gaudí en zijn tijdgenoten aan het einde van de twintigste eeuw een eeuwenoude bricolagetechniek om uitdrukking te geven aan het *Modernisme català*.

De rationalistische traditie

De noodzaak van economisch bouwen is tegenwoordig niet alleen ingegeven door financiële overwegingen, maar ook door de eindigheid van materiële en energiebronnen. Zelfs een problematisch begrip als 'afval' moet nu anders worden gedefinieerd dan het aan het begin van de twintigste eeuw – en zal uiteindelijk helemaal moeten worden afgevoerd. Dit betekent ook dat de gangbare praktijk van sloop en nieuwbouw fundamenteel ter discussie staat. Bouwmaterialen en -elementen moeten zo ontworpen worden dat ze vanaf het begin demonteerbaar zijn en uit een bestaand gebouwenbestand kunnen worden gewonnen. Zo wordt de architectuurpraktijk weer wat ze heel lang voornamelijk is geweest: de praktijk van het repareren van steden en gebouwen. Hierdoor komt de noodzaak om na te denken over de conceptualisering en economische verantwoording van het bouwen opnieuw in beeld.

De term 'rationalisme' werd voor het eerst gebruikt tijdens de herijking van de bouwkunst aan het begin van de twintigste eeuw, maar was op zich geen nieuw fenomeen. Industriële processen en producten waren al sinds de industriële revolutie belangrijke stimulansen voor de ontwikkeling van nieuwe vormen in de architectuur. Deze ontwikkeling werd in de negentiende eeuw verder versterkt door de uitvinding van nieuwe materialen en constructietechnieken. Naast andere factoren waren ook de effecten van de rationalistische traditie van invloed op de ideeën van Viollet-le-Duc en zijn volgelingen versus gevestigde theorieën en de overdracht daarvan op architectuurscholen (de Beaux-Arts traditie).

In de jaren 1920 nam de Duitse architect en criticus Adolf Behne de draad weer op door het Rationalisme te onderscheiden van het Functionalisme – hier met hoofdletters geschreven – als verschillende theorieën in eenzelfde periode. Hij gaf echter een nieuwe draai aan de term. Volgens Behne hield het Rationalisme verband met maatschappelijke krachten, terwijl het Functionalisme vooral gemotiveerd werd door reacties op incidenten en, uiteindelijk, individualisme. De nadruk op techniek (of constructie) was voor Behne, net als voor Giedion in zijn *Bauen in Frankreich* (1928), een noodzakelijke reactie op de omstandigheden van de industriële samenleving en niet zozeer op gebruiken of maatschappelijke praktijken. De economisch verantwoorde

waste, as ceramics that were deemed not good enough for sale were sourced directly from nearby factories, incorporating a century old technique of bricolage in the search for the expression of a *Modernisme català* by Gaudí and his contemporaries around the turn of the twentieth century.

The Rationalist Tradition

Today the need for economic construction is no longer based solely on financial considerations, but very much on the finite nature of material and energy resources. Even a problematic concept such as 'waste' has to be defined differently from what it was at the beginning of the twentieth century – and discarded altogether. This also implies that the prevailing practice of demolition and new construction is fundamentally in question. And that building materials and elements have to be thought of as initially demountable, and developed from the building stock that is already there. Architecture is again becoming what it mostly was for a long time: a practice of repairing cities and buildings. In doing so, the need to think about construction – its conceptualisation and its economy – once again comes into focus.

The recalibration at the beginning of the twentieth century, to which the term rationalism was first given, was not new: already since the Industrial Revolution, the relationship to industrial processes and products had been one of the main forces for the development of new forms in architecture, the impetus for which was provided by the invention of new materials and constructive possibilities in the nineteenth century. The effects of this tradition defined, among other factors, the positions of Viollet-le-Duc and his followers in relation to established theories and their transmission in schools of architecture (the Beaux-Arts tradition).

In the 1920s, while distinguishing Rationalism from Functionalism – capitalised here as distinct theories in a certain time period – Adolf Behne picked up this thread in Germany. But he gave a new twist to the term. According to Behne, Rationalism connected with the driving forces of society, while Functionalism was mainly motivated by reactions to incidents and ultimately to individualism. The emphasis on technology (or construction) was for Behne, as it was for Giedion in his *Bauen in Frankreich* (1928), a necessary response to the conditions of an industrial society – more than to use or to social practice. The economy of means, as reflected in the design of architecture, was presented as the essential source for finding form. For Behne, type, standard and, on another level, universal validity, were the essential characteristics of a rationalism in architecture.[1]

An echo of this tradition can be traced in the 1950s in J.M. Richards's renewed interest in Victorian industrial buildings, railway sheds, etcetera.[2]

1
Behne defines the new architecture along four main lines: 'Peinlich genaues Erfassen und vollkommenes Erfüllen des Zweckes', 'glückliche Wahl des Ausführungsmaterials', 'einfache und ökonomische Konstruktion', and finally 'die aus diesen Positionen enstehende Form'. Behne also writes: 'Wenn der Rationalist sich auf die Maschine beruft, so sieht er in ihr die Vertreterin und Förderin der Normung und Typisierung.' Adolf Behne, *Der moderne Zweckbau 1923* (Berlin/Frankfurt: Ullstein, 1964), originally published in Munich by Drei Masken Verlag, 1926, 51.

2
James Maude Richards, 'The Functional Tradition', *The Architectural Review* 726 (1957), 6.

inzet van middelen, zoals die tot uitdrukking kwam in het architectonisch ontwerp, werd aangewezen als de essentiële bron waaruit de vorm werd geput. Behne beschouwde type, standaardisering en, op een ander niveau, universele geldigheid, als essentiële kenmerken van het architectonische rationalisme.[1]

Een echo van deze traditie weerklinkt in de jaren 1950 dankzij J.M. Richards' hernieuwde interesse in Victoriaanse industriegebouwen, spoorwegloodsen en dergelijke.[2] Wat Richards en Behne verenigt is het idee dat architectuur zich ontwikkelt vanuit een logica van productie, terwijl het gevoel van conceptuele eenheid eerder ontleend wordt aan constructie – in de bredere betekenis – dan aan compositie.[3] Volgens deze feitelijk intrinsieke logica worden gebouwen in eerste instantie opgevat als vrijstaande objecten, wat kan leiden tot een gespannen verhouding met, of zelfs de veronachtzaming van, hun context.

Beter een kruk dan een verloren ledemaat

Wat zou het voor de huidige situatie betekenen als we op de beweegredenen die in de negentiende en twintigste eeuw geassocieerd werden met het rationalisme, zouden overstappen? Wat zou het voor de conceptualisering van structuren betekenen als elk bouwelement zou moeten worden onderzocht op zijn intrinsieke herbruikbaarheid, voordat het kon worden ingezet? De toonaangevende materialen van de vorige eeuw – beton, staal, glas en aluminium – zijn niet gemakkelijk aan te passen en kunnen vaak alleen worden hergebruikt als ze worden gedowncycleerd – dat wil zeggen: op een energie-intensieve manier worden verwerkt tot minder waardevolle grondstoffen. De materiaalsoorten van het pre-industriële bouwen werden daarentegen altijd hergebruikt: bakstenen werden uit hun oorspronkelijke context gebikt en opnieuw gemetseld, houten balken werden in nieuwe constructies gebruikt en kozijnen toegevoegd, veranderd en ergens anders geïnstalleerd. Het gereedschap dat hiervoor nodig was – de hamer, de zaag en de troffel – was algemeen bekend en voorhanden. In veel opzichten vereist de nieuwe *Umbau*-cultuur van aanpassen en hergebruiken daarom de herontdekking en heractivering van latente kennis over bouwen en, derhalve, een andere verhouding tussen industriële standaardisatie en de improvisatie die het repareren met zich meebrengt.

In de architectuur brengen conversie en reconstructie niets minder dan een paradigmaverschuiving teweeg. Dit vraagt ook om nieuwe definities van de architectuur en de architectuurtheorie. John Ruskin, die vanwege zijn verzet tegen de reconstructie van middeleeuwse kathedralen en

1
Behne definieert de nieuwe architectuur langs vier hoofdlijnen: 'peinlich genaues Erfassen und vollkommenes Erfüllen des Zweckes', 'glückliche Wahl des Ausführungsmaterials', 'einfache und ökonomische Konstruktion', en ten slotte 'die aus diesen Positionen entstehende Form'. Behne schrijft ook: 'Wenn der Rationalist sich auf die Maschine beruft, so sieht er in ihr die Vertreterin und Förderin der Normung und Typisierung.' Adolf Behne, *Der moderne Zweckbau, 1923* (Berlijn/Frankfurt: Ullstein, 1964), oorspronkelijk uitgegeven in München door Drei Masken Verlag, 1926, 51.

2
James Maude Richards, 'The Functional Tradition', *The Architectural Review* 726 (juli 1957), 6.

3
Zie ook: Jacques Lucan, *Composition – Non-Composition* (Lausanne: EPFL Press, 2009).

What unites Richards and Behne is the idea that architecture develops from a logic of production, while deriving its sense of conceptual unity in tendency from construction – in the broader meaning – rather than composition.[3] This essentially inherent logic initially seems to understand buildings as free-standing objects, which consequently also implies a tension with the context, or even ignores it.

Better a Crutch Than a Lost Limb

What would a resumption of the impulses that connect with rationalist tendencies in the nineteenth and twentieth centuries bring to the present situation? What does it mean for the conceptualisation of structures if every building element used must be examined for its intrinsic reusability before it is even deployed? The dominant materials of the previous century – concrete, steel, glass and aluminium – tend not to adapt and can often only be reused at the cost of 'downcycling', that is: energy-intensive processing into less valuable raw materials. In contrast, the elements of 'pre-industrial' building were always reused: bricks were detached from their context and re-bricked, wooden beams were reused in new structures, window frames were added, changed and installed elsewhere. The tools needed for this – hammer, saw, trowel – were also well known and widespread. In many ways, the new culture of *Umbau* (or adaptive reuse) thus requires a rediscovery and reactivation of latent knowledge about building – and with it a different relationship between industrial standardisation and improvisation, which comes with repairing.

For the architectural discipline, conversion and reconstruction means nothing less than a paradigm shift. It also implies a redefinition of architecture and its theory. John Ruskin, who has a reputation as an arch-sentimentalist for his opposition to the reconstruction of medieval cathedrals and to the building frenzy of his contemporaries, wrote:

> Watch an old building with an anxious care; guard it as best you may, and at any cost, from every influence of dilapidation. Count its stones as you would jewels of a crown; set watches about it as if at the gates of a besieged city; bind it together with iron where it loosens; stay it with timber where it declines; do not care about the unsightliness of the aid: better a crutch than a lost limb.[4]

At a time when repairing the existing should be a priority, these words take on an urgent and essential meaning. Architects need to reinvent themselves as bricoleurs, as tinkerers, or simply as experts who understand repair. This involves not only the latest technology, but also age-old knowledge. 'I may use an electric drill, but I also use a hammer,' wrote Bruno Latour, striking at the heart of a long-suppressed truth about building. The new rationalism thus embraces hybridity – and distances itself from historical references.

3
See also: Jacques Lucan, *Composition – Non-Composition* (Lausanne: EPFL Press, 2009).

4
John Ruskin, *The Complete Works: Library Edition Vol. 8, The Seven Lamps of Architecture* (London: George Allen, 1903) 244-245.

de bouwwoede van zijn tijdgenoten bekend staat als bovenmatig sentimenteel, schreef:

> Waak angstvallig over elk oud gebouw; bescherm het zo goed mogelijk en tegen elke prijs tegen iedere invloed die tot verval kan leiden. Tel de stenen zoals je de edelstenen in een kroon zou tellen; laat het bewaken als de poorten van een belegerde stad; herstel het met ijzer als de naden loslaten; stut het met hout als het inzakt; maak je niet druk om de onooglijkheid van het herstelwerk: beter een kruk dan een verloren ledemaat.[4]

Nu de reparatie van bestaande gebouwen om prioriteit vraagt, nemen deze woorden een dringende en essentiële betekenis aan. Architecten moeten zichzelf opnieuw uitvinden: als bricoleurs, als knutselaars, of gewoon als deskundigen op het gebied van de reparatie. Het gaat daarbij niet alleen om de nieuwste technologieën, maar ook om eeuwenoude kennis. 'Ik gebruik niet alleen een elektrische boor, maar ook een hamer,' schreef Bruno Latour, waarmee hij de kern raakte van een lang verdrongen waarheid over de bouw. Het nieuwe rationalisme omarmt hybriditeit – en neemt afstand van historische referenties.

Het rationalisme 'heroverwogen'

Historische ontwikkelingen en huidige gebeurtenissen roepen de vraag op naar de hernieuwde relevantie van een rationalistische benadering binnen de hedendaagse architectuur. De bijdragen aan dit nummer van *OASE* benaderen deze vraag vanuit drie verschillende invalshoeken. Ten eerste is er de invalshoek van de technologie. De moderne premisse van technische excellentie is niet langer vanzelfsprekend. Wat als we de eigenschappen van het bricoleren serieus zouden nemen en voorbij de schoonheid van het verval zouden kijken? Wat als we onvolledigheid en vergankelijkheid zouden opnemen in een technologisch-architectonische taal en deze ook zouden koppelen aan de principes van de demontage? Ten tweede, is er de kwestie van de materialiteit. Waar het rationalisme, in de context van de negentiende-eeuwse industrialisatie, de nadruk legde op materialen als staal en glas zou het nu, met het oog op duurzaamheid, de nadruk kunnen leggen op hout en andere biobased materialen. Wat is het bouwen van hybride structuren met behulp van innovatieve houten uitvoeringselementen immers anders, dan een goed voorbeeld van een rationele manier van bouwen zowel als een nieuwe, economisch verantwoorde inzet van middelen? Ten slotte moet het rationalisme worden geconfronteerd met het belang van de context. Terwijl het historische rationalisme een tabula rasa veronderstelt, is de hedendaagse bouwpraktijk onlosmakelijk verbonden met een ruimtelijke en materiële omgeving. Daarnaast ligt de nadruk tegenwoordig vanwege het milieu op een procesgerichte benadering waarbij de levenscycli

4
John Ruskin, *The Complete Works: Library Edition Vol. 8, The Seven Lamps of Architecture* (Londen: George Allen, 1903), 244-245.

Rationalism 'Reconsidered'

From this historical development and current events, there arises the question of the renewed relevance of rationalist approaches to contemporary architecture. This question has been dealt with in the contributions to this issue of *OASE* along three distinct angles. First, there is the angle of technology. The modern premise of technological excellence is no longer evident. What if the qualities of bricolage are taken seriously, beyond an aesthetic of ruins? What if incompleteness and impermanence were incorporated into a language of technology in architecture and also connects that embrace to the principles of de-assembly? Additionally, there is the question of materiality. While rationalism, in the context of nineteenth-century industrialisation, mainly emphasised materials such as steel and glass, today, in the context of sustainability, it might rather prioritise wood and other biobased materials. In fact, are hybrid structures using the innovation in the production of performance elements in wood not an example of a rational form of building, and a new economy of resources? Finally, rationalism needs to be confronted with the importance of context. While historical rationalism presupposes a tabula rasa, it is the spatial and material context that has become an inseparable part of contemporary building conditions. On the other hand, recent environmental perspectives emphasise a process-oriented approach focused on the lifecycles of a building, with production methods again taking precedence over the final outcome. Is a contextual rationalism – a *contradictio in terminis* along a more traditional definition of both terms – conceivable in which such a process-based approach is translated into the conceptualisation of a design for a specific site?

Call for Conversations

OASE has always been committed to the exchange of ideas between theory and practice, between academics or writers and practicing architects. Therefore, for this issue we invited contributions by way of a Call for Conversations, through which academics, writers and researchers would engage in a conversation with a contemporary design practice, whose work gives rise to a reinterpretation of rationalist building.

This has resulted in an *OASE* that is composed of seven articles for which authors had conversations and exchanges with practicing architects in various topographical and temporal settings. Additionally, two reflective articles contextualise and question the term rationalism, starting with the historical references in Irénée Scalbert's contribution. In his article, Scalbert writes on the rekindled interest in rationalism, and a return to the stances and references of recent and more distant pasts, retracing universal principles in contemporary practises and developments in France, Belgium and the Netherlands, among other places. The twentieth-century work of architect Herman Hertzberger is subsequently discussed in an interview between him and the editors of *OASE*, which situates his work in a broader tradition that values reason and balancing individuality with a commitment to universal design principles. Contrastingly, the more contemporary work of the architec-

van gebouwen centraal staan en productiemethoden weer belangrijker zijn dan eindresultaten. Is er een 'contextueel rationalisme' – een contradictio in terminis volgens de traditionele definitie van beide termen – denkbaar waarin deze procesgerichte benadering wordt vertaald naar de conceptualisering van een ontwerp voor een specifieke locatie?

Oproep om gesprekken te houden

OASE heeft zich altijd ingezet voor de uitwisseling van ideeën tussen theorie en praktijk, tussen academici of schrijvers en praktiserende architecten. Voorafgaand aan dit nummer hebben we daarom een 'oproep tot gesprek' gepubliceerd waarin we academici, schrijvers en onderzoekers uitnodigden om te debatteren met hedendaagse praktiserende architecten waarvan het werk een herinterpretatie van het rationalistische bouwen vertoont.

Het resultaat is een *OASE* met zeven artikelen die zijn gebaseerd op gesprekken en uitwisselingen tussen de auteurs en praktiserende architecten in een verschillende setting qua plaats en tijd. Daarnaast bevat dit nummer twee bespiegelende artikelen die het begrip 'rationalisme' contextualiseren en ter discussie stellen. Om te beginnen treffen we een historische benadering aan in de bijdrage van Irénée Scalbert, die in zijn artikel de oplevende belangstelling voor het rationalisme en de terugkeer naar opvattingen en voorbeelden uit het recente en verre verleden beschrijft; hij signaleert universele principes in hedendaagse praktijken en ontwikkelingen in onder andere Frankrijk, België en Nederland. Vervolgens komt het twintigste-eeuwse werk van architect Herman Hertzberger aan de orde in een interview met de redactie van *OASE*. De redactie plaatst Hertzberger's werk in een bredere traditie waarin de rede en de balans tussen individuele en universele ontwerpprincipes hoog in het vaandel staan. In contrast met dit interview staat het gesprek dat de redactie met André Kempe en Oliver Thill voerde over het eigentijdse werk van Atelier Kempe Thill. Kempe en Thill benadrukken het belang van het Franse rationalisme in de hedendaagse architectuur en bouwen daarmee voort op het door hen verzorgde nummer van *ARCH+*, 'Neuer Realismus in der französischen Architektur'.[5] Ze onderschrijven het belang van culturele netwerken en samenwerking, en belichten zo de rol van architectuur bij het ondersteunen van sociale netwerken, of dat nu in de mode is of niet.

Daarna worden in een gesprek tussen Emmanuel Breton en Serge Joly over het werk van Atelier Serge Joly Architectes materialen zoals hout en leem en de bijbehorende materiaallogica's onderzocht. Kim Förster, Kerstin Müller en Charlotte Bofinger van het in Bazel gevestigde Zirkular en Maléna Bastien Masse van het EPFL Structural Xploration Lab (SXL) voeren vervolgens een gesprek over het herwinnen en hergebruiken van betonelementen in Zwitserland. Er zijn daar verschillende initiatieven en organisaties actief die zich bezighouden met onderzoek, onderwijs, ontwerp en advies in relatie tot het hergebruik van betonelementen. In contrast met dit gesprek over de sterk

5
André Kempe en Oliver Thill, 'Neuer Realismus in der französischen Architektur', *ARCH+* 240 (2020).

ture office Atelier KempeThill is discussed with André Kempe and Oliver Thill. They highlight the importance of French rationalism in contemporary architecture, still, building on their *ARCH+* issue on 'Neuer Realismus in der französischen Architektur', and emphasise the importance of cultural networks and collaboration.[5] This highlights the role of architecture in supporting social connections, regardless of prevailing social trends.

Subsequently, other types of material and material logics, such as wood and rammed earth, are explored in a conversation between Emmanuel Breton and Serge Joly through the work of Atelier Serge Joly Architectes. This is followed by discussion between Kim Förster, Kerstin Müller and Charlotte Bofinger of Basel-based Zirkular and Maléna Bastien Masse from EPFL's Structural Xploration Lab (SXL) on the recuperation and reuse of concrete elements in Switzerland, where there are several initiatives and organisations engaged in research, education, design and consultancy on reusing concrete elements. In contrast to the highly industrial production, and recuperation, of concrete elements the vernacular, its materials and techniques are at the centre of a conversation between Sadia Rahman and Pryanka Hutschenreiter with Marina Tabassum of Bangladesh-based Marina Tabassum Architects, and the editors of *OASE* in the process, touching on design intelligence of local crafts and material use. Broader disciplinary traditions embedded in the urban context of Milan, instead, are investigated in the exchange of letters between Filippo Cattapan and Andre Lunati, reflecting on projects by Onsitestudio, the Milanese practice of which Lunati is partner together with Giancarlo Floridi.

The discussion between Paul Bouet and Julien Boidot takes us back to France to explore the evolution of Boidot's architecture practice and particularly its shift from small-scale projects in semi-rural France to the transformation of larger-scale existing buildings in urban contexts, advocating for a continuous evolution of buildings rather than static, monumental forms. He also discusses integrating bioclimatic systems into projects, drawing on historical techniques adapted for contemporary needs, reflecting a broader trend of cross-temporal and spatial hybridisation in architecture. Finally, the theoretical reflection by Christoph Grafe and Bart Decroos questions the concept of rationalism based on the notion of adhocism as developed by Charles Jencks et al. In doing so, they explore the gaps and fringes of historical rationalist discourses, suggesting possible openings for its reconsideration.

If the town of Latina welcomes its visitors with a reference to a historical discourse that had a clear political and architectural agenda, the rationalism reconsidered in this issue of *OASE* is more hybrid. It is perhaps this explicit embrace of rationalism as a conflicted term that opens it up to productive reflections and allows it to be connected to contemporary concerns on the finitude of resources and energy as well as to – historically – opposed questions of context and bricolage. As Latour reminds us, we do indeed need all kinds of technologies. Perhaps we also need unlimited forms of rationalism.

5
André Kempe and Oliver Thill, 'Neuer Realismus in der französischen Architektur', *ARCH+* 240 (2020).

geïndustrialiseerde productie en herwinning van betonelementen staat de discussie over lokale bouwstijlen, plaatselijke materialen en technieken dat Sadia Rahman en Pryanka Hutschenreiter voerden met Marina Tabassum van het in Bangladesh gevestigde Marina Tabassum Architects en de redactie van *OASE* gedurende het proces. Zij spreken over de ontwerpintelligentie achter lokale ambachten en het gebruik van plaatselijke materialen. Daarna verkennen Filippo Cattapan en Andre Lunati in een briefwisseling de bredere disciplinaire tradities die zijn ingebed in de stedelijke context van Milaan en reflecteren zij op projecten van Onsitestudio, het Milanese bureau van de partners Andre Lunati en Giancarlo Floridi.

Een discussie tussen Paul Bouet en Julien Boidot brengt ons terug naar Frankrijk. Zij onderzoeken de ontwikkeling van Boidot's architectuurpraktijk, met name de verschuiving van kleinschalige projecten in semi-landelijk Frankrijk naar het transformeren van grotere bestaande gebouwen in de stedelijke context. Boidot toont zich een voorstander van gebouwen die voortdurend evolueren in plaats van een status quo van statische, monumentale volumes, en bespreekt daarnaast de integratie van bioklimatologische systemen in zijn projecten. Hij maakt hiervoor gebruik van historische technieken die hij aanpast aan hedendaagse behoeften – een voorbeeld van de bredere trend in de richting van een temporele en ruimtelijke hybridisatie in de architectuur. Ten slotte plaatsen Christoph Grafe en Bart Decroos via theoretische reflectie vraagtekens bij het concept van het rationalisme op basis van de notie van adhocisme zoals bedacht door Charles Jencks et al. Ze verkennen de hiaten en marges van dit en andere historische rationalistische vertogen, en suggereren mogelijke aanknopingspunten voor heroverweging.

Terwijl de stad Latina haar bezoekers verwelkomt met een verwijzing naar een historisch discours dat een duidelijke politieke en architectonische agenda had, is het rationalisme dat in dit nummer van *OASE* opnieuw wordt bekeken, hybride van aard. Misschien is het juist deze expliciete omarming van 'rationalisme' als een ambigue term die ruimte schept voor productieve reflectie. Zo wordt het mogelijk om het rationalisme te koppelen aan hedendaagse zorgen over de eindigheid van hulpbronnen en energie, en aan – historisch gezien tegengestelde – kwesties van context en bricolage. Zoals Latour ons eraan herinnert, hebben we allerlei vormen van technologie nodig. Misschien hebben we ook een onbeperkt aantal vormen van rationalisme nodig.

Vertaling: InOtherWords, Maria van Tol

Standing to Reason

Irénée Scalbert

In a wonderful short story by Jorge Luis Borges, the narrator recalls meeting a certain Ireneo Funes. After falling from a horse, Ireneo had become hopelessly crippled and his mental capacity had been surprisingly altered: his perception and his memory had become perfect. Ireneo could remember not only every leaf of every tree in every patch of forest he had visited, but every time he had perceived or imagined that leaf. 'My memory,' he said, 'is like a garbage heap.' He had become the spectator of an unbearably precise world. But Ireneo was no longer very good at thinking. 'To think,' Borges explains, 'is to ignore (or forget) differences, to generalize, to abstract.'[1] Ireneo lived in a world in which there were nothing but particulars.

Architects, too, have lived in a world of particulars. Time and again we have been taught that places have value to the extent that they are different and picturesque. Buildings, cities and landscapes: all must be unique. When this demand is pushed to extremes, as it has been in recent years, uniqueness breeds strangeness; particularity becomes peculiarity. Like Ireneo's memory, our cities became littered with examples. The irrational was celebrated in built and thought architecture – most memorably in *Delirious New York* (a title that speaks for itself) – until it became the dominant aesthetic. We see the trend at its most refined in the work of Herzog & de Meuron. In their oeuvre, no two projects are the same. None appears to build upon earlier works by the practice. Each project has its own unique concept and constitutes a novel experiment in itself. An omerta has been placed on repetition.

Particulars need not be relegated to the garbage heap. Nonetheless the pressing demand for uniqueness can seem outmoded. In the late 2000s, Pier Vittorio Aureli and Martino Tattara broke away from the trend with DOGMA. By definition a dogma calls for followers, hence for repetition. From 2010 to 2019 the journal *San Rocco* returned in its pages to notions that had been purged from the architectural vocabulary, notably universality and rationalism. Magazines have since featured projects asserting the compositional and aesthetic possibilities of the grid. Among them, KGDVS's Villa Buggenhout (2012), Éric Lapierre's House for a Collector (2012), Sophie Delhay's Housing in Dijon (2019) and Peris+Toral's housing in Cornellà (2021). The grid indicates in these works an allegiance to reason. Once again it is possible, pace Borges, to ignore differences, to generalise and to abstract, to think.

Reason as a Doctrine?

Atelier Kempe Thill participates in this tendency. They profess to carry forward a 'five-thousand-year tradition of rationalism'. They attribute its origin to

1
Jorge Luis Borges, 'Funes, His Memory', in: Borges, *Collected Fictions*, vol. 3 (New York: Viking Press, 1998), 137.

De redelijkheid zelve

Irénée Scalbert

In een prachtig kortverhaal van Jorge Luis Borges herinnert de verteller zich een ontmoeting met een man genaamd Ireneo Funes. Bij een val van een paard was Ireneo ernstig gehandicapt geraakt en waren zijn geestelijke vermogens op een verrassende manier veranderd: zijn waarneming en geheugen werkten plotseling perfect. Ireneo kon zich niet alleen elk blad aan elke boom in elk stuk bos dat hij ooit had bezocht herinneren, maar ook elke keer dat hij aan dat blad had gedacht of het zich had voorgesteld. 'Mijn geheugen,' zei hij, 'is net een vuilnisbelt.' Hij was een toeschouwer geworden in een ondraaglijk precieze wereld. Maar Ireneo kon niet zo goed meer denken. 'Denken,' legt Borges uit, 'is verschillen negeren (of vergeten) om te generaliseren, te abstraheren.'[1] Ireneo leefde in een wereld waar alleen maar details bestonden.

In het verleden leefden ook architecten in een wereld waar alleen maar details bestonden. Keer op keer is ons geleerd dat plaatsen pas waarde hebben als ze ongewoon en schilderachtig zijn. Gebouwen, steden en landschappen: ze moeten allemaal uniek zijn. Wanneer deze eis tot het uiterste wordt doorgedreven, zoals de voorbije jaren dan gaat uniciteit gepaard met vreemdheid; bijzonderheid wordt eigenaardighWeid. Onze steden zijn bezaaid met dergelijke voorbeelden. Het irrationele werd gecelebreerd in gebouwde en gedachte architectuur – het meest memorabele voorbeeld is te vinden in *Delirious New York* (een titel die voor zichzelf spreekt) – totdat het de dominante esthetiek werd. Het meest geraffineerd zien we deze trend in het werk van Herzog & de Meuron. In hun oeuvre zijn geen twee projecten hetzelfde. Geen enkel project lijkt voort te bouwen op eerder werk van het bureau. Elk project is gebaseerd op zijn eigen unieke concept en is een nieuw experiment op zich. Herhaling is taboe verklaard.

Het is niet zo dat alle details naar de vuilnisbelt kunnen, maar de vraag naar uniciteit doet wel achterhaald aan. Eind jaren 2000 doorbraken Pier Vittorio Aureli en Martino Tattara deze trend met hun bureau DOGMA. Een dogma vereist per definitie aanhangers en dus herhaling. Van 2010 tot 2019 kwam het tijdschrift San Rocco in zijn pagina's terug op begrippen die uit het vocabulaire van de architectuur waren gezuiverd, met name universaliteit en rationalisme. Sindsdien hebben tijdschriften projecten gepubliceerd die de compositorische en esthetische mogelijkheden van het raster bepleiten. Voorbeelden zijn Villa Buggenhout van KGDVS (2012), Éric Lapierre's House for a Collector (2012), de woningbouw van Sophie Delhay in Dijon (2019) en de woningen van Peris+Toral in Cornellà (2021). In deze werken duidt het gebruik van een raster op een band met de rede. Het is weer mogelijk, om Borges te parafraseren, om verschillen te negeren, te generaliseren en te abstraheren, om te denken.

1
Jorge Luis Borges, 'Funes, His Memory', in: Borges, *Collected Fictions*, deel 3 (New York: Viking Press, 1998), 137.

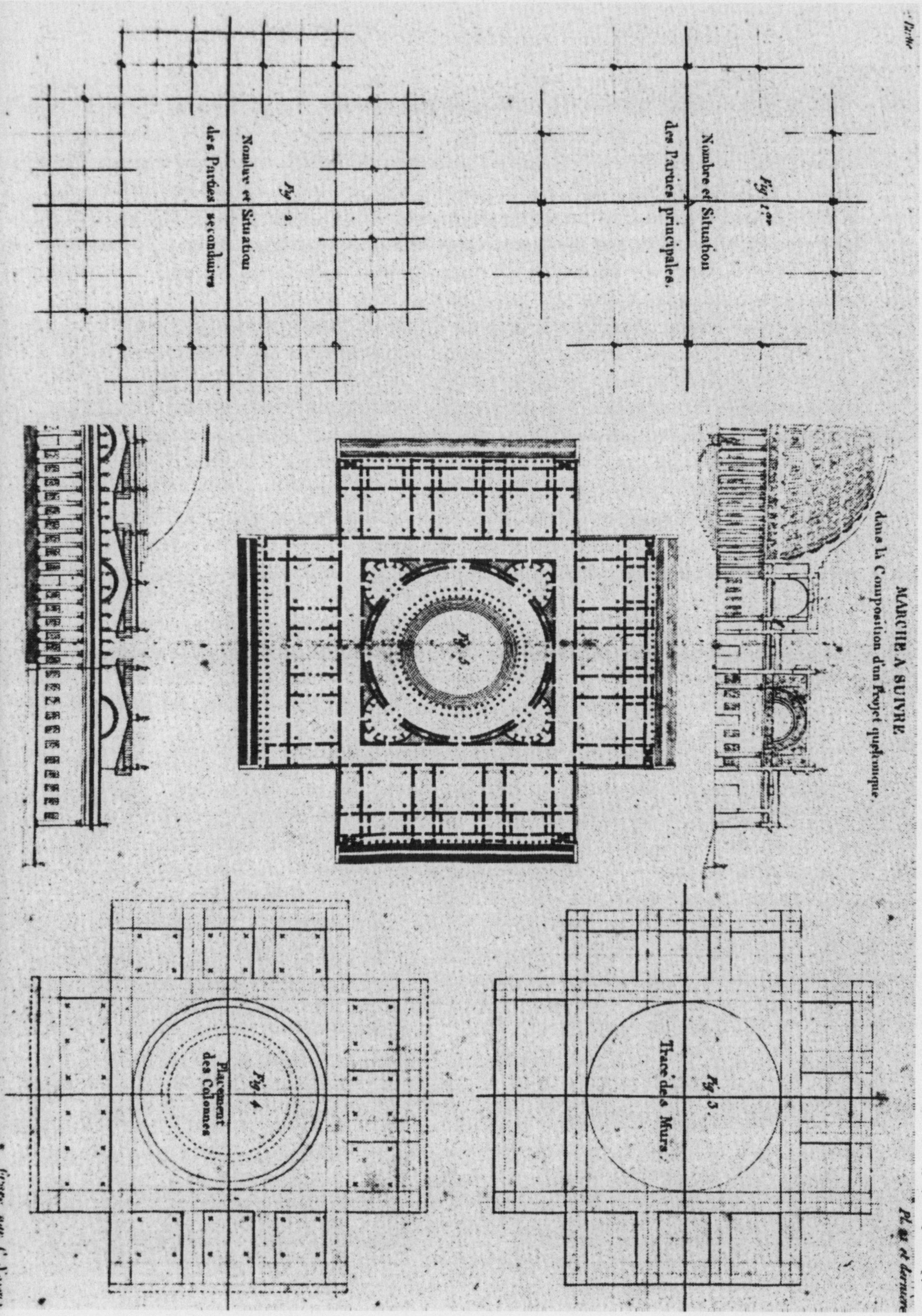

Image from/ afbeelding uit: J.N.L Durand, Précis des leçons d'architecture, 1813

De redelijkheid als doctrine?

Ook Atelier KempeThill volgt deze trend. Het bureau beweert een '5.000 jaar oude rationalistische traditie' voort te zetten en traceert de oorsprong daarvan naar het oude Egypte. Tot de lange lijn van aanhangers van de Europese traditie behoren volgens hen zowel negentiende-eeuwse voorbeelden als Jean-Nicolas-Louis Durand en Karl Friedrich Schinkel, en ze situeren modernisten als Le Corbusier, Mies van der Rohe en Norman Foster in dezelfde Europese traditie. Hun streven naar een algemeen geldige, zelfs universele architectuur vereist een architectuur die objectief en logisch bepaald is. Voor zover menselijkerwijs mogelijk zou deze 'algemene architectuur' door de rede geleid moeten worden.[2]

Volgens André Kempe en Oliver Thill is de essentie van een dergelijke architectuur afgebeeld op een beroemd werk van Durand, getiteld *Marche à suivre dans la composition d'un project quelconque* (Stappen die altijd genomen moeten worden bij de ontwikkeling van een project). Omdat de methode van Durand universeel is, hoeft hij niet naar specifieke doelstellingen te verwijzen. Ze is toepasbaar in alle situaties, ongeacht specifieke kenmerken zoals plaats, cultuur of zelfs doel.

Met behulp van dit alomtegenwoordige raster kon Durand elk gebouw ontwerpen met behulp van slechts zeven elementen: zuilengalerijen, veranda's, vestibules, trappen, zalen, galerijen en binnenhoven. Net als de grote monumenten uit het verleden, of ze nu Egyptisch, Grieks of Romeins waren, steeg de architectuur uit boven de alledaagse omstandigheden en reikte ze uit naar een Platonische idealiteit. Ze steeg uit boven de gewone werkelijkheid om een wereld van pure vorm te bereiken.

De invloed van Durand op de architectuur staat hoog aangeschreven, maar van zijn vele studenten aan de École Polytechnique koos slechts een enkeling ervoor om architect te worden. Als er al enig rationalisme uit de negentiende eeuw is overgeleverd, dan is dat te danken aan de École des Beaux-Arts. Henri Labrouste, Félix Duban, Léon Vaudoyer en de meeste docenten die aan de École verbonden waren, verwierpen het werk van Durand, dat zij louter een formule vonden. Compositie was de hoeksteen van het onderwijs aan de École, en dat was niet bepaald rationeel. Verbazingwekkend genoeg begon men er pas in 1904 theorieën over te ontwikkelen; in dat jaar publiceerde Julien Guadet zijn vijfdelige *Éléments et Théorie de l'Architecture*. 'Compositie kan niet worden onderwezen,' schreef Guadet, 'men kan het alleen onder de knie krijgen na vele pogingen, na het bestuderen van voorbeelden en het opvolgen van advies, waarbij de eigen ervaring bij die van anderen wordt gevoegd.'[3] Compositie was de spil van een levende traditie. Kennis van compositie werd doorgegeven via ontelbare gesprekken die *en loge* aan de tekentafel plaatsvonden.

Compositie, vervolgt Guadet, is 'een creatieve methode die theorieën en conventionele logica ondermijnt en Bacon en Descartes het nakijken

2
André Kempe en Oliver Thill, 'A General Architecture', in: Kempe, Thill et al., *Atelier Kempe Thill* (Berlijn: Hatje Kanz Verlag, 2012).

3
Julien Guadet, *Éléments et théorie de l'architecture,* deel 1, boek 2 (Parijs: Librairie de la construction moderne, 1909), 100.

ancient Egypt. Following a long arc, they acknowledge nineteenth-century pundits, among them Jean-Nicolas-Louis Durand and Karl Friedrich Schinkel. They further situate modernists such as Le Corbusier, Mies van der Rohe and Norman Foster in that same European tradition. Aspiring to a generally valid, even universal architecture, they call for an architecture that is objective and logically determined. As far as it is humanly possible, this 'general architecture' shall be guided by reason.[2]

André Kempe and Oliver Thill see it in essence in Durand's famous plate entitled *Marche à suivre dans la composition d'un project quelconque* (Steps to be followed in the composition of any project). Being universal, Durand's method needs not refer to specific goals. It will be applicable to all situations regardless of particulars concerning place, culture or even purpose.

Assisted by the ubiquitous grid, Durand could design any building with the help of merely seven building parts: porticoes, porches, vestibules, stairs, halls, galleries and courts. Like the great monuments of the past, Egyptian, Greek or Roman, architecture rose above mundane circumstances to attain a Platonic ideality. It rose above common reality to attain a world of pure form.

Much is made of Durand's impact upon architecture. However, among his many students at the École Polytechnique, only a minority chose to become architects. We owe whatever rationalism we inherited from the nineteenth century to the École des Beaux-Arts. Henri Labrouste, Félix Duban, Léon Vaudoyer and most professors of the École rejected Durand's work, which they found formulaic. Composition was the cornerstone and the byword of the École's teaching, and it was not especially rational. Amazingly, it was not theorised until 1904 when Julien Guadet published his 5-volume *Éléments et Théorie de l'Architecture*. 'Composition cannot be taught,' Guadet writes, 'it can only be mastered after multiple attempts, after the study of examples and the benefit of advice, one's own experience adding to the experience of others.'[3] Composition was the lynchpin in a living tradition. It was transmitted through innumerable conversations taking place *en loge* over the drawing board.

Composition, Guadet continues, is 'a mode of creation that confounds theories and conventional logic, giving the lie to Bacon and Descartes'.[4] Hence to rationalism. To compose, an idea is needed. Before the artistic idea can be born, the details of the programme must be suppressed. Once grasped with the power of intuition, the idea, that 'noble abstraction', will guide the mind like a navigation light. It will indicate the road that must be taken. More tangibly, composition favours the *dessin géometral* (flat projection drawing). Unlike a perspective, which merely shows the aspect of things, a flat projection presumes absolute accuracy. Plans, sections, elevation – 'remember this order,' Guadet writes, 'because it is the logical order.'[5]

2
André Kempe and Oliver Thill, 'A General Architecture', in: Kempe, Thill et al., *Atelier Kempe Thill* (Berlin: Hatje Kanz Verlag, 2012).

3
Julien Guadet, *Éléments et théorie de l'architecture,* vol, 1, book 2 (Paris: Librairie de la construction moderne, 1909), 100.

4
Ibid.

5
Ibid., 37.

Henri Labrouste, Bibliothèque Nationale, Paris/ Parijs, 1854-1875

It is fascinating to see many of these ideas absorbed by Le Corbusier, his contempt for the École des Beaux-Arts notwithstanding. Writing less than 20 years after Guadet, he salutes in architecture a *pure creation of the mind*. Viewed from the air, architecture forms so many geometrical figures (Guadet referred to seeing *en géometral*). Like Guadet, Le Corbusier forsakes picturesque drawing, whose aspect is merely accidental. Instead, he affirms *l'ordre*, the thoughts and actions of humans being regulated by the straight line. 'Man walks straight because he has a goal.'[6] Most tellingly, Le Corbusier's models are the same that were proposed by Guadet before him. Among them Bernini's piazza at St Peter's, the Place d'Armes at Versailles, Place Stanislas in Nancy, Place Vendôme, Place de la Concorde and the Esplanade des Invalides in Paris. To these, Le Corbusier adds the work of Hausmann.

Nineteenth-century composition was inherently conservative. For more than a century, the same premises, the same values, the same methods and ultimately much the same practices were reaffirmed again and again. Not for nothing do we refer to its adepts (then by far the majority of architects) as the guardians of the tradition of architecture, as the upholders of the *discipline*. This last term, with its unpleasant connotations, was used neither by Durand for whom architecture was a method, nor by Guadet for whom it was an art – it came in usage in the twentieth century. But anyone who is familiar with their works will know how punishing reading them actually is. Guadet himself calls his *Éléments et Théories* a *livre de classe* (a school textbook), and it does read like one.

Reason as a Faculty

Rationalism stands for the belief and the trust in reason. To be rational is to be true to reason. Reason itself designates the faculty to think. And it is this faculty that enables us to acquire knowledge, to exercise judgement and to act accordingly. Reason embraces reality. In effect rationalism is a realism. It bears upon the world in which we live with the same rigour, with the same exigency with which the founders of realism in painting, Courbet and Manet, sought a true vision of their own world. Rationalism is not a property of things. It does not designate in architecture certain qualities of form, for instance in works by Labrouste and Schinkel, by Giorgio Grassi and Oswald Ungers. Rationalism is a means to an end. It enables us to learn, to argue, to communicate and to act.

Between the rationalism of the École and that of modernists, there exists a fundamental difference. The former insists upon the internal coherence of a composition, upon its formal consistency (Jacques Lucan refers to an *ordre fermé* – a closed order). More often than not, a composition is inscribed within a square or a rectangle. Its figure is surrounded by the *entourage*, a technical term referred to dismissively by students of the École as the 'sauce'. Outside the geometric figure of a composition, there is nothing bar a few alleys and shrubberry.[7] For modernists, by contrast, reason progresses outwards. It breaks

6
Le Corbusier, *The City of Tomorrow and Its Planning* (New York: Payson & Clarke, 1929), 5.

7
Jacques Lucan, *Composition, Non-composition: Architecture et Theories, XIXe-XXe siècles* (Lausanne: EPFL Press, 2009), 175.

geeft.'[4] Om te componeren, heb je een idee nodig. Voordat een artistiek idee kan ontstaan, moeten de details van het programma onderdrukt worden. Als het idee eenmaal intuïtief begrepen is dan zal dat idee, die 'edele abstractie', de geest leiden als ware het een navigatielicht. Het idee verlicht de weg die moet worden ingeslagen. In tactiele termen heeft de compositie een voorkeur voor het *dessin géometral* (de vlakke projectie). In tegenstelling tot een perspectief, dat slechts het aanzicht van een object laat zien, gaat de vlakke projectietekening uit van absolute nauwkeurigheid. Plattegronden, doorsneden, aanzichten – 'onthoud deze volgorde,' schrijft Guadet, 'want het is de logische volgorde.'[5]

Het is fascinerend om te zien hoeveel van deze ideeën Le Corbusier ondanks zijn minachting voor de École des Beaux-Arts heeft overgenomen. Minder dan 20 jaar na Guadet ziet hij in de architectuur 'een pure creatie van de geest'. Van bovenaf gezien, vormt de architectuur vele geometrische figuren (Guadet sprak van zien *en géometral*). Net als Guadet wees Le Corbusier *the picturesque*, oftewel het schilderachtige, af omdat dit onderworpen was aan het toeval. In plaats daarvan koos hij voor *l'ordre*: menselijk denken en handelen gereguleerd door de rechte lijn. 'Mensen lopen rechtop omdat zij een doel hebben.'[6] Het is veelzeggend dat de voorbeelden van Le Corbusier dezelfde zijn als die van Guadet vóór hem. Het gaat daarbij bijvoorbeeld om Bernini's plein bij de San Pietro, de Place d'Armes in Versailles, de Place Stanislas in Nancy en de Place Vendôme, Place de la Concorde en Esplanade des Invalides in Parijs. Le Corbusier voegde hier het werk van Hausmann aan toe.

De negentiende-eeuwse compositie was inherent conservatief. Meer dan een eeuw lang werden dezelfde uitgangspunten, dezelfde waarden, dezelfde methoden en uiteindelijk dezelfde werkwijzen keer op keer bevestigd. Het is niet zonder reden dat we naar de aanhangers ervan (indertijd de overgrote meerderheid van de architecten) verwijzen als de hoeders van de architectonische traditie, de bewaarders van de 'discipline'. Deze laatste term, met zijn onaangename connotaties, werd noch door Durand gebruikt, voor wie architectuur een methode was, noch door Guadet, voor wie het een kunst was – de term kwam pas in de twintigste eeuw in gebruik. Maar iedereen die bekend is met hun werk weet hoe vermoeiend het is om het te lezen. Guadet zelf noemt zijn *Éléments et Théories* een *livre de classe* (een schoolboek), en zo leest het ook.

De rede als vermogen

Het rationalisme vertegenwoordigt het geloof en vertrouwen in de rede. Rationeel zijn is: trouw zijn aan de rede. 'Rede' zelf verwijst naar het vermogen om te denken. En het is dit vermogen dat ons in staat stelt om kennis te vergaren, een oordeel te vormen en dienovereenkomstig te handelen. De rede omarmt de werkelijkheid. Het rationalisme is in feite een vorm van realisme.

4 Ibid.

5 Ibid., 37.

6 Le Corbusier, *The City of Tomorrow and Its Planning* (New York: Payson & Clarke, 1929), 5.

through existing design conventions (those of the discipline) to engage with reality. The *entourage* of modernists is society. It is the world in which we all live. Outside modern design, there lies literally everything.

In the recent past, the project of the Enlightenment and, by extension, the modern project found little support. Reluctantly, Bruno Latour concedes some greatness in the moderns, notably their daring, their innovativeness, the scale of their action. What he cannot retain is the 'illusion' they have about themselves, in particular that of being rational, objective and universal.[8] But a rational architect needs not impose these values on everyone. He or she needs not lead everyone into a race for progress. It can mean more modestly a belief in the capacity of humans to improve their *entourage*, both physically and socially. Atelier Kempe Thill clearly shares this belief. While remaining cautiously sceptical about the prospect of an architecture guided by pure reason, they nevertheless call for a new clarity. They seek a logical, objective approach to architecture that can moderate the relativism of today.

At first sight their designs seem to exemplify qualities attributed to the French architects of the late eighteenth century. In his *Architecture*

8
Bruno Latour, *We Have Never Been Modern* (translated by Catherine Porter) (Cambridge, MA: Harvard University Press, 1993),133.

Foster Associates, Stansted Airport terminal, Stansted, Essex, 1991

Het redelijke oog beziet de wereld waarin we leven met dezelfde strengheid, dezelfde urgentie, als die waarmee de grondleggers van het realisme in de schilderkunst, Courbet en Manet, probeerden hun eigen wereld werkelijk te zien. Rationalisme is geen eigenschap van de dingen. In de architectuur duidt het niet op bepaalde vormeigenschappen van, bijvoorbeeld, het werk van Labrouste en Schinkel, van Giorgio Grassi en Oswald Ungers. Rationalisme is een middel om een doel te bereiken. Het stelt ons in staat om te leren, te argumenteren, te communiceren en te handelen.

Er bestaat een fundamenteel verschil tussen het rationalisme van de École en dat van de modernisten. Het eerste legt de nadruk op de interne samenhang van een compositie, op de formele consistentie ervan (Jacques Lucan spreekt van een *ordre fermé* – een gesloten orde). Een compositie is meestal ingeschreven in een vierkant of een rechthoek. De figuur wordt omringd door de *entourage*, een technische term die door studenten van de École geringschattend 'de saus' werd genoemd. Buiten de geometrische figuur van een compositie bestaan er slechts een paar stegen en struiken.[7] Bij de modernisten daarentegen beweegt de rede zich naar buiten toe. De rede doorbreekt de bestaande ontwerpconventies (die van de discipline) en houdt zich met de werkelijkheid bezig. De *entourage* van de modernist is de maatschappij. Het is de wereld waarin wij allemaal leven. Buiten het moderne ontwerp bestaat er letterlijk van alles.

In het recente verleden was het project van de Verlichting, en het verlengde daarvan, het project van de moderniteit, maar weinig populair. Met tegenzin erkent Bruno Latour dat de modernen iets van grootheid bezitten, vooral dankzij hun durf, hun vernieuwingsdrang en de schaal van hun activiteiten. Wat hij niet kan onderschrijven, is de 'illusie' die ze over zichzelf hebben, met name de illusie dat ze rationeel, objectief en universeel zijn.[8] Dat architecten rationeel zijn, wil echter niet zeggen dat zij hun waarden aan iedereen moeten opleggen. Zij hoeven niet voorop te lopen in de vooruitgangsrace. Het kan ook zo zijn, bescheidener, dat zij geloven in het vermogen van de mensen om hun *entourage* te verbeteren, zowel fysiek als maatschappelijk. Bij Atelier Kempe Thill wordt dit duidelijk geloofd. Hoewel ze voorzichtig-sceptisch zijn over het vooruitzicht van een architectuur die door de pure rede wordt geleid, roept men duidelijk op tot een nieuwe helderheid. Ze zijn op zoek naar een logische, objectieve benadering van de architectuur, die het hedendaagse relativisme kan temperen.

Op het eerste gezicht lijken de ontwerpen van Atelier Kempe Thill het toonbeeld te zijn van eigenschappen die aan het eind van de achttiende eeuw aan Franse architecten werden toegeschreven. In zijn *Architecture in the Age of Reason* schreef Emil Kaufmann over elementaire vormen, een nadruk op eenvoudige massa's en compactheid, een zuivere omtrek en vlakke, strakke muren. 'In het tijdperk van de rede,' zo concludeerde hij, 'begon een nieuw architectonisch tijdperk, met geheel nieuwe compositorische idealen en, uit-

7
Jacques Lucan, *Composition, Non-composition: Architecture et Theories, XIXe-XXe siècles* (Lausanne: EPFL Press, 2009), 175.

8
Bruno Latour, *We Have Never Been Modern* (vertaling Catherine Porter) (Cambridge, MA: Harvard University Press, 1993),133.

in the Age of Reason, Emil Kaufmann wrote about elementary forms, about an emphasis on simple solids and a compactness of body, a clean outline and flat forbidding walls. 'In the Age of Reason,' he concluded, 'a new architectural epoch began, with entirely new compositional ideals and, in the end, entirely new architectural forms.'[9] The phrase seems written to please Gropius and Le Corbusier. Thus was established the genealogy (and the confusion) between French architects of the late eighteenth century and modernists. This tradition reached from Ledoux to Le Corbusier. Atelier Kempe Thill carries it forward to include Mies van der Rohe and Norman Foster – and of course themselves.

Reason in Practice

Which building could better embody the mentality of the Enlightenment, the *Siècle des Lumières*, than the terminal at Stansted airport. The project was described by Norman Foster as 'a study in light and lightness'.[10] Stansted has no dark corners. In the accounts given by the architects, nothing appears to remain obscure, unexplained or beyond explanation. The design is presented as the methodical, conclusive refinement of an initial hypothesis. Everything appears logical and impersonal. Everything self-evident and inevitable. Everything

9
Emil Kaufmann, *Architecture in the Age of Reason* (Cambridge, MA: Harvard University Press, 1955), 215.

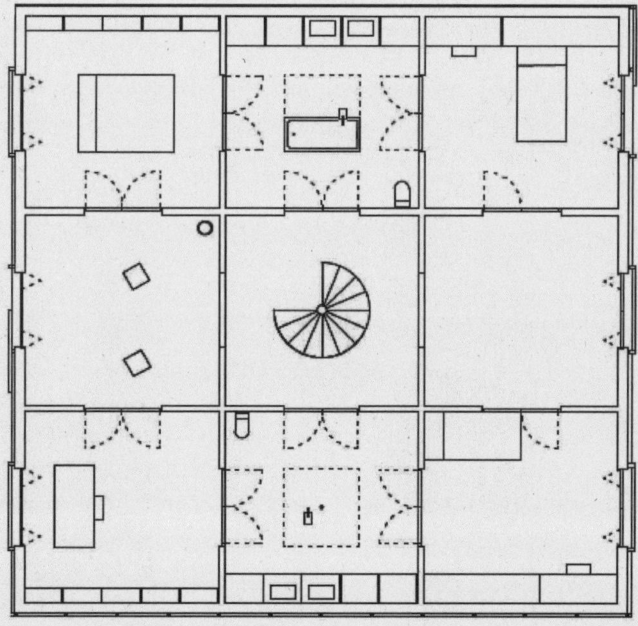

Kersten Geers/ David Van Severen, Villa Buggenhout, 2007-2012

eindelijk, geheel nieuwe architectonische vormen.'[9] De zin lijkt te zijn geschreven om Gropius en Le Corbusier een plezier te doen. Dit was het begin van de genealogie van (en de verwarring tussen) de Franse architecten uit de late achttiende eeuw en de modernisten. Deze traditie strekte zich uit van Ledoux tot Le Corbusier. Volgens Atelier Kempe Thill behoren ook Mies van der Rohe en Norman Foster tot deze traditie – en zijzelf, natuurlijk.

De rede in de praktijk

Welk gebouw representeert de mentaliteit van de Verlichting, de *Siècle des Lumières*, beter dan de terminal op Stansted Airport? Norman Foster omschreef het project als 'een studie in licht en lichtheid'.[10] Op Stansted zijn geen donkere hoeken. In de beschrijvingen van de architecten blijft niets duister, onverklaard of onverklaarbaar. Het ontwerp wordt gepresenteerd als een methodische, overtuigende uitwerking van de oorspronkelijke hypothese. Alles lijkt logisch en onpersoonlijk. Alles is vanzelfsprekend en onvermijdelijk. Alles is redelijk. Foster sprak over de helderheid van de ruimte en een gevoel van visuele rust. De stemming is er een van onthechting, de esthetische stijl is Apollinisch.

9
Emil Kaufmann, *Architecture in the Age of Reason* (Cambridge, MA: Harvard University Press, 1955), 215.

10
Zie voor meer informatie over Stansted: Irénée Scalbert, 'Beauty without Taste', *San Rocco* 13 (2017).

Karl Friedrich Schinkel, Pavillon Charlottenburg, Berlin/ Berlijn, 1824-1825

standing to reason. Foster referred to the clarity of the space and to a sense of visual calm. The mood is one of detachment, the aesthetic Apollonian.

The project is rational, but it is not rationalist in the sense attributed to Durand and, by a stretch, to Guadet. It does not demonstrate principles. To the contrary, theoretical ballast tends to be discarded in the progressive refinement of the design. The engineer responsible for the structure, Martin Manning, described the solution as interesting rather than innovative, its limitations lying precisely in its rationality. A logical response suggested branches rising from the floor of the terminal. Instead, an impure solution evolved, consisting of three distinct, impure units: an upended Vierendeel truss (the trunk), a pretensioned pyramidal frame (the branches) and a ribbed dome (the crown). The solution is not logical, but it is rational, reason being compatible with trial and error, with experiment, even with bricolage. 'We are,' Foster says about his office, 'a belt and braces outfit but nobody believes it.'[11] The architects do not publicly discuss visual judgement, but the outcome at Stansted is incomparably graceful.

The capacity for sound, sensitive judgement is a central characteristic of rational architecture. Durand's systematic mind did not permit it. Schinkel,

10
For more information about Stansted, see: Irénée Scalbert, 'Beauty without Taste', *San Rocco* 13 (2017).

11
Witold Rybczynski, *The Biography of a Building: How Robert Sainsbury and Norman Foster Built a Great Museum* (London: Thames and Hudson, 2011), 126.

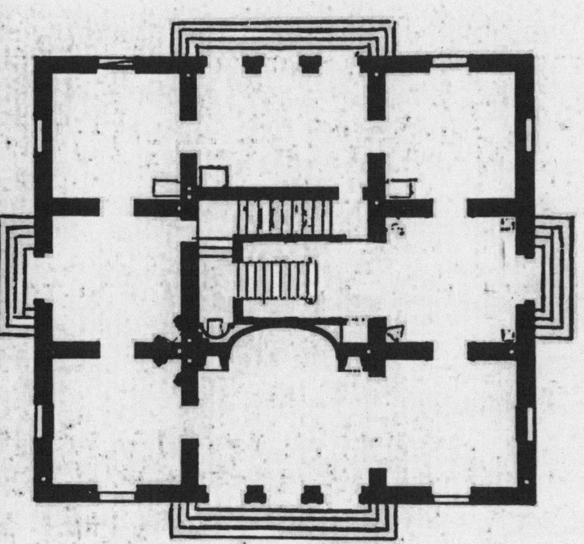

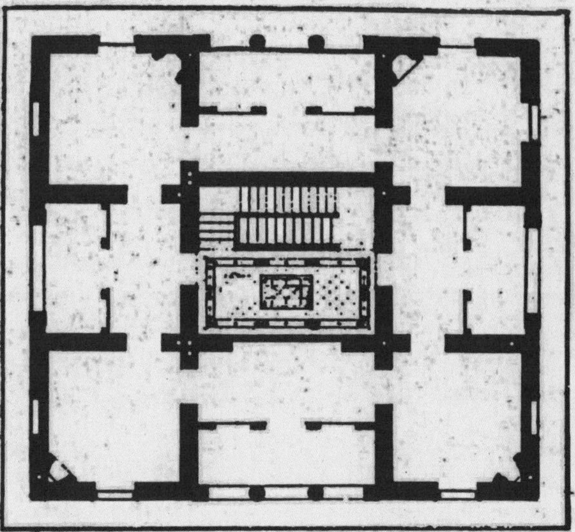

Karl Friedrich Schinkel, Pavillon Charlottenburg, Berlin/ Berlijn, 1824-1825, plan/ plattegrond

Het project is rationeel, maar het is niet rationalistisch in de betekenis die aan Durand en, met een beetje fantasie, aan Guadet wordt toegeschreven. Er worden geen principes gedemonstreerd. Integendeel, er is theoretische ballast afgeworpen naarmate het ontwerp verder werd uitgewerkt. De ingenieur die verantwoordelijk was voor de constructie, Martin Manning, omschreef de oplossing als 'eerder interessant dan vernieuwend', omdat de beperkingen ervan juist uit de rationaliteit voortvloeiden. Een logische oplossing zou met zich meebrengen dat er takken uit de vloer van de terminal zouden oprijzen. In plaats daarvan werd er een onzuivere oplossing ontwikkeld die uit drie afzonderlijke, onzuivere eenheden bestond: een omgekeerd Vierendeel-spant (de stam), een voorgespannen piramidaal frame (de takken) en een geribde koepel (de kroon). Deze oplossing is niet logisch, maar wel rationeel: de rede is verenigbaar met vallen en opstaan, met experimenteren, zelfs met *bricolage*. 'Wij zijn,' aldus Foster over zijn bureau, 'van het knip- en plakwerk, hoewel niemand dat gelooft.'[11] De architecten bespreken hun visuele opvattingen niet in het openbaar, maar op Stansted is het resultaat onvergelijkbaar sierlijk.

Het vermogen om een deugdelijk, afgewogen oordeel te vormen is een centraal kenmerk van de rationele architectuur. Durand's systematische geest stond dit niet toe. Schinkel daarentegen was er erg goed in. Neem bijvoorbeeld het Schinkel Pavillon in Berlijn, dat ook wel Het Zomerhuis wordt genoemd. Koning Friedrich Wilhelm III van Pruisen woonde eerder in Villa Reale Chiatamone in de wijk Santa Lucia in Napels. Net als deze villa is het huis dat hij in Charlottenburg liet bouwen vrijstaand en wordt het op de eerste verdieping omgeven door een smeedijzeren buitengalerij. De symmetrie wordt op de bovenverdieping bevestigd door de loggia's, die de blik het gebouw in trekken, en op de benedenverdieping door de trappen die het huis met de tuin verbinden.

De plattegrond van het paviljoen is bijna vierkant en heeft, net als de Villa Buggenhout van KGDVS, negen vierkante kamers met een trap in het midden. Echter, daar waar de kamers in Villa Buggenhout allemaal even groot zijn, had Schinkel enkele subtiele aanpassingen doorgevoerd. De tuinkamer op de hoofdas is iets breder dan de hoekkamers. Hier staat een ellipsvormige zitbank in de stijl van de Mamia-bank in Pompeï. Omdat de bank in een nis staat, werd de achterwand in de ruimte van het trappenhuis geschoven. Dit leidde weer tot verdere aanpassingen, vooral de plaatsing van de eerste trap evenwijdig met de dwarsas van het huis en de plaatsing van de bovenste trap tegen de achterwand van het trappenhuis.

Het ontwerp is rationeel, maar vermijdt wat Schinkel 'de fouten van de pure arbitraire abstractie' noemde.[12] De zuivere rede, zo geloofde hij, produceert ontwerpen die 'droog en star zijn, weinig vrijheid bieden', en sluit volgens hem een aantal essentiële architectonische elementen uit: geschiede-

11
Witold Rybczynski, *The Biography of a Building: How Robert Sainsbury and Norman Foster Built a Great Museum* (Londen: Thames and Hudson, 2011), 126.

12
Alex Potts, 'Schinkel's Architectural Theory', in: Michael Snodin (red.), *Karl Friedrich Schinkel: A Universal Man* (New Haven/Londen: Yale University Press, 1991), 47

on the other hand, was a consummate master. Consider, for instance, the Schinkel Pavilion in Berlin, sometimes known as the Summer House. King Friedrich Wilhelm III of Prussia had lived in Villa Reale Chiatamone in Santa Lucia, Naples. Like the villa, the house he commissioned in Charlottenburg is free-standing and it is surrounded on the first floor by an external iron gallery. Symmetry is acknowledged on the upper floor with loggias drawing the eye into the building, and on the lower floor by flights of steps connecting the house with the garden.

The plan of the Pavilion is nearly square and it has, like the Villa Buggenhout by KGDVS, nine square rooms with stairs in the middle. But whereas rooms in the Villa Buggenhout are all identical in size, Schinkel makes subtle adjustments. The garden room in the main axis is marginally wider than the corner rooms. It accommodates an elliptical seat modelled on the Mamia bench in Pompeii. The seat being fitted in a niche, the rear wall of the room was pushed into the space of the stairwell. This prompted further adjustments, notably the alignment of the first flight of stairs with the cross axis of the house and the placement of the upper flights against the back wall of the stairwell.

The design is rational, but it avoids what Schinkel called 'the error of pure arbitrary abstraction'.[12] Pure reason, he believed, produces designs that are 'dry and rigid, lacking in freedom'. It excludes what were for him essential elements in architecture: history, poetry, *Phantasie*. The quality of his architecture relies to no small extent on refinements seen, for instance, in the Schinkel Pavilion, none of which can be found in comparable designs by Durand. Schinkel believed that design seldom admits pure solutions. He saw that human relations do not conform to the law of reason. It followed that reason in architecture must be complemented with an ethical feeling (Kempe and Thill, too, refer to the ethical and social dimension of architecture).

Notwithstanding their admiration of the Prussian architect, contemporary Rationalists seem closer to Durand than they are to Schinkel. The use of the gridded plan, the predilection for repetition have become systematic. They seem motivated more by ideology than by design. But exceptions, adjustments, refinements can also be rational. Examples, we showed, can be found in the work of Foster as well as Schinkel.

Particulars have obsessed the profession for half a century and a corrective was inevitable. It is also welcome. But universality can impose itself with a rigour that is excessive, producing works that are needlessly dry and rigid. We may take heed of the Enlightenment. Inaccurately known as the Age of Reason, the Enlightenment was both rationalist and empiricist. It was receptive to both the ancients and the moderns, the particularists and the universalists. It accommodated both history and eternity, details and abstractions, nature and art, freedom and equality.[13] Diderot was chief editor of the *Encyclopédie* and the author of *Le neveu de Rameau* (Rameau's nephew), an eccentric tribute to inconstancy. Fantasy is not a crime.

12
Alex Potts, 'Schinkel's Architectural Theory', in: Michael Snodin (ed.), *Karl Friedrich Schinkel: A Universal Man* (New Haven/London: Yale University Press, 1991), 47

13
Tzvetan Todorov (translated by Gila Walker), *In Defence of the Enlightenment* (London: Atlantic Books, 2009), 4.

nis, poëzie, *Phantasie.* De kwaliteit van zijn architectuur berust in niet geringe mate op verfijningen die bijvoorbeeld wel in het Schinkel Pavillon, maar geen van alle in vergelijkbare ontwerpen van Durand te vinden zijn. Schinkel geloofde dat het ontwerpen zelden pure oplossingen toelaat. Hij zag in, dat menselijke relaties niet aan de wetten van de rede voldoen. Hieruit volgde dat de rede in de architectuur moet worden aangevuld met een ethische dimensie (ook Kempe en Thill verwijzen naar de ethische en sociale dimensie van de architectuur).

Ondanks hun bewondering voor de Pruisische architect lijken de hedendaagse rationalisten dichter bij Durand te staan dan bij Schinkel. Het gebruik van een raster en de voorliefde voor herhaling zijn systematisch geworden. Ze lijken eerder gemotiveerd door ideologische, dan door ontwerpkundige overwegingen. Uitzonderingen, aanpassingen en verfijningen kunnen echter ook rationeel zijn. Voorbeelden hiervan zijn dus te vinden in het werk van zowel Foster als Schinkel.

Het beroep wordt al een halve eeuw door details gedomineerd en een correctie was dan ook onvermijdelijk. En is ook welkom. Universaliteit kan zich echter met overdreven strengheid opdringen, waardoor werken ontstaan die nodeloos droog en rigide zijn. We moeten nota nemen van de verlichtingsperiode. De Verlichting, die onnauwkeurig ook wel bekend staat als het tijdperk van de rede, was zowel rationalistisch als empiristisch. Men stond open voor zowel de oudheid als de moderniteit, voor zowel particularisten als universalisten. Er was plaats voor zowel de geschiedenis als de eeuwigheid, voor details en abstracties, natuur en kunst, vrijheid en gelijkheid.[13] Diderot was zowel de hoofdredacteur van de *Encyclopédie* en de auteur van *Le neveu de Rameau* (De neef van Rameau): een excentriek eerbetoon aan de wisselvalligheid. Fantaseren is geen misdaad.

Vertaling: InOtherWords, Maria van Tol

13
Tzvetan Todorov (vertaling Gila Walker), *In Defence of the Enlightenment* (Londen: Atlantic Books, 2009), 4.

Rules That Create Freedom

Justin Agyin, Christoph Grafe and Bart Decroos in Conversation with Herman Hertzberger

JA In this issue of *OASE*, we're considering rationalism in architecture and the ways in which the term 'rationalism' can be rethought and redefined in the current era. Architecture – not only in the context of economic construction, but especially in the context of the finite nature of materials and energy resources – is once again becoming what it was long ago: the practice of repairing cities and buildings.

We're grateful for the opportunity to discuss your (early) work with you, in which the constructional and material logic of the 'building node' played and continues to play an essential part. In addition to the technical and tectonic logics embedded in the various building nodes of your projects, the social dimension of building and living has always played a role in these as well. This is therefore one of the aspects in your work that makes theoretical reflection relevant in the context of rationalism in architecture.

CG In preparation, it was interesting to revisit your lecture notes from Delft University of Technology , where architecture history began with modernist architecture. I'd forgotten that you actually discussed the development of the plan of St Peter's, something that no other historian was teaching in Delft at the time.

To clarify the term rationalism: in this issue, we use it as it came about in French architecture theory in the mid-nineteenth century. In this context, the term articulates an architectural thinking that starts from constructive elements, which implies a paradigm shift in the definition of buildings. This was, in short, a development away from the *compositional unit* and towards the *conceptual unit*, which is defined by the mode of construction. This can be explained by the introduction of new technologies such as the invention and perfection of reinforced concrete, cast and drawn iron, later steel, and the wider availability of glass. It's against this background that the architecture of Henri Labrouste, among others, is referred to as rationalist; I well remember your lectures on Labrouste.

HH You're referring to the libraries, in particular to the Sainte-Geneviève library. It was here that Labrouste introduced the semicircular arch, which turned a quarter at its ends. It was an ingenious solution, simply well thought out: the change in direction ensured that the interior did not look like two barrel vaults placed side by side, but really became one.

JA In projects such as the Centraal Beheer building and the Apollo schools, there's a strong emphasis on the visibility of a rational structure. To quote from one of your lectures:

> This is not only about a common vocabulary, but like each individual solution . . . is a conjugation of a common root, also a common grammar. . . . Between all the elements there is a . . . family

Regels die vrijheid scheppen

Justin Agyin, Christoph Grafe en Bart Decroos in gesprek met Herman Hertzberger

JA In dit nummer van *OASE* willen we het rationalisme in de architectuur in beschouwing nemen. Hoe kan die term opnieuw bekeken en anders gedefinieerd worden in het huidige tijdsgewricht? In het licht van economisch bouwen, maar vooral ook vanwege de urgentie met betrekking tot eindige materiaal- en energiebronnen, wordt architectuur weer – wat het lange tijd vooral geweest is: een praktijk van het repareren van steden en gebouwen.

We reflecteren in dit gesprek graag op jouw (vroege) werk, waarbij de bouw- en materiaallogica van de 'bouwknoop' een zeer sterke rol speelde en dat nog steeds doet. Behalve de technische en tektonische logica die ingebed zit in de verschillende bouwknopen van je projecten, zijn ze ook altijd verweven geweest met de sociale dimensie van het bouwen en wonen, wat één van de aspecten is die theoretische reflectie op je werk in het kader van rationalisme in de architectuur relevant maakt.

CG In de voorbereiding was het interessant om weer te kijken naar de collegedictaten van deTU Delft, waar de architectuurgeschiedenis begon bij de moderne architectuur. Ik was echter vergeten dat jij daar gewoon vertelde over de plattegrondontwikkeling van de Sint-Pieter en dat in Delft geen van de historici er destijds les over gaf.

Even ter verduidelijking: voor dit nummer gebruiken we de term rationalisme met verwijzing naar de Franse architectuurtheorie uit het midden van de negentiende eeuw. De term verwoordt dan een architectonisch denken dat vanuit constructieve elementen vertrekt, wat een paradigmaverschuiving veroorzaakt bij de vaststelling van een gebouw. Kortweg, een ontwikkeling die van een *compositorische eenheid* naar een *conceptuele eenheid* verloopt, gedefinieerd door de manier van bouwen. Dit was het resultaat van nieuwe technieken, waaronder de uitvinding en perfectie van gewapend beton, van gegoten en getrokken ijzer (later staal), en van glas dat in grotere mate beschikbaar kwam. De architectuur van Henri Labrouste bijvoorbeeld wordt om die reden als rationalistisch aangeduid – en ik herinner me jouw colleges over Labrouste nog zeer goed.

HH Je doelt op de bibliotheken en dan vooral de Sainte-Geneviève. Daar introduceert Labrouste de halve boog die hij op de einden een kwartslag draait. Dat was een ingenieuze oplossing, goed overdacht: die richtingverandering maakt dat de binnenruimte niet overkomt als twee naast elkaar geplaatste tongewelven, maar werkelijk één wordt.

JA Projecten zoals Centraal Beheer, maar ook de Apolloscholen worden gekenmerkt door een sterke nadruk op de zichtbaarheid van een rationele constructie. Om uit een van je collegedictaten te citeren:

> Er is hier niet alleen sprake van een gemeenschappelijk vocabulaire, maar zoals elke afzonderlijke oplossing (...) een vervoeging is van

Extension to LinMij laundry, Amsterdam, axonometric drawing/ Uitbreiding wasserij LinMij, Amsterdam, axonometrie

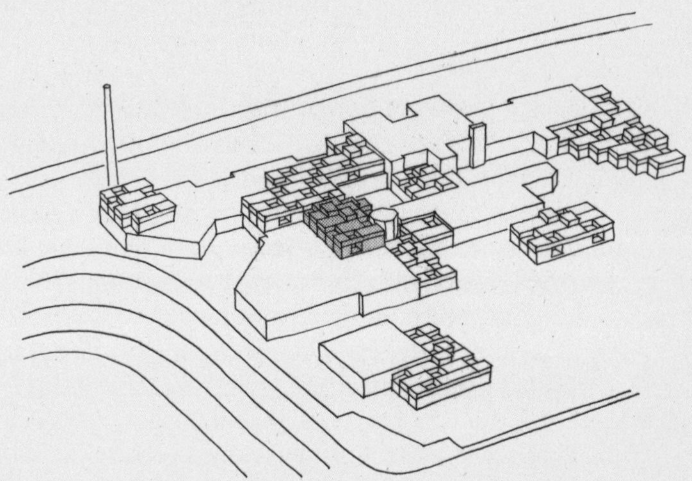

Extension to LinMij laundry, Amsterdam, axonometric drawing of the expansion possibilities/ Uitbreiding van wasserij LinMij, Amsterdam, axonometrie van de uitbreidingsmogelijkheden

Extension to LinMij laundry, Amsterdam/ Uitbreiding wasserij LinMij, Amsterdam

> een gemeenschappelijke stam ook van één grammatica. (...) Tussen alle elementen bestaat een (...) familieverwantschap, welke het gevolg ervan is dat bij het ontwerpen van elk punt steeds de consequenties voor alle andere punten werden betrokken en deze zo dus (...) werden teruggekoppeld naar elke der afzonderlijke oplossingen.

Is deze benadering ingegeven door een streven naar constructieve consistentie? Of om ook de structuur begrijpelijk te maken? En misschien is het juist die consistentie, die vervolgens de vrijheid voor incidentele oplossingen biedt, omdat de conceptuele eenheid van het ontwerp en het gebouw door de constructie is gewaarborgd?

HH Vandaag wordt vaak weinig nagedacht en dat leidt tot willekeur, een behaagzieke architectuur. Voor mij is het altijd belangrijk geweest dat mensen kunnen begrijpen hoe de dingen gemaakt zijn. Ik wilde dat mensen betrokken worden bij de manieren hoe dingen, gebouwen en ruimten in elkaar zitten. Verschillende bronnen zijn daarbij voor mij belangrijk geweest. Een ervan is het Burgerweeshuis van Aldo van Eyck, waar met twee soorten koepels, één soort kolom en één soort latei een heel gebouw is gemaakt. Maar bij mijzelf komt het uit de Anker Steenbouwdoos vandaan. Mijn vader, die overigens niets met architectuur te maken had, probeerde ons met de Anker stenen te laten bouwen. Dat waren bouwelementen – hoekblokjes, standaard blokjes, eindblokjes – en er zat een catalogus bij waarmee je verschillende gebouwen kon maken. Aan die bouwsels kon je zien hoe het is gemaakt en hoe het in elkaar zit. Van Eyck maakte hele gebouwen met een heel beperkt aantal elementen en ruimtevormen. Het gekke daarbij was dat hij niet kon accepteren dat je met die ruimten ook andere dingen kon doen. Dat is vrij snel misgegaan, omdat al tijdens de bouw de ideeën over kindertehuizen veranderden – en Van Eyck wilde niet veranderen. In dat respect bleef hij dan toch de ouderwetse kunstenaar.

Dan is er nog de tweede belangrijke invloed: Maison de Verre van Bernard Bijvoet en Pierre Chareau. Voor mij was dit een sleutelervaring. De elektrische bedrading was niet weggewerkt in de muren. Je kon alles volgen en zien. Alle techniek was expliciet zichtbaar. Daarmee waren deze architecten hun tijd ver vooruit. Tegenwoordig zijn we ook opgehouden met het wegwerken van luchtkanalen en leidingen. Ik heb er altijd een hekel aan gehad als constructie werd weggewerkt achter een comfort-laag. Nu zie je dat het verhullen van de constructie onder invloed van energiebesparing terugkomt. Overal worden er dekens overheen gelegd. Die twee gebouwen hebben mij op het spoor gezet: je moet kunnen zien hoe de dingen in elkaar zitten.

BD Mag ik daar een naïeve vraag over stellen? Waarom is dat zo belangrijk? Is dit vanuit een culturele bezorgdheid of vanuit een pedagogische impuls?

HH Ja, in voedingsmiddelen wil je ook weten wat erin zit, welke troep is toegevoegd. Ik wil dat mensen zich bewust zijn van hun omgeving en van de dingen om hen heen. Anders zijn ze, als ik even overdrijf, de slaven van een maatschappij van comfort. Je kunt mensen op alle mogelijke manieren belazeren.

Anker brick kit/ Anker Steenbouwdoos

CG Je zegt hier iets belangrijks: architectuur geeft mensen een idee waar ze zelf staan in de wereld, hoe die wereld in elkaar zit. Daarmee zeg je ook dat architectuur ons vertelt hoe we de wereld kunnen begrijpen. Je benadrukt het woord 'vrijheid', om de wereld te kunnen begrijpen – want anders ben je een 'slaaf'. Je koppelt daarmee het begrip van de wereld aan een vrijheidsbegrip. Je introduceert daarmee een ethisch kader voor de architectuur, iets dat lange tijd niet gebruikelijk was.

HH Ja, het gaat om bewustzijn. Een bewustzijn van wat men met ons doet en voorschrijft, een bewustzijn van onze omgeving.

CG Zou het zo kunnen zijn dat die houding nu ter discussie staat? Dat de verwarring over de ons omringende wereld ook een aversie teweegbrengt richting gebouwen die juist helderheid communiceren? Is dat misschien de reden dat er veel gebouwen uit de jaren 1970 nu worden bedreigd? Je noemt jezelf Nederlands meest gesloopte architect!

HH Nee, ik denk dat het iets anders is. Ik heb in mijn gebouwen, zoals Centraal Beheer en het ministerie van Sociale Zaken, altijd ruimten opgenomen die niet in het programma van eisen stonden. Het gaat dan om ruimte die nog openblijft, vrijheid vertegenwoordigt. Ik herinner me heel goed het verhaal van een rondleiding in de laboratoria van MIT: een gang met een

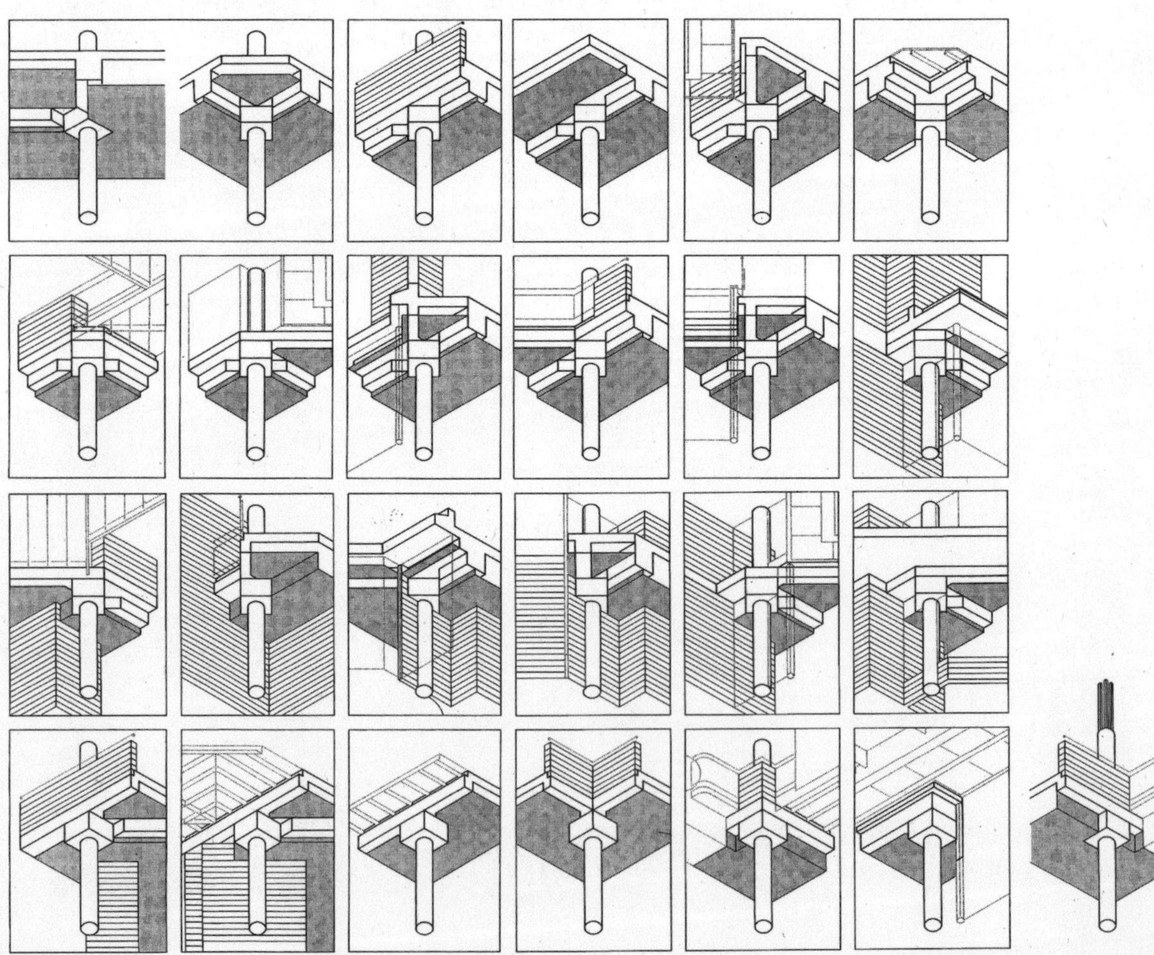

Diagram showing design solutions for the various building nodes in the Ministry of Social Affairs and Employment, The Hague/ Schema met ontwerpoplossingen voor de verschillende bouwknopen in het ministerie van Sociale Zaken en Werkgelegenheid, Den Haag

> relationship, which is due to the fact that when each point was designed, the consequences for all the other points were always taken into account and thus . . . fed back into each of the individual solutions.

Is this approach motivated by a desire for constructive consistency? Or is it also about the need to make a structure comprehensible? And perhaps it is precisely this consistency that then provides the freedom for incidental solutions, because the conceptual unity of the design and the building is guaranteed by the construction?

HH Nowadays, people don't think about things as much and that creates arbitrariness, a people-pleasing architecture. I have always wanted people to understand how things are made. I wanted people to be involved in the way things, buildings and spaces are put together. In this context, several sources have been important to me. One is Aldo van Eyck's Burgerweeshuis: he created a whole building using two types of domes, one type of column and one type of lintel. But my main and initial inspiration was the Anker Steen-bouwdoos. My father, who had nothing to do with architecture, tried to get us to build with these Anker bricks. They were building blocks – corner blocks,

Building nodes of the Ministry of Social Affairs and Employment, The Hague/ Gebouwknopen van het ministerie van Sociale Zaken en Werkgelegenheid, Den Haag

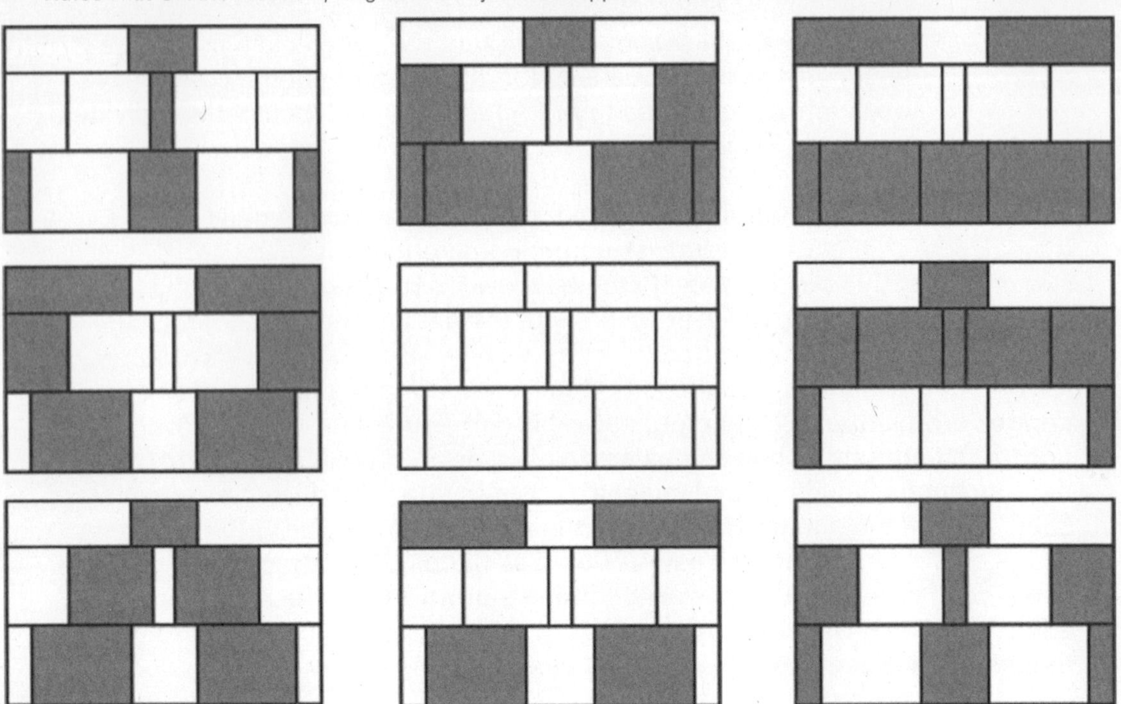

Design scheme for different window layouts, Diagoon housing, Delft/ Ontwerpschema voor verschillende raamindelingen, Diagoonwoningen, Delft

Diagoon house, Delft/ Diagoonwoning, Delf

standard blocks, end blocks – that came with a catalogue that you could use to make various constructions. Looking at these structures, you could read how they were made and how they were put together. Van Eyck created entire buildings using a very limited number of elements and spatial forms. The funny thing was that he could not accept that one could do other things with those spaces. Things went wrong quickly, because ideas about children's homes already changed during the construction of the orphanage, and Van Eyck did not want to change. He was an old-fashioned artist in that respect.

Then there is my second great influence: Maison de Verre by Bernard Bijvoet and Pierre Chareau. My introduction to this building was a key experience. The electrical wiring wasn't hidden in the walls. You could follow and see everything. All of the technology was explicitly visible. These architects were way ahead of their time. Today we don't hide air ducts and pipes. I always hated it when construction was hidden behind a layer of comfort. Now there's a revival of concealed construction, driven by the need to save energy. They put blankets over everything. These two buildings put me on the right track: you have to be able to see how things are put together.

BD Can I ask a naive question about that? Why is this so important? Is it for cultural reasons or is it for educational reasons?

HH Yes. If we're talking about food, you want to know what's in it, what junk is in it. I want people to be aware of their surroundings and of the objects around them. Otherwise, they are, if I may exaggerate, slaves to a society of comfort. You can trick people in all sorts of ways.

CG That's important, what you're saying here: architecture gives people an idea of where they stand in the world, of how the world is put together. This also implies that architecture tells us how to understand the world. You emphasise the word 'freedom' in relation to understanding the world – because otherwise you are a 'slave'. So, you link the understanding of the world to a sense of freedom. This means that you're introducing an ethical framework for architecture, something that has been out of fashion for a long time.

HH Yes, it's about awareness. An awareness of what people are doing to us and prescribing to us, an awareness of our environment.

CG Perhaps this attitude is being challenged today? Maybe the obfuscation of how the world around us works also creates an aversion to buildings that communicate clarity? Is this the reason why so many buildings from the 1970s are now under threat? You call yourself the most demolished architect in the Netherlands!

HH No. I think it's something else. My buildings, including that of Centraal Beheer and that of the Ministry for Social Affairs, have always contained spaces that were not in the programme of requirements. These are spaces that stay open, representing freedom. I vividly remember a story from a tour of the MIT laboratories, a corridor with a long row of workstations and offices on either side. At one point, the corridor was a little wider and there were coffee machines. The guide said: This is where it happens. This is where people come together and cross-fertilisation between disciplines takes place. This is where new ideas are born. But you can't commodify these spaces, there's no money in them.

lange rij werkruimten en kantoren aan weerszijden. Op één plek was de gang wat breder en stonden er koffieapparaten. De gids zei: Dit is de plek waar het gebeurt. Hier komen de mensen bij elkaar en ontstaat er kruisbestuiving tussen de disciplines. Hier ontstaan de nieuwe ideeën. Maar die ruimten kun je aan de markt niet kwijt, ze brengen geen geld op.

JA Maar die ruimte was toch al vanaf het begin niet commercieel inzetbaar?

HH Je bent altijd afhankelijk van je opdrachtgever die misschien juist niet een traditioneel kantoorgebouw wil, zoals bij Centraal Beheer. Ik heb vanaf het begin gedacht, en dat zou je rationalisme kunnen noemen, dat je gebouwen zo moet maken, dat ze op verschillende manieren gebruikt kunnen worden. Fabrieken kunnen dat, want ze hebben grote ruimten, daar kun je allerlei andere dingen in onderbrengen, zoals bij de Van Nelle fabrieken. Bij woningen ligt dat veel gevoeliger, maar ik heb altijd gebouwd in ruimte-eenheden. Bij Centraal Beheer bijvoorbeeld heb ik best het gevoel dat dat op den duur zal lukken. Gelukkig is dat gebouw niet zo makkelijk af te breken. De eenheden van dat kantoorgebouw – maar ik ben geneigd om te spreken van een gebouw dat gebruikt werd als kantoor – zijn 80 m², 81 m² om precies te zijn, want ze zijn 9 x 9 m. In die eenheden kun je dus prachtige schoollokalen maken en kun je perfect woningen maken. Toegegeven, er zijn allerlei moeilijkheden met belichting en andere obstakels. Maar in principe kun je daar alle kanten mee op. Hetzelfde geldt voor Sociale Zaken.

JA Wat is het belang van de leesbaarheid en navolgbaarheid van de gebouwstructuur zowel binnen als buiten en de koppeling daartussen? Met de kennis en vereisten van nu, kan de balans tussen open en gesloten geveldelen een uitdaging worden, niet alleen op het vlak van thermische isolatie, maar ook in termen van expressie en perceptie. En, in hoeverre heeft dit te maken met eerlijkheid?

HH Ik heb geschreven over gotische kathedralen die dit principe heel helder laten zien. De gotische kathedraal is een prachtige combinatie van vorm en constructie. De constructie is de vorm – precies wat Labrouste ook deed.

BD Dan kom je toch vooral eerst uit bij iemand als Viollet-le-Duc?

HH Ja, maar dit is veel ouder, ongeveer het eind van de twaalfde eeuw. Als ik in een gotische kerk ben, zie ik niet alleen hoe indrukwekkend of mooi die is, maar ook hoe die is gemaakt. Ik heb dat de symbiose van constructie en vorm genoemd. Je kunt dit overigens ook heel mooi in Pisa zien, waar de drie gebouwen – de kathedraal, het baptisterium en de toren – allemaal uit dezelfde elementen zijn samengesteld. Wat mij betreft mag je dat rationalisme noemen, als we maar weten waarover we praten. Die principes heb ik bij de LinMij toegepast, en ook in de Drie Hoven. Dat dit gebouw is afgebroken is mijn grootste verdriet. Alles wat men vandaag nodig zegt te hebben voor een tehuis voor bejaarden zat in dat gebouw. Die sloop is een beestachtige culturele achteruitgang. Dat gaat niet over mij, maar over het verlies van een echt thuis.

Ik wil jullie nog een ander beeld laten zien. In de Diagoon-huizen in Delft heb ik de gevels als een raamwerk gemaakt, dat iedereen naar believen kon invullen met open of gesloten delen.

JA But that space was uncommodifiable from the start anyway, right?

HH You're always dependent on your client, who may not want a traditional office building at all, like in the case of Centraal Beheer. I thought from the beginning, and you could call this rationalism, that you have to design buildings so that they can be used in different ways. Factories can do that, because they have large spaces; you can establish all kinds of different enterprises in them, like in the Van Nelle factories. With houses this is much more sensitive, but I've always built in spatial units. In the case of Centraal Beheer, for example, I'm quite sure that it will work out in the long term. Fortunately, that building is not so easy to demolish. The units of this office building – although I'm tempted to call it a building that has been used as an office – are 80 m², 81 m² to be precise, because they are 9 x 9 m. So, you can make wonderful classrooms out of these units, and you can also make

De Drie Hoven, building complex for senior citizens, Amsterdam/ De Drie Hoven, bejaardentehuis, Amsterdam

BD Dat betekent ook dat die gebouwen heel makkelijk te repareren en aan te passen zijn. Maar heeft dat werkelijk gewerkt?

HH Dat blijkt in zoverre tot nu toe niet te werken, omdat mensen niet geëmancipeerd genoeg zijn om de mogelijkheid ook echt te benutten.

BD Je hebt gebouwen ontworpen waar systemen in zitten die ertoe uitnodigen om uit te bouwen, of om verder te bouwen op de veranderingen en toevoegingen van anderen die gebaseerd zijn op die systemen. Zijn deze systemen na oplevering in de loop der tijd verder ontwikkeld?

HH Dat valt tegen, jammer genoeg. In Delft durfden mensen bijvoorbeeld de kleur niet te veranderen. Ik heb de raamkozijnen zwart gemaakt, omdat ik dacht dat mensen die dan na verloop van tijd zouden overschilderen. Maar niemand heeft dat gedaan. In Westbroek heb ik de keuze gelaten aan de bewoners, en toen zijn de meeste bewoners degene gevolgd die het hoogste woord voerde. En toen werden alle kozijnen bruin.

CG Bedoel je dat je gebouwen conceptueel niet af zijn? Dat in de manier waarop ze zijn bedacht, al is meegenomen dat zij zullen worden veranderd?

HH Dat klopt. Mijn gebouwen zijn eigenlijk allemaal niet af.

BD Geldt dit ook voor de Apolloscholen?

Different wall infills within the structural scheme of the design for Centraal Beheer, Apeldoorn/
Verschillende wandinvullingen binnen het constructief schema van het ontwerp voor Centraal Beheer, Apeldoorn

perfectly feasible dwellings out of them. Admittedly, there are all sorts of difficulties with lighting and all sorts of obstacles. But in principle, you can turn them into anything you want. The same goes for the Ministry for Social Affairs building.

JA What is the importance of the legibility and reproducibility of the building structure, both inside and out, and the link between them? With today's knowledge and requirements, balancing the relationship between open and closed façade sections can be challenging both thermally and in terms of expression and perception. And how does this relate to honesty?

HH I wrote about this and said that Gothic cathedrals show this principle very clearly. The Gothic cathedral is a wonderful combination of form and construction. The construction is the form – exactly what Labrouste did, too.

BD Surely this would point to someone like Viollet-le-Duc first.

HH Yes, but this is much older, about the end of the twelfth century. When I'm in a Gothic church I don't just see how impressive or beautiful it is, I see how it was made. That's what I've called the symbiosis of construction and form. This is also very visible in Pisa, by the way, where the three buildings – the cathedral, the baptistery and the tower – are all composed of the same elements. You can call that rationalism as far as I'm concerned, as long as we

Different wall infills within the structural scheme of the design for Centraal Beheer, Apeldoorn/ Verschillende wandinvullingen binnen het constructief schema van het ontwerp voor Centraal Beheer, Apeldoorn

HH Ik probeer gebouwen te ontwerpen die open staan voor verandering. Dat is niet altijd mogelijk. De Apolloscholen zijn eigenlijk een soort villa's in een villawijk en als zodanig dus bepaald. Maar de Montessorischool in Delft wordt elke keer weer uitgebreid, ook nu nog. Dat doet mijn bureau nu, ik doe dat zelf niet meer. Maar eigenlijk zijn dingen nooit af. Ik ben nu bezig met een artikel over een gebouw als stad, oftewel over de overeenkomsten tussen gebouwen en steden. Inclusief het idee dat elk gebouw ook openbare ruimte zou moeten hebben, vrije ruimte voor vrijheid. De Duitse stedenbouwer

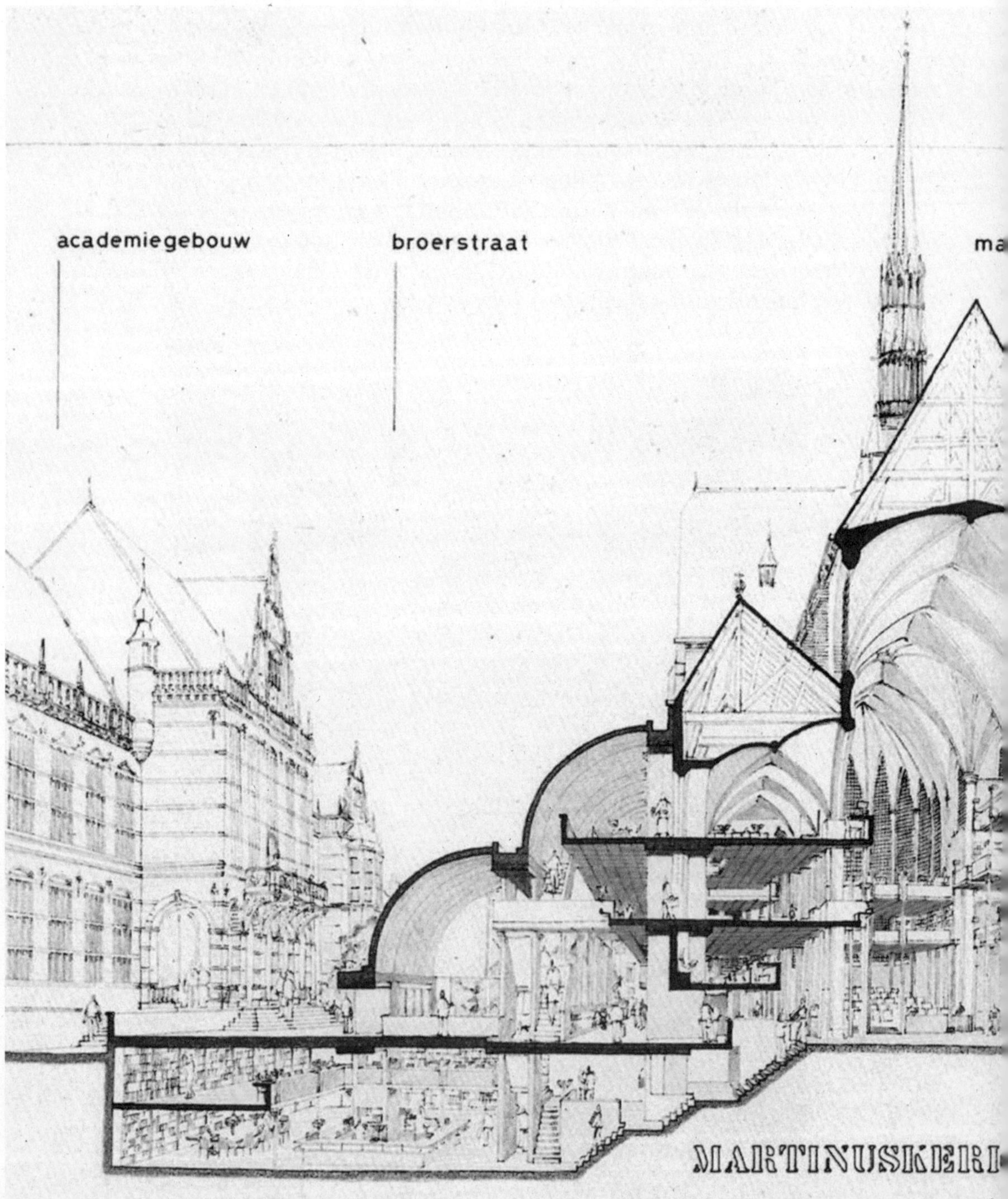

know what we're talking about. I applied these principles in the LinMij building, and also in De Drie Hoven. It's my greatest regret that this building has been demolished. Everything we now say we need to house the elderly was in that building. This demolition is a matter of brutal cultural decline. It's not about me, it's about the loss of a true home.

I want to show you another picture. In the Diagoon houses in Delft, I made the façades as a framework that everyone could fill in at will using open or closed sections.

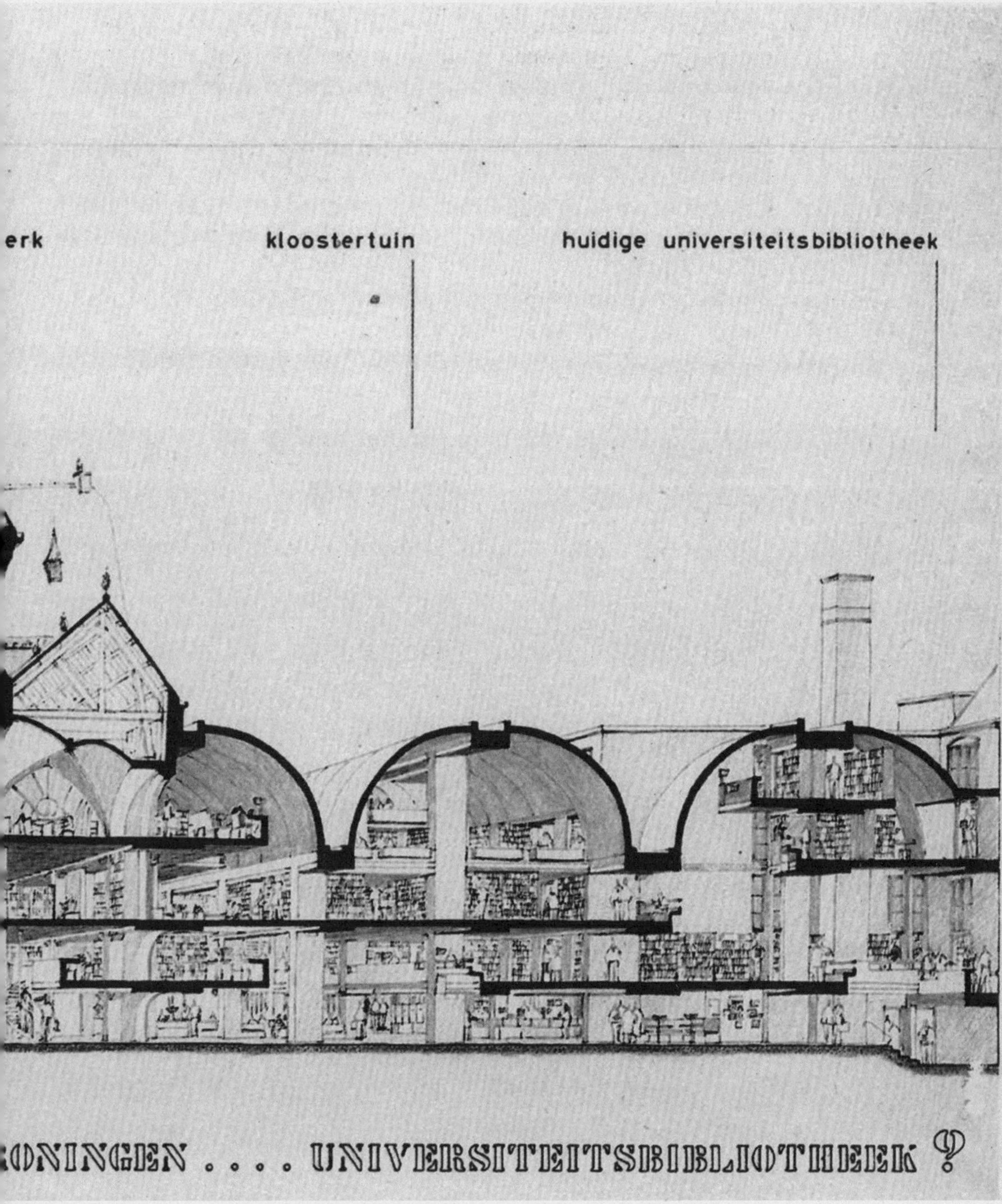

Cross section of the competition design for the University Library, Groningen/ Dwarsdoorsnede van het prijsvraagontwerp voor de universiteitsbibliotheek, Groningen

Brinkmann, die Berlage sterk heeft beïnvloed, spreekt erover dat je zo zou moeten bouwen, dat daartussen goede ruimten ontstaan. Het gaat niet om wat er is gebouwd, maar om de ruimte die door het gebouwde ontstaat.

JA In jouw opvatting over architectuur is er geen dichotomie tussen binnen en buiten. Buiten moet ook een binnen zijn.

HH Dat klopt en dat is misschien de reden waarom ik nooit baksteen heb gebruikt, omdat baksteen eigenlijk alleen aan de buitenkant kan worden gebruikt. Als je die binnen gebruikt zoals bij de Bossche School, dan geeft dit een somber effect. Om die reden heb ik veel betonstenen gebruikt. Maar het diende ook als een uitdaging aan de mensen, de bewoners, de gebruikers. Eigenlijk ging ik ervan uit dat mensen de stenen zouden schilderen of stukadoren, of er gewoon wat behang op zouden plakken. Dat viel meestal tegen, mensen zetten ruimte zelden echt naar hun hand.

CG Deze benadering krijgt een bijzondere betekenis tegen de achtergrond van de huidige discussie over een nieuwe *Umbaukultur*. In twee van jouw ontwerpen worden deze principes al heel vroeg, in de jaren 1960 en 1970, tot uitdrukking gebracht. Het gaat om LinMij en het ontwerp voor de universiteitsbibliotheek in Groningen.

Beide ontwerpen waren hun tijd vooruit. Maar ze zijn ook heel verschillend. Zelf beschrijf je LinMij heel sterk:

> Het bestaande gebouw kan door zijn zware constructie dienen als fundering voor de nieuwbouw; als kunstmatige rotsformatie.

Polygoonschool, Almere

BD This also meant that those buildings were very easy to repair and adapt. But has it really worked?

HH So far it doesn't seem to be working, because people aren't emancipated enough to actually take advantage of the opportunity.

BD You've designed buildings that have systems in them that invite further construction, or changes and additions by others based on those systems. Has anyone ever further developed any of them?

HH Not so much, disappointingly. In Delft, for example, people didn't dare to change the colour. I painted the window frames black, because I thought that in time, people would paint them over for themselves. But nobody did. In Westbroek, I gave people a choice, and in that case most of the residents followed whoever dominated the conversation. Subsequently, all the window frames were painted brown.

CG Do you mean that your buildings are conceptually unfinished? In the sense that the way they are conceived already takes into account that they will be changed?

HH That's right. My buildings, all of them, are actually unfinished.

BD And what about the Apollo schools?

HH I try to create buildings that are open to change, which is not always possible. The Apollos schools are actually a kind of villas in a villa district and as such, they are determined. But the Montessori school in Delft has been extended time and again, even to this day. My office does that now, I no longer do the work myself. But things are never really finished. At the moment I'm writing an article about the building as a city, or in other words about the similarities between buildings and cities. And that includes the idea that every building should have some public space, some free space for freedom. The German urban designer Brinkmann, who was a big influence on Berlage, mentioned that you should build in such a way that you create good spaces between the buildings. It's not about what is built, but about the space created by what is built.

JA In your architectural view, there is no dichotomy between inside and outside. The outside should also be an inside.

HH That's right. Perhaps that's why I never used brick, because brick can really only be used on the outside. If you use it inside, like the Bossche School did, it gives a gloomy effect. That's why I used a lot of concrete blocks. But it was also a challenge for the people, the inhabitants, the users. I really assumed that people would paint or plaster the blocks. Or just slap some wallpaper on. But that hardly ever happened: people rarely really make a space their own.

CG This approach is particularly relevant in the context of the current debate about a new *Umbaukultur*. Two of your designs expressed these principles early on, in the 1960s and 1970s. The design for LinMij and the design for the university library in Groningen.

Both designs were ahead of their time, but they're also very different. You yourself describe the LinMij building really powerfully:

> The existing building, because of its heavy construction, can serve as a foundation for new buildings, like an artificial rock formation.

De nieuwe formatie zou het bestaande langzamerhand gaan overwoekeren. Het nieuwe zal zijn kleur op het oudere overdragen, terwijl het oudere het nieuwe determineert. Oud en nieuw blijven zichzelf, en maken bovendien elkaar duidelijk: ze bezorgen elkaar identiteit.

De uitbreiding is daarbij uitgevoerd in een relatief lichtere, industriële constructie die de logica van het bestaande gebouw (een wasserij) voortzet.

Het ontwerp voor de universiteitsbibliotheek in Groningen lijkt dan weer ingegeven door een zekere waardering voor de neogotische architectuur van de bestaande kerk. Met name de perspectief-doorsnede getuigt hiervan: de uitbreiding is gebaseerd op de lezing van de kerk als geraamte en als modulaire accumulatie (gewelven in reeksen). Was het de bedoeling om het principe van de gotische kerk voort te zetten in de uitbreiding?

HH Het idee van de bibliotheek is niet vanuit de constructie ontstaan. Een kerkruimte is een ruimte die tot nadenken en tot stilte uitnodigt. Dat ligt heel dicht bij een bibliotheek. Je hoeft alleen de boeken toe te voegen en een paar galerijen in te bouwen. Later zijn er op honderden plaatsen kerken omgebouwd tot bibliotheken.

Als laatste zou ik toch nog even willen wijzen naar drie plaatjes naast elkaar: van een amfitheater dat in de loop van de tijd werd bewoond en een ommuurde stad vormt, maar dat ook een plein kan zijn. Dat is voor mij de grote *Aha-Erlebnis*. Dat heeft mij tot het structuralisme gebracht. Structuralisme gaat over taal. De Saussure stelt dat er een vocabulaire en een grammatica zijn, die door iedereen op een verschillende manier worden gebruikt – dat wil zeggen, op verschillende manieren worden samengesteld. Dat heeft mij op het idee gebracht dat er zoiets is als een taal die in verschillende

Arena in Arles

Arena in Lucca

> The new formation would gradually overgrow the existing one. The new will transfer its colour to the old, while the old determines the new. Old and new will stay themselves and, moreover, will clarify each other: they will give each other an identity.

The extension was therefore carried out in a relatively light, industrial construction that continues the logic of the existing building (a laundry).

The design of the university library in Groningen, on the other hand, seems to be motivated by a certain appreciation of the neo-Gothic architecture of the existing church. This is particularly evident in the perspective section: the extension is based on a reading of the church as a skeleton and modular accumulation (series of vaults). Was the intention to continue the principle of the Gothic church in the extension?

HH The idea of the library was not based on construction. A church is a space that invites reflection and silence. That's very similar to a library. All you have to do is add the books and build in a few galleries. Later, in hundreds of places, churches were converted into libraries.

In conclusion, I would like to show you three pictures side by side: of an amphitheatre that became inhabited over time, forming a walled city, but which could also be a square. That was the big *Aha-Erlebnis* to me. That's what led me to structuralism. Structuralism is about language. De Saussure argues that there is a vocabulary and a grammar that are used differently by different people – that's put together in different ways. That led me to the idea that there is such a thing as a language that can be used differently in different circumstances. It led me to the idea of making buildings in such a way that they are unfinished and can change over time.

Arena in Nîmes

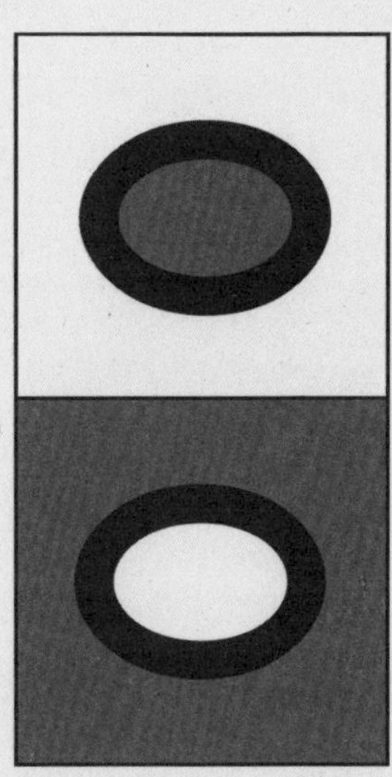

Arena schema

omstandigheden op een andere manier gebruikt kan worden. Het bracht me op het idee om gebouwen zo te maken dat ze onaf zijn en in de loop van de tijd kunnen veranderen.

JA Ik heb nog een vraag, en een anekdote. Ik ben deels opgegroeid onder het gekromde dak van de Polygoonschool in Almere waar ik op de naschoolse opvang zat. In de voorbereiding voor dit gesprek viel me op dat je deze vorm in eerdere projecten had gebruikt. Waar die vorm eerder nog gevat was binnen de kaders van een beperkte set aan constructieve elementen, was deze bij de Polygoonschool 'bevrijd' en bepalend geworden voor de hele school.

HH Er was een zeer beperkt budget. Maar de vorm is gebruikt door Le Corbusier in de Jaoul-huizen en het Maison-Henfel in Saint-Cloud, die mij sterk hebben beïnvloed. Zelf heb ik in Sicilië voor het eerst in een kerk een dergelijke flauw gebogen dakvorm gezien. Die geeft ook het idee van een oergevoel van omsluiting. In Almere had de keuze te maken met de noodzaak om een lange straat – eigenlijk een binnenstraat – te overspannen en om dit vrij rationeel te doen. Je hebt een rij lokalen, en open plekken in het midden. Voor mij is dit een belangrijk principe: een idee dat al werkende aan een project ontstaat.

In het algemeen gesproken: als het over rationalisme gaat, zouden we het eigenlijk over artificiële intelligentie moeten hebben. Maar dat is voor later. In ieder geval gaat het over regels die vrijheid scheppen.

JA I have another question, and an anecdote. I spent part of my childhood under the curved roof of the Polygoonschool in Almere, which offered after-school care. While preparing for this interview, I noticed that you had used this form in previous projects. Whereas before, it had been contained in a limited set of structural elements, in the Polygoonschool it was 'liberated' to become the defining feature of the whole school.

HH The budget was very tight. But the shape was used by Le Corbusier in the Jaoul housing and in Maison Henfel in Saint Cloud, which influenced me a lot. I myself first saw a similar slightly curved roof form in a church in Sicily. That also provided a sense of primal enclosure. In Almere, the decision had to do with the need to span a long street – an interior street, actually – and with having to do so quite rationally. There is a row of classrooms and there are open spaces in the centre. This is an important principle for me: an idea that originates from working on a project.

Generally speaking, when it comes to rationalism, we should really be talking about artificial intelligence. But that's for later. In any case, it is about rules that create freedom.

Translation: InOtherWords, Maria van Tol

Economische authenticiteit

Christoph Grafe en Bart Decroos in gesprek met André Kempe en Oliver Thill

CG Dit nummer van *OASE* kan tot op zekere hoogte gezien worden als een vervolg op het nummer voor het tijdschrift *ARCH+* dat jullie in oktober 2020 samen met de redactie samenstelden.[1] Jullie presenteren daarin een aantal Franse bureaus die lijken terug te kijken naar de moderne traditie na 1945 en sommige rationalistische tradities die daarin doorwerken. Wat was de reden om dat nummer te maken?

AK De afgelopen decennia was er in de Franse architectuur vooral een willekeur aan stijluitingen, maar nu is er eindelijk weer iets dat berust op stramien, rasters, logica, kortom, op rede of vernuft. Met dat nummer wilden we aansluiten bij die architectuur, die zich ervan bewust is dat middelen beperkt zijn, en die deze beperking accepteert, toont en daardoor de wezenlijkheden van ons beroep demonstreert.

OT We vroegen ons ook af wat er met dat Franse rationalisme is gebeurd, wat natuurlijk een heel invloedrijke stroming was in de twintigste eeuw in Frankrijk en Europa. In de jaren 1980 of 1990 is deze continuïteit doorbroken. Er leek zelfs een aversie te heersen tegen de rationalistische tradities, die in de wederopbouw na 1945 nog dominant waren. Maar de laatste jaren zijn er weer jongere architecten die aansluiting zoeken bij de jaren 1950 en 1960. Deze bureaus opereren binnen een informeel netwerk, zij kennen elkaar en wij hen ook. Ook dat was een reden voor de samenstelling van dat nummer van *ARCH+* in 2020.

BD Met dat nummer tonen jullie een zekere welwillendheid om een verwantschap op te zoeken en de associatie met bepaalde tendensen actief te cultiveren. Waarom hebben jullie het begrip 'rationalisme' gekozen, overigens om dit in het nummer zelf weer enigszins te relativeren?

AK Misschien door onze ervaring met het reëel bestaand socialisme zijn wij ons ervan bewust dat je sterker bent als je je associeert, als je samen staat en krachten bundelt. Ik zie dit ook als een politiek fenomeen: als je mensen kunt mobiliseren, kun je misschien samen wel een houding en een benadering in de architectuur vertegenwoordigen. Dat kan een zelfversterkend effect opleveren, dat in het voordeel is van iedereen; met een gedeelde boodschap is het mogelijk om in culturele en maatschappelijke discussies een bepaalde zeggenschap te claimen.

OT Wij zijn ook onderdeel van een Europese generatie, misschien wel de eerste na 1945. Als bureau maakten wij vanaf het begin gebruik van de mogelijkheden die zich in Europa voordoen. Ons bureau lijkt daarin op andere uit dezelfde generatie, zoals OFFICE Kersten Geers David Van Severen, Dogma, 51N4E of Baukuh. Wij zijn van nature geïnteresseerd in het werken

1
'Neuer Realismus in der französischen Architektur', *ARCH+* 240 (oktober 2020).

Economic Authenticity

Christoph Grafe and Bart Decroos in Conversation with André Kempe and Oliver Thill

CG this issue of *OASE* can be seen in some ways as a sequel to the issue of *ARCH+* that you and the editors put together in October 2020.[1] In that issue, you presented a number of French offices that seem to be looking back at the post-1945 modern tradition and some of the rationalist traditions that left their mark on it. Why did you decide to make that issue?

AK In recent decades, French architecture has shown an arbitrary range of stylistic expressions, but now we're finally seeing something based on patterns, grids, logic, in short: on reason or ingenuity. With that issue, we wanted to connect with that architecture, which is aware that resources are limited, accepts this limitation, shows it and thus demonstrates the essence of our profession.

OT We also wondered what had happened to French rationalism, which was of course a very influential movement in France and Europe in the twentieth century. In the 1980s or 1990s, this continuity was interrupted. There even seemed to be an aversion to the rationalist traditions that were still dominant during the post-1945 reconstruction. In recent years, however, younger architects have sought to reconnect with the 1950s and 1960s. These are offices that work in an informal network: they know each other, and we know them. This was another reason why we made this issue of *ARCH+* in 2020.

BD The *ARCH+* issue showed a certain willingness to look for affinities and to actively cultivate the association with certain trends. Why did you choose the term 'rationalism', to put it into perspective in the issue itself?

AK We are aware, perhaps through our experience of real-life socialism, that you are stronger when you unite, when you stand together and join forces. I think this is a political phenomenon as well: if you can mobilise people, perhaps together you can represent an attitude and an approach in architecture. This can have a self-reinforcing effect, which is to the benefit of all; with a common message, it's possible to have a voice in cultural and social discussions.

OT We're also part of a European generation, perhaps the first since 1945. As an office, we have seized the opportunities offered by Europe from the very beginning. In this respect, our office is similar to others of the same generation, such as OFFICE Kersten Geers David Van Severen, Dogma, 51N4E or Baukuh. We are naturally interested in working across European national borders. As a result, we've developed an awareness of the impact of cultural networks. These connections, which are sometimes also collaborations, enrich us. You talk to each other and develop new insights. To put it a

1
'Neuer Realismus in der französischen Architektur', *ARCH+* 240 (October 2020).

over Europese landsgrenzen heen. Daardoor ontwikkel je een bewustzijn voor het effect van culturele netwerken. Die verbindingen, die soms ook samenwerkingen zijn, verrijken ons. Je spreekt met elkaar en komt tot nieuwe inzichten. Om het wat pathetisch uit te drukken: voor ons is dat ook een mogelijkheid om je visie op het leven uit te breiden, het persoonlijke en het professionele gaan daarin in elkaar over. Dat is bijvoorbeeld ook de reden waarom we voor onze eerste monografie mensen zoals Pier Vittorio Aureli of Kuehn Malvezzi hebben uitgenodigd om een bijdrage te leveren.

Atelier Kempe Thill, Beaumont Eurorennes, Rennes, 2023

little pathetically, it's also an opportunity for us to broaden our view of life, the personal and the professional merge. This is also why we invited people like Pier Vittorio Aureli or Kuehn Malvezzi to contribute to our first monograph.

AK We're currently working in six or seven different countries. This means studying the cultural assumptions and professional realities of different contexts. We want to become part of the local *savoir faire*: for a project in France, we want to become a little French, for a project in Flanders we want to become a little Flemish. This is an explicit creative moment.

CG We're now in a situation where the question of a resource economy is back on the table, especially in Europe. As the editors of this issue of *OASE*, we also wanted to explore the roots of this question. We relate the concept of rationalism to a turning point in architecture theory – Jacques Lucan speaks of a 'conceptual putsch' – in the mid-nineteenth century, against the background of the emergence of new materials, where construction brings about the definition and unity of the architectural object. Embedded in such a concept is the tendency for buildings to be created on a blank sheet of paper and to evolve according to their own logic. However, this situation is much less common in Europe today and can no longer be the starting point for architectural thinking. But the reactive approach, of inventive bricolage, is not suited to major building projects, either. John Ruskin's appreciation of the unfinished and of the ruin is a productive starting point for our time, but not in all situations.

AK This brings us to the approach of French rationalism in the line of Durand, Viollet-le-Duc, Labrouste and Perret up to (perhaps) Lacaton & Vassal. Is there a tradition that can be examined for its relevance because there are social questions that demand repeatable, efficient and formally-aesthetically convincing approaches? Incidentally, as editors, we also struggled with the concept of rationalism, because it has many different interpretations, and also because it evokes resistance. Perhaps *Einfach Weiter-bauen* (simply building on) is better, but we couldn't find a good translation.

OT We don't have a clear definition of rationalism, either. Rather, we're concerned with moments in the history of architecture when a particular rational way of thinking emerges. In Renaissance architecture, one finds a form of rationalism in Serlio; he starts from the existing categories of dwelling and links them to social classes. Serlio then goes so far as to develop spatial models that also take into account the cultural context, always designing a French and an Italian version.

CG Are you saying that for you, rationalism is also about social programming?

AK Well yes, of course there are different perspectives. You build buildings from structures, structures determine the structures of buildings and are therefore directly linked to spatiality and programming, which also has to do with economic thinking, but there is also a strong classicist angle to it. For example, it's very natural to design symmetrically, and that is also an expression of rationalism.

OT Maybe it has something to do with the education we received, based on a level of knowledge that existed before '1968'. After all, that moment did not happen in Eastern Europe. Somewhere we still have a belief in progress

AK Wij werken op dit moment in zes of zeven verschillende landen. Dat houdt in dat je je in de culturele aannames en professionele realiteit van verschillende contexten moet verdiepen. Wij willen deel worden van het lokale *savoir faire*: bij een project in Frankrijk willen we ook een beetje Frans worden, bij een project in Vlaanderen een beetje Vlaams. Dat is een expliciet creatief moment.

CG in de situatie waarin we ons nu bevinden, ligt de vraag naar een economie van middelen weer op tafel, zeker in Europa. Als samenstellers van dit *OASE*-nummer wilden we ook onderzoeken welke wortels zich met die vraag laten verbinden. Het begrip rationalisme relateren we daarbij aan een architectuur-theoretisch kantelpunt – Jacques Lucan spreekt van een 'conceptuele putsch' – in het midden van de negentiende eeuw, tegen de achtergrond van de opkomst van nieuwe materialen, waarbij de constructie de definitie en eenheid van het architectonisch object bewerkstelligt. In een dergelijk concept ligt een tendens besloten dat een gebouw op een leeg blad tot stand komt en zich vanuit een eigen logica kan ontwikkelen. Die situatie doet zich echter vandaag in Europa veel minder voor en kan niet meer het uitgangspunt van het denken over architectuur vormen. Maar de reactieve benadering, een inventieve *bricolage*, is ook geen benadering voor grote bouwopgaven. John

Atelier Kempe Thill, De Harmonie, Antwerp/ Antwerpen, 2024

and a belief in rationality. For us, as young architects, the communist housing programmes were an important reference point that we didn't really question.

AK We intuitively went to the Netherlands in the 1990s because there was still a quasi-East German housing production going on that we could capitalise on. There was also a kind of modernist tradition in the Netherlands at that time that was almost uninterrupted, or less interrupted than in Germany, Belgium or France.

OT In contrast to this is the idea of the collage. John Ruskin's thinking is relevant to the twenty-first century for two reasons. One is that people crave authenticity, they want to see how something was made, and they can see that very well in a ruin. This also fits in very well with an economic approach because it implies an economy of means. But the problem is that collages are not sustainable. David Chipperfield and Julian Harrap's Neues Museum in Berlin is interesting, but if we were asked to restore it in 20 years' time, we would probably restore the original building. Adding layers also makes something unreadable. We believe that the legibility of a building is an important condition for its future functioning.

CG Is this strong emphasis on legibility the reason for conceiving buildings as objects in your work? Peter Smithson, after designing the school in Hunstanton, introduced the notion of the finite object, which is compositionally *and* constructively determined. What does that mean for the construction, the proportions of the building and its components? And for the façade, which in your designs is often very flat and detailed? Why is this necessary and what does it express?

AK The reason for the flat detailing is very simple. In the Netherlands we work with extremely limited budgets. This requires us to make the largest windows possible and give everything in between the smallest details possible. The proportion of detail and the depth of the façade reflect these economic conditions and the scale of these buildings. It's a minimalism forced by economic conditions. As an architect, you have no more resources, you're forced to make a naked building, you have no more room for ornamentation, for plasticity, unless you resort to meaningless ornamentation that suggests tectonic articulation. More than anything, the aloofness of our buildings is an expression of the economic reality in which we operate.

Our first project in Antwerp Nieuw Zuid, Nieuw Zuid Housing, with these large winter gardens, was different for the first time. There, the dimensions were larger and, from a fire safety point of view, it was also necessary to add more depth to the façade. This gave us room for greater structural relief, which allowed for a certain monumentality. But the dilemmas remain: for the youth centre in Amsterdam-Osdorp, the client had a construction budget of 1,900 euros per square metre. What do you do with that, how do you create a building that also has a certain character? You don't voluntarily decide to use the same foam that is used in oil tanks, which is what we ended up doing. That's a stopgap measure.

BD The way you explain it now, your architecture mainly wants to show a certain economic reality, not necessarily a constructive one. But can't architecture resist the conditions in which it is built?

Ruskin's waardering voor het onvolledige en voor de ruïne is een productief uitgangspunt voor de tijd waarin we leven, maar niet voor alle situaties.

AK Wat ons betreft komt daarmee de benadering van het Franse rationalisme in de lijn van Durand, Viollet-le-Duc, Labrouste en Perret tot (misschien) Lacaton & Vassal in beeld. Is er een traditie die op haar relevantie onderzocht kan worden, omdat er maatschappelijke vraagstellingen bestaan die om herhaalbare, doelmatige en formeel-esthetisch overtuigende benaderingen vragen? We hebben als redacteuren overigens ook geworsteld met het begrip rationalisme, omdat het enerzijds veel verschillende invullingen heeft gekregen en anderzijds weerstand oproept. Misschien is *Einfach Weiter-bauen* beter, maar we vonden geen goede vertaling.

OT Voor ons is er ook geen heldere definitie van het rationalisme. Het gaat ons eerder over momenten in de architectuurgeschiedenis waarop een bepaalde rationele denkrichting wordt gevormd. In de Renaissance-architectuur vind je bij Serlio een vorm van rationalisme; hij gaat uit van de bestaande categorieën van het wonen en verbindt die met sociale klassen. Serlio gaat vervolgens zo ver dat hij ruimtelijke modellen ontwikkelt, die ook nog rekening houden met de culturele context, door altijd ook een Franse en Italiaanse variant te ontwerpen.

CG Wil je daarmee zeggen dat rationalisme voor jullie ook over sociale programmering gaat?

AK Inderdaad, er zijn natuurlijk verschillende invalshoeken. Je zet gebouwen vanuit structuren op, de constructie is bepalend voor de structuur van het gebouw en dus rechtstreeks gelinkt met ruimtelijkheid en programmering, wat ook te maken heeft met een economisch denken, maar er zit ook een sterk classicistische invalshoek in. Het is bijvoorbeeld heel natuurlijk om symmetrisch te ontwerpen, en ook dat is een uiting van rationalisme.

OT Misschien heeft het ook te maken met de opleiding die we hebben gevolgd, gebaseerd op een kennisniveau van voor '1968'. Dat moment heeft immers niet plaatsgevonden in Oost-Europa. Ergens hebben wij nog steeds een geloof in vooruitgang, en een geloof in rationaliteit. Voor ons, als jonge architecten, waren de communistische woningbouwprogramma's een belangrijke referentie, die voor ons niet echt ter discussie stonden.

AK Wij zijn in de jaren 1990 intuïtief naar Nederland gegaan, omdat daar nog een quasi Oost-Duitse woningbouwproductie aan de orde was, waar we op konden inhaken. In Nederland bestond er toen ook nog een soort modernistische traditie die haast ongebroken was, minder gebroken dan in Duitsland, België of Frankrijk.

OT Daartegenover staat het idee van de collage. Het denken van John Ruskin is daarbij relevant voor de eenentwintigste eeuw omwille van twee dingen. Aan de ene kant hunkeren mensen naar het authentieke, naar het kunnen zien hoe iets gemaakt is, en dat zie je heel goed in een ruïne. Dat past ook heel goed bij een economische benadering, omdat het een economie van middelen impliceert. Het probleem is echter dat de collage niet duurzaam is. Het Neues Museum van David Chipperfield en Julian Harrap in Berlijn is wel interessant, maar als ons binnen 20 jaar gevraagd zou worden om dat museum te restaureren, zou het zomaar kunnen dat wij het originele gebouw zouden

AK Of course these things are connected, it's all synthetic, precisely because these budgets are so limited. The economic reality is almost one to one with the constructive reality.

OT The constructive strategy we use results directly from the conditions set by the client. But insulation issues also make it much more difficult to use the structure itself as a starting point for a design. Sometimes there are opportunities to do such a thing. In the Beaumont ensemble in Rennes, we

Atelier Kempe Thill, Youth Center, Amsterdam-Osdorp, 2011/ Atelier Kempe Thill, Jongerencentrum, Amsterdam-Osdorp, 2011

herstellen. Het toevoegen van lagen maakt iets ook onleesbaar. Wij vinden dat de leesbaarheid van een gebouw een belangrijke voorwaarde is voor het functioneren van dat gebouw in de toekomst.

CG Is die sterke nadruk op leesbaarheid de reden voor het concipiëren van gebouwen als objecten in jullie werk? Peter Smithson introduceerde naar aanleiding van het ontwerp voor de school in Hunstanton het begrip *the finite object*, dat compositorisch *en* constructief bepaald is. Wat betekent dat voor de constructie, de proporties van het gebouw en de onderdelen? En voor de gevel die bij jullie in veel gevallen heel vlak gedetailleerd is? Waarom is dat dan nodig en wat drukt dat uit?

AK De reden voor de vlakke detaillering is heel eenvoudig. We werken in Nederland met extreem beperkte budgetten. Dat vraagt erom dat je zo groot mogelijke ramen maakt en dat je alles dat daartussen zit, zo klein mogelijk detailleert. De proportionaliteit van de details en de diepte van de gevel zijn een afspiegeling van deze economische condities en de schaal van die gebouwen. Het gaat om een minimalisme dat wordt afgedwongen door economische omstandigheden. Als architect heb je geen middelen meer, je bent gedwongen een naakt gebouw te maken, je hebt geen ruimte voor ornamenten meer, voor plasticiteit, tenzij je teruggrijpt op een betekenisloze versiering die een tektonische articulatie suggereert. De ongenaakbaarheid van onze gebouwen drukt in plaats daarvan vooral de economische realiteit uit waarin we opereren.

In ons eerste project in Antwerpen Nieuw Zuid bijvoorbeeld, Nieuw Zuid Housing met de grote wintertuinen, was dit voor het eerst anders. Daar waren de maten groter en was er vanuit brandveiligheid ook de noodzaak om een grotere diepte in de gevel aan te brengen. Dat gaf ons ruimte voor een sterker constructief reliëf, wat een bepaalde monumentaliteit mogelijk maakte. Maar de dilemma's blijven: bij het jongerencentrum in Amsterdam-Osdorp had de opdrachtgever 1.900 euro per vierkante meter bouwbudget beschikbaar. Wat moet je daarmee doen, hoe maak je daarmee een gebouw dat ook nog een bepaald karakter heeft? Je kiest er niet vrijwillig voor om hetzelfde schuim dat in olietanks wordt gebruikt, toe te passen, zoals we uiteindelijk wel hebben gedaan. Dat is een noodgreep.

BD Hoe je het nu uitlegt, lijkt het er vooral om te gaan dat jullie architectuur een bepaalde economische realiteit wil tonen, niet per se een constructieve. Maar kan de architectuur dan geen weerstand bieden aan de condities waarin er wordt gebouwd?

AK Die dingen zijn natuurlijk verbonden met elkaar, het is allemaal synthetisch, juist omdat die budgetten zo beperkt zijn. De economische realiteit is bijna een-op-een verweven met de constructieve realiteit.

OT De constructieve strategie die wij gebruiken, komt rechtstreeks voort uit de voorwaarden die de opdrachtgever stelt. Maar ook door de hele thematiek van het isoleren is het veel moeilijker om de draagstructuur zelf als uitgangspunt voor een ontwerp te nemen. Maar soms zijn er wel kansen om zoiets te doen. Zo hebben we, bijvoorbeeld, bij het Beaumont-ensemble in Rennes drie gebouwen kunnen ontwerpen met een exoskelet waarbij je de draagstructuur expliciet kan zien.

were able to design three buildings with an exoskeleton and you can clearly see the supporting structure.

BD What you're saying contains a great claim to a kind of authenticity, to making buildings that express the conditions of the moment in which they are built. Despite the claim to a rationalist approach, it's almost a Ruskinian idea that a building should reflect the building processes, that it should derive meaning from them. How do you deal with existing buildings that were built under different circumstances?

OT We both grew up in Saxony, and the preservation of heritage in Dresden goes back strongly to the principles of Viollet-le-Duc, which means that you do not protect buildings purely as objects, but you start from the idea that they embody, and you restore or reconstruct them on the basis of the original ideas. For us, this is a natural way of dealing with heritage, continuing to work on the basis of the original idea. In that respect, we understand Viollet-le-Duc, but without creating a dogma. The advantage of this method is that you get an object that is hermetical and ready for the next restoration or renovation, because it's a whole. But we're also eclectic, we decide which style to use per commission, we choose the Ruskin strategy or the Viollet-le-Duc strategy, depending on what the thing wants to be or what the budget allows.

AK At De Harmonie in Antwerp, we kept the central room very close to the original, but we gave the new access building at the back a lot of contrast. Not necessarily for the sake of the contrast itself, but because we wanted to

Atelier Kempe Thill, Wintercircus Mahym, Ghent/ Gent, 2022

BD In wat jullie zeggen zit er een heel grote aanspraak op een soort authenticiteit, op gebouwen maken die uitdrukking geven aan de condities van het moment waarop ze gebouwd worden. Ondanks de aanspraak op een rationalistische aanpak, is het bijna een Ruskiniaans idee dat een gebouw de bouwprocessen moet weerspiegelen, dat het daaraan een betekenis ontleent. Hoe gaan jullie om met bestaande gebouwen, die in andere omstandigheden werden gebouwd?

OT Wij zijn allebei in Saksen opgegroeid en de monumentenzorg in Dresden gaat sterk terug op de principes van Viollet-le-Duc, wat betekent dat je gebouwen niet louter als object beschermt, maar dat je uitgaat van het idee dat ze belichamen, en die restaureert of construeert op basis van het originele gedachtegoed. Voor ons is dat een vanzelfsprekende manier om met erfgoed om te gaan, om verder te werken op basis van de originele gedachte. In die optiek begrijpen wij Viollet-le-Duc, maar zonder dat er een dogma ontstaat. Het voordeel van die methode is dat je dan een object krijgt dat hermetisch is en klaar voor de volgende restauratie of renovatie, omdat het een geheel is. Maar wij zijn ook eclectisch, wij bekijken per opdracht welke stijl we toepassen, of we soms de Ruskin-strategie of de Viollet-le-Duc-strategie zullen kiezen, afhankelijk van wat het ding wil worden of wat het budget toelaat.

AK Bij De Harmonie in Antwerpen bijvoorbeeld hebben we de centrale zaal erg dicht bij het origineel gehouden, maar het nieuwe ontsluitingsgebouw aan de achterkant hebben we dan weer in een groot contrast uitgevoerd. Niet

Atelier Kempe Thill, Nieuw Zuid Housing, Antwerp, 2017/ Atelier Kempe Thill, Woninbouw Nieuw Zuid, Antwerpen, 2017

work with the means we found most appropriate, which were large windows and surfaces. It doesn't disrupt the unity of the building, because the intervention distances itself from it.

CG Let's go back to social programming at the end of our conversation. Many of your housing projects remind me of the Familistère.

OT That's obviously a compliment.

CG But what on earth gives you the idea that such a model of collective living suits a super-diverse society?

OT The way we see it is that we have had 40 years of neoliberalism, which has led to social atomisation. You neither belong, nor are you valued for what you do; these are the main starting points. When you create those two conditions, you get a consumer society where consumption is a way of compensating and belonging.

AK People are of course social beings, but a neoliberal society only drives them apart. I myself live in a kind of shell housing project in Rotterdam with a communal courtyard and it is intensively used. People have contact with each other; the children play together, obviously. But even if that courtyard was not used in that way, that space offers the possibility of doing so in the future – but perhaps only in a different kind of society.

Translation: InOtherWords, Maria van Tol

per se omwille van het contrast, maar omdat we met de middelen wilden werken die we het meest passend vonden, en dat waren grote ramen en vlakken. De eenheid van het gebouw wordt er niet door verstoord, omdat die ingreep zich ervan distantieert.

CG Laten we op het einde van ons gesprek nog even terugkomen op die sociale programmering. Veel van jullie woningbouwprojecten doen mij bijvoorbeeld denken aan de Familistère.

OT Dat is uiteraard een compliment.

CG Maar wat in godsnaam geeft jullie het idee dat zo'n model van collectief wonen bij een superdiverse samenleving past?

OT Wij zien het als volgt: we hebben nu 40 jaar neoliberalisme achter de rug, met een sociaal-maatschappelijke atomisering tot gevolg. Je hoort er niet bij en je wordt ook niet gewaardeerd voor wat je doet; dat zijn de belangrijkste uitgangspunten. Als je die twee condities creëert, krijg je een consumptiemaatschappij waarbij consumptie een manier is om te compenseren en erbij te horen.

AK Mensen zijn natuurlijk sociale wezens, maar die worden alleen maar uit elkaar gedreven door zo'n maatschappij. Ik woon zelf in een soort casco-woonproject in Rotterdam met een gemeenschappelijk hofje en dat wordt volledig gebruikt. Mensen hebben contact met elkaar, de kinderen spelen samen, dat is evident. Maar zelfs al zou dat hofje niet op die manier gebruikt worden, dan nog biedt die ruimte de mogelijkheid om dat in de toekomst wel te doen – maar misschien pas in een ander soort samenleving.

Necessity and Evidence

Emmanuel Breton and Serge Joly in Conversation

EB Faced with the ecological challenges of our time, rationalism is emerging as a way of developing contextual architecture, a rationalism of place, and as a constructive rationalism, optimising typologies and implementation. Do you identify with this notion?

SJ For me, the term 'rationalism' has more to do with the idea of 'constructive rationalism'. In his book *Les Architectes et la construction*, Gilles Perraudin claims to be committed to constructive rationalism, to the truth of construction, whereas Nouvel opposed the expressiveness of construction because of the emotions it arouses.[1] What matters is not so much how you build as the effect you produce. For me, there's a reality – the territory, the site, the material – that takes precedence over the result in the process and leads to a form. This obviously involves emotion, but it's radically different from architecture that aims for emotion as an object. There's an ethical position here. These are different worlds of thought. I feel that rationalism produces a rather stiff architecture, so I don't really identify with the term. The approach would be to reconcile these two things: constructive environmental issues and emotions.

Emotion and Necessity

EB I'm thinking of Sigurd Lewerentz, whose architecture is highly mastered, rationalised and extremely moving. Without defining an aesthetic theory, there is an ability to evaluate, an appreciation that comes from the craftsman's judgement of his own work: the search for balance, for correctness according to criteria that are not stated, but that respond to rules acquired through experience. Whereas in the approaches you mentioned, where the quest for effect was 'whatever it takes' to the point of being constructively and economically unreasonable, in Lewerentz's case there is a form of realism, an economy of constructive effort that is always mindful of its aesthetic dimension. Construction that is both beautiful and good.

SJ Lewerentz's words 'that's pure aesthetic', about the ceiling of Markuskyrkan (St Mark's Chapel in Björkhagen) are poetic without pragmatism, while the earthly form of the whole is extremely strong.[2] This aesthetic is allied to a kind of peasantry of construction that is committed to recognising that its origins lie in reality – bricks where you can feel where the earth has been taken and fired. For there to be architecture, there has to be a necessity, an inner need to do something. In rationalism, design is not gratuitous. There are reasons for doing things. The more multiple these reasons are – sensitive,

1
Virginie Picon-Lefebvre and Cyrille Simonnet, *Les Architectes et la construction: Entretiens avec Paul Chemetov, Henri Ciriani, Stanislas Fiszer, Christian Hauvette, Georges Maurios, Jean Nouvel, Gilles Perraudin, Roland Simounet* (Marseille: Éditions Parenthèses, 2014).

2
Karin Björkquist and Sébastien Corbari (eds.), *Sigurd Lewerentz Pure Aesthetics: St. Mark's Church* (Zurich, Park Books, 2021).

Noodzaak en bewijs

Emmanuel Breton en Serge Joly in gesprek

EB Met het oog op de ecologische uitdagingen van onze tijd wordt rationalisme steeds vaker ingezet als een manier om een contextuele architectuur te ontplooien. Het gaat daarbij om een rationalisme van plaats, een constructief rationalisme, dat typologieën en toepassingen optimaliseert. Is dit een notie die jou aanspreekt?

SJ Ik denk bij de term 'rationalisme' vooral aan een vorm van 'constructief rationalisme'. In het boek *Les architectes et la construction* beweert Gilles Perraudin dat hij het constructief rationalisme onderschrijft, dat hij de waarheid van de constructie onderschrijft, terwijl Nouvel zich afzette tegen de expressiviteit van een constructie vanwege de emoties die ermee worden opgeroepen.[1] Het gaat niet zozeer om de manier waarop je bouwt, maar om het effect dat je sorteert. Volgens mij speelt de realiteit – het territorium, de locatie, het materiaal – een veel belangrijker rol in het proces dan het resultaat en is het de werkelijkheid die tot de vorm leidt. Natuurlijk komt hier ook emotie bij kijken, maar deze architectuur leidt tot iets radicaal anders dan een architectuur die emotie objectief nastreeft. Hier gaat het om een ethisch standpunt, om verschillende denkwerelden. Ik denk dat het rationalisme *als zodanig* een nogal stijve architectuur voortbrengt, dus die notie spreekt me niet zo aan. Ik denk dat het beter zou zijn om deze twee dingen – constructieve ecologische kwesties en emoties – met elkaar te verzoenen.

Emotie en noodzaak

EB Neem nu Sigurd Lewerentz, wiens architectuur zeer beheerst, beredeneerd en extreem ontroerend is. Hij houdt zich niet bezig met esthetische theorievorming, maar kan wel evalueren, waarderen. Dit komt voort uit het vermogen van de deskundige om het eigen werk te beoordelen: het zoeken naar evenwicht, naar correctheid volgens criteria die niet zijn vastgelegd, maar die regels volgen die door ervaring zijn geleerd. In tegenstelling tot de benaderingen die jij aanhaalt – waarbij het effect tegen elke prijs wordt nagejaagd, tot in het constructief en economisch onredelijke – is er bij Lewerentz sprake van een vorm van realisme, van een economie van de constructieve inspanning waarbij de esthetische dimensie ook altijd een rol speelt. Constructie die zowel mooi als goed is.

SJ Toen Lewerentz over het plafond van Markuskyrkan (de kerk van St. Markus in Björkhagen) zei dat die van een 'pure schoonheid' was, waren zijn woorden poëtisch maar niet pragmatisch, terwijl de aardse vorm van het geheel extreem sterk is.[2] Deze esthetiek is verwant aan een soort boerse manier van bouwen die wil verduidelijken dat de oorsprong ervan in de werke-

1 Virginie Picon-Lefebvre en Cyrille Simonnet, *Les Architectes et la construction: Entretiens avec Paul Chemetov, Henri Ciriani, Stanislas Fiszer, Christian Hauvette, Georges Maurios, Jean Nouvel, Gilles Perraudin, Roland Simounet* (Marseille: Éditions Parenthèses, 2014).

Daumesnil school group, Paris, general axonometry/ Scholengroep Daumesnil, Parijs, axonometrie

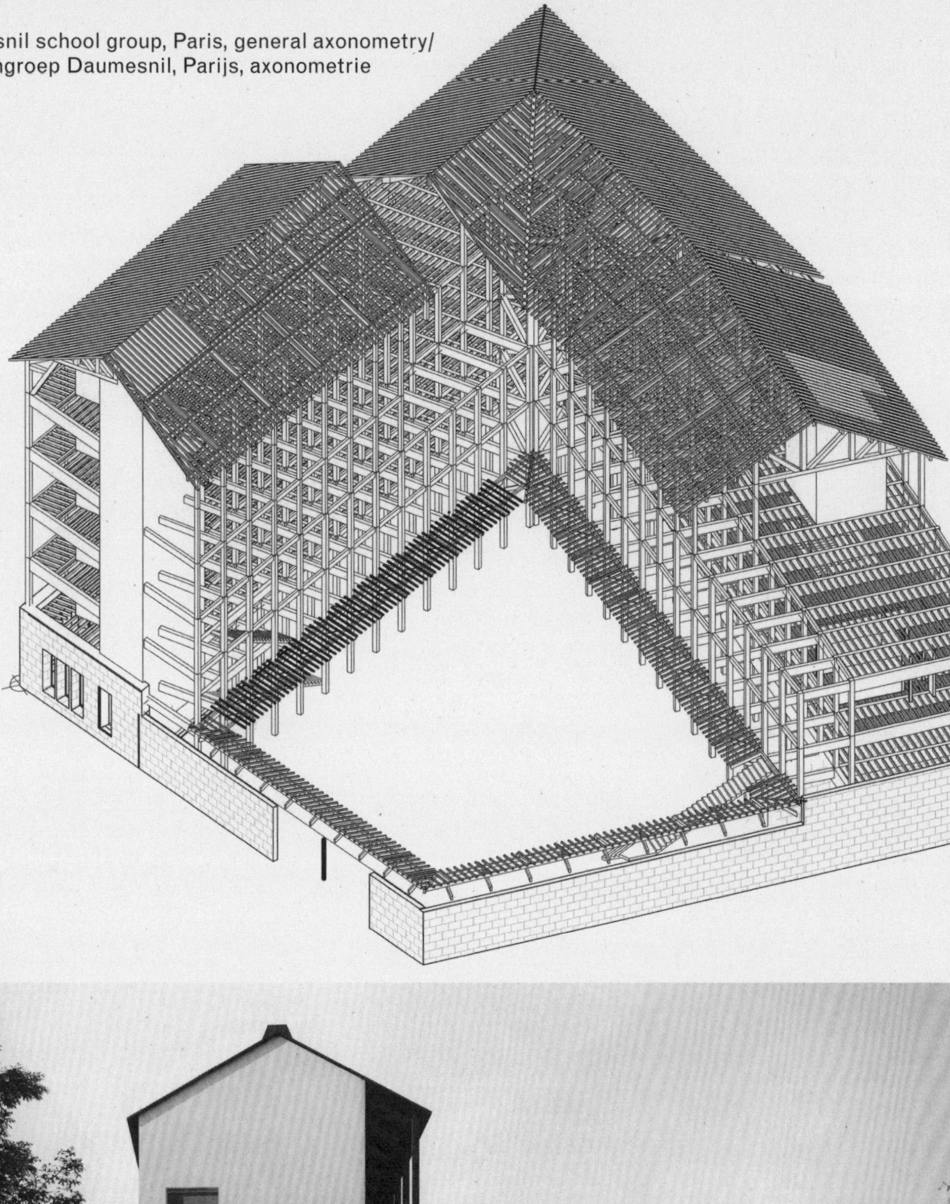

Daumesnil school group, Paris, west view/ Scholengroep Daumesnil, Parijs, westaanzicht

Daumesnil school group, Paris, structural section and axonometries/
Scholengroep Daumesnil, Parijs, constructieve doorsnede en axonometrieën

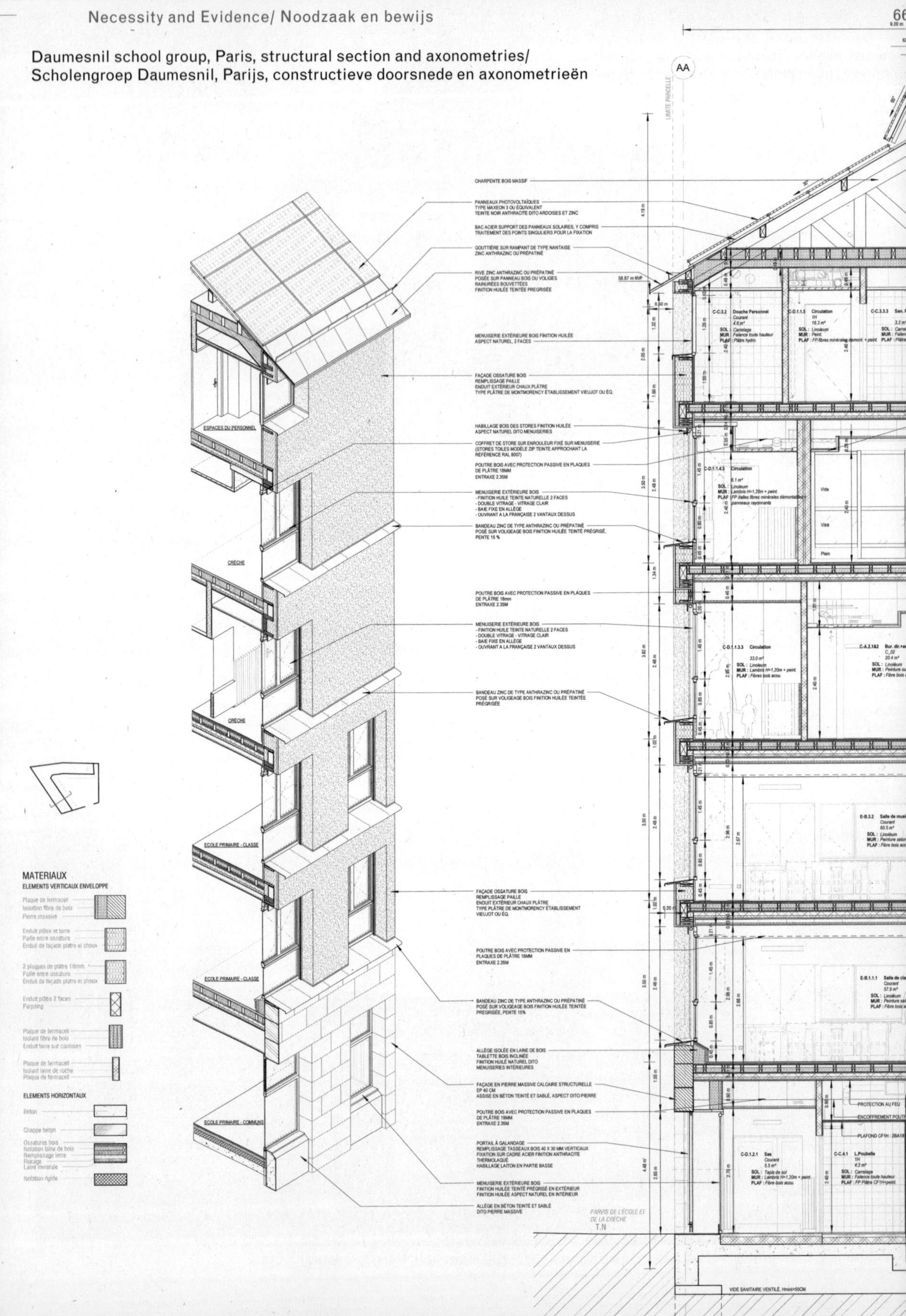

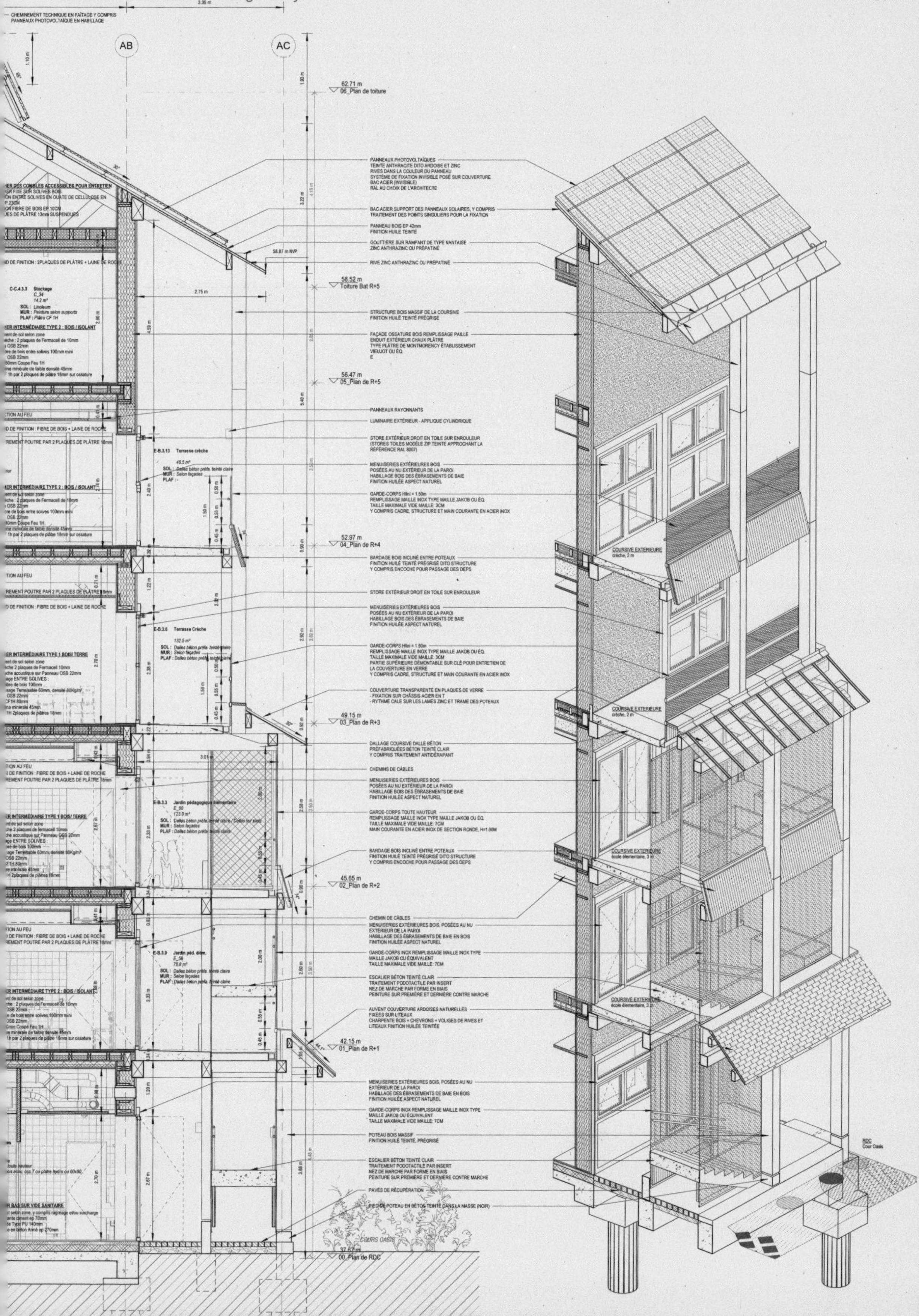

CHEMINEMENT TECHNIQUE EN FAÎTAGE Y COMPRIS
PANNEAUX PHOTOVOLTAÏQUE EN HABILLAGE

AB

AC

62.71 m
06_Plan de toiture

PANNEAUX PHOTOVOLTAÏQUES
TEINTE ANTHRACITE DITO ARDOISE ET ZINC
RIVES DANS LA COULEUR DU PANNEAU
SYSTÈME DE FIXATION INVISIBLE POSÉ SUR COUVERTURE
BAC ACIER (INVISIBLE)
RAL AU CHOIX DE L'ARCHITECTE

BAC ACIER SUPPORT DES PANNEAUX SOLAIRES, Y COMPRIS
TRAITEMENT DES POINTS SINGULIERS POUR LA FIXATION

PANNEAU BOIS EP 42mm
FINITION HUILE TEINTE

GOUTTIÈRE SUR RAMPANT DE TYPE NANTAISE
ZINC ANTHRAZINC OU PRÉPATINÉ

RIVE ZINC ANTHRAZINC OU PRÉPATINÉ

58.87 m NVP

58.52 m
Toiture Bat R+5

STRUCTURE BOIS MASSIF DE LA COURSIVE
FINITION HUILÉ TEINTÉ PRÉGRISÉ

FAÇADE OSSATURE BOIS REMPLISSAGE PAILLE
ENDUIT EXTÉRIEUR CHAUX PLÂTRE
TYPE PLÂTRE DE MONTMORENCY ÉTABLISSEMENT
VIEUJOT OU ÉQ.
E

56.47 m
05_Plan de R+5

PANNEAUX RAYONNANTS

LUMINAIRE EXTÉRIEUR - APPLIQUE CYLINDRIQUE

STORE EXTÉRIEUR DROIT EN TOILE SUR ENROULEUR
(STORES TOILES MODÈLE ZIP TEINTE APPROCHANT LA
RÉFÉRENCE RAL 8007)

MENUISERIES EXTÉRIEURES BOIS
POSÉES AU NU EXTÉRIEUR DE LA PAROI
HABILLAGE BOIS DES ÉBRASEMENTS DE BAIE
FINITION HUILÉE ASPECT NATUREL

GARDE-CORPS Hfini = 1.50m
REMPLISSAGE MAILLE INOX TYPE MAILLE JAKOB OU ÉQ.
TAILLE MAXIMALE VIDE MAILLE: 3CM
Y COMPRIS CADRE, STRUCTURE ET MAIN COURANTE EN ACIER INOX

52.97 m
04_Plan de R+4

BARDAGE BOIS INCLINÉ ENTRE POTEAUX
FINITION HUILÉ TEINTÉ PRÉGRISÉ DITO STRUCTURE
Y COMPRIS ENCOCHE POUR PASSAGE DES DEPS

STORE EXTÉRIEUR DROIT EN TOILE SUR ENROULEUR

MENUISERIES EXTÉRIEURES BOIS
POSÉES AU NU EXTÉRIEUR DE LA PAROI
HABILLAGE BOIS DES ÉBRASEMENTS DE BAIE
FINITION HUILÉE ASPECT NATUREL

GARDE-CORPS Hfini = 1.50m
REMPLISSAGE MAILLE INOX TYPE MAILLE JAKOB OU ÉQ.
TAILLE MAXIMALE VIDE MAILLE: 3CM
PARTIE SUPÉRIEURE DÉMONTABLE SUR CLÉ POUR ENTRETIEN DE
LA COUVERTURE EN VERRE
Y COMPRIS CADRE, STRUCTURE ET MAIN COURANTE EN ACIER INOX

COUVERTURE TRANSPARENTE EN PLAQUES DE VERRE
- FIXATION SUR CHÂSSIS ACIER EN T
- RYTHME CALE SUR LES LAMES ZINC ET TRAME DES POTEAUX

49.15 m
03_Plan de R+3

DALLAGE COURSIVE DALLE BÉTON
PRÉFABRIQUÉES BÉTON TEINTÉ CLAIR
Y COMPRIS TRAITEMENT ANTIDÉRAPANT

CHEMINS DE CÂBLES

MENUISERIES EXTÉRIEURES BOIS
POSÉES AU NU EXTÉRIEUR DE LA PAROI
HABILLAGE BOIS DES ÉBRASEMENTS DE BAIE
FINITION HUILÉE ASPECT NATUREL

GARDE-CORPS TOUTE HAUTEUR
REMPLISSAGE MAILLE INOX TYPE MAILLE JAKOB OU ÉQ.
TAILLE MAXIMALE VIDE MAILLE: 7CM
MAIN COURANTE EN ACIER INOX DE SECTION RONDE, H=1.00M

BARDAGE BOIS INCLINÉ ENTRE POTEAUX
FINITION HUILÉ TEINTÉ PRÉGRISÉ DITO STRUCTURE
Y COMPRIS ENCOCHE POUR PASSAGE DES DEPS

45.65 m
02_Plan de R+2

CHEMIN DE CÂBLES

MENUISERIES EXTÉRIEURES BOIS, POSÉES AU NU
EXTÉRIEUR DE LA PAROI
HABILLAGE DES ÉBRASEMENTS DE BAIE EN BOIS
FINITION HUILÉE ASPECT NATUREL

GARDE-CORPS INOX REMPLISSAGE MAILLE INOX TYPE
MAILLE JAKOB OU ÉQUIVALENT
TAILLE MAXIMALE VIDE MAILLE: 7CM

ESCALIER BÉTON TEINTÉ CLAIR
TRAITEMENT PODOTACTILE PAR INSERT
NEZ DE MARCHE PAR FORME EN BIAIS
PEINTURE SUR PREMIÈRE ET DERNIÈRE CONTRE MARCHE

AUVENT COUVERTURE ARDOISES NATURELLES
FIXÉES SUR LITEAUX
CHARPENTE BOIS + CHEVRONS + VOLIGES DE RIVES ET
LITEAUX FINITION HUILÉE TEINTÉE

42.15 m
01_Plan de R+1

MENUISERIES EXTÉRIEURES BOIS, POSÉES AU NU
EXTÉRIEUR DE LA PAROI
HABILLAGE DES ÉBRASEMENTS DE BAIE EN BOIS
FINITION HUILÉE ASPECT NATUREL

GARDE-CORPS INOX REMPLISSAGE MAILLE INOX TYPE
MAILLE JAKOB OU ÉQUIVALENT
TAILLE MAXIMALE VIDE MAILLE: 7CM

POTEAU BOIS MASSIF
FINITION HUILÉ TEINTÉ, PRÉGRISÉ

ESCALIER BÉTON TEINTÉ CLAIR
TRAITEMENT PODOTACTILE PAR INSERT
NEZ DE MARCHE PAR FORME EN BIAIS
PEINTURE SUR PREMIÈRE ET DERNIÈRE CONTRE MARCHE

PAVÉS DE RÉCUPÉRATION

PIED DE POTEAU EN BÉTON TEINTÉ DANS LA MASSE (NOIR)

COURS OASIS

37.67 m
00_Plan de RDC

COURSIVE EXTERIEURE
crèche, 2 m

COURSIVE EXTERIEURE
crèche, 2 m

COURSIVE EXTERIEURE
école élémentaire, 3 m

COURSIVE EXTERIEURE
école élémentaire, 3 m

RDC
Cour Oasis

E-B.3.13 Terrasse crèche

E-B.3.6 Terrasse Crèche

E-B.3.3 Jardin pédagogique élémentaire

E-B.3.9 Jardin péd. élém.

lijkheid ligt – bakstenen waaraan je kunt zien waar de aarde vandaan gehaald is, waar die gebakken is. Het wordt pas architectuur als de noodzaak in het geding is, een innerlijke drang om iets voor elkaar te krijgen. In het rationalisme is ontwerp niet 'zonder reden', er zijn redenen om dingen te doen. Hoe meer van deze redenen er zijn – zintuiglijke, ruimtelijke, solaire, thermische of gebruikstechnische – hoe meer een maatregel een reactie zal zijn op een reeks van noodzakelijke dingen, waarvoor de vereiste inspanning gerechtvaardigd is. Bouwen is tegenwoordig een inspanning die wordt gedaan ten behoeve van de wereld, met andere woorden: een inspanning die de aarde moet kunnen dragen. Maathouden hoort daarbij. De rede is niet alleen rationeel in de zin van 'berekenend', maar kan ook raken aan het diepste wezen van de mens – zijn emoties, overtuigingen en in-de-wereld-zijn.

Architectuur in dienst van plaatsen en hun geschiedenis

EB Dit menselijke aspect van de ontwerper is gecondenseerd tot waarden, die de aandacht voor plaatsen, geschiedenissen en referenties of doctrines definiëren. Hij identificeert zich daarmee en past deze methoden ten slotte toe.

SJ Volgens mij zijn we verplicht om bescheiden te zijn, omdat we plaatsen ontwerpen die doordrenkt zijn van geschiedenis. We grijpen in op een moment in het bestaan van degenen die er al ik weet niet hoeveel jaar wonen en van degenen die er de komende duizenden jaren zullen wonen. Wij ontwerpen voor de plek, in dienst van een gebied. Daardoor verandert het ontwerpen van een conceptuele in een ethische kwestie: we zijn in dienst van territoria, plaatsen en culturen, in dienst van de menselijke geschiedenis. De positie van de auteur verandert daardoor ook. Juhani Pallasmaa zei altijd dat architectuur moet bemiddelen, in plaats van iets uit te drukken.[3]

EB In het geval van het Daumesnil-scholencomplex in Parijs hebben de materiaalkeuze en de gebruikte bouwmethoden geleid tot samenhang op die plaats, tot een herontdekking van typologieën, oriëntaties, hellingen en verhoudingen: tot die buitengewoon sobere witte gevel, de schuine daken die te maken hebben met het klimaat, en de horizontale banden. We zien hier een Parijse uitstraling, en tegelijkertijd een soberheid die wel Japans lijkt.

SJ Ja, de techniek laat een Parijse indruk achter. De horizontale banden kunnen bijvoorbeeld niet worden opgevat als een echo van de omgeving, om het gebouw daarin te laten opgaan. Ze zijn fundamenteel omdat daar een reden voor is, namelijk om het werk voort te zetten, zorg te dragen voor het materiaal, de materie zelf. Ik had het niet gedaan als er geen reden voor was geweest. Als het Japans overkomt, is dat volgens mij omdat het werken met natuurlijke materialen en het zorgen dat die op een duurzame manier worden gebruikt, om een vrij uitgebreide combinatie van materialen vraagt.

2
Karin Björkquist en Sébastien Corbari (red.), *Sigurd Lewerentz Pure Aesthetics: St. Mark's Church* (Zürich: Park Books, 2021).

3
Michael Amundsen, 'Q&A with Juhani Pallasmaa on Architecture, Aesthetics of Atmospheres and the Passage of Time', *Ambiances*. Zie: journals.openedition.org/ambiances/1257 (laatst bezocht op 21 december 2020).

spatial, solar, thermal, user friendly – the more a device will be a response to a set of necessities, something for which the effort required is justified. Today, building is an effort for the world – an effort that the Earth must be able to bear. There is a notion of proportionality. Reason is not only rational in the sense of calculation. It can also have drivers that touch deeply on what man is – his emotions, his beliefs, his being-in-the-world.

Where Architecture Serves Places and Their History

EB This human aspect of the designer is condensed into values that define attention to the place, the history, the references or doctrines with which he identifies and, finally, the methods he applies.

SJ I feel that there's an obligation to be modest, because we're designing places that are steeped in history. We're only intervening in a moment in time between those who lived there for I don't know how many years and those who will for thousands to come. We design for the place, in the service of a territory. This shifts the question of design from a notion to a value: being at the service of territories, of sites, of cultures, at the service of human history. It also shifts the author's position. Juhani Pallasmaa used to say that architecture should mediate rather than express.[3]

EB In the case of the Daumesnil school complex, it's really the material resources and their precise construction methods that have led to a coherence within the site, to a rediscovery of typologies, orientations, slopes and proportions: this very sober white façade, the roof slopes that come from the climate, or the horizontal bands. We find a Parisian character and at the same time, a sobriety where the Japanese influence is undeniable.

SJ Yes, these Parisian echoes come through the technique. The horizontal bands, for example, can't be explained as a mimicry to integrate the building into the site. They exist fundamentally because they have a raison d'être: to perpetuate the work, to take care of the material, the matter itself. I wouldn't have done it if it didn't make sense. If it seems Japanese to me, it's because when you work with natural materials, with care taken for their use and durability, that implies a fairly elaborate combination of materials. Japanese architecture is one of the most masterful in terms of wood structures, wall systems, earth and straw, so this constructive mastery determines formal expression through the materials used.

Archetypes or the Evident

EB I find it particularly interesting that this rationalism, understood as a reason for doing things, leads not to self-centred architecture but to projects that find a form of evidence in their place. There are similarities with

3
Michael Amundsen, 'Q&A with Juhani Pallasmaa on Architecture, Aesthetics of Atmospheres and the Passage of Time', *Ambiances*. See: journals.openedition.org/ambiances/1257 (accessed 21 December 2020).

De Japanse architectuur is meesterlijk, waar het gaat om het gebruik van houtbouw, muursystemen, aarde en stro, dus het constructieve meesterschap bepaalt de formele expressie door middel van de gebruikte materialen.

Archetypen of wat evident is

EB Ik vind het vooral interessant dat dit rationalisme, opgevat als redenen om bepaalde dingen te doen, niet tot egocentrische architectuur leidt, maar tot projecten die op een bepaalde plaats op een bepaalde manier vanzelf spreken. Het doet denken aan architecten waarvan de projecten de context weerspiegelen, doordat ze elementen integreren die deel uitmaken van het collectieve geheugen. Denk aan Tony Fretton, maar ook aan de Smithsons en hun *conglomerate order* die zij in de jaren 1990 definieerden.[4] Voor de inwoners van een wijk, een stad, zijn sommige zaken vertrouwd, omdat ze die dagelijks zien: schuine daken, kleuren, typologieën, heel veel elementen die vervolgens archetypen vormen. In jouw architectuur zien we ook een paar van deze elementen, vooral daken en binnenplaatsen.

SJ Voor mij is een plat dak onzinnig, een ontkenning van het klimaat. Zelfs als we het logische verband tussen architectonische vorm en gebied buiten beschouwing laten, dan nog is het een archetype: als je wilt bouwen om jezelf tegen de regen te beschermen, is een schuin dak een fundamenteel gebaar. Het platte dak is niet alleen technisch verkeerd, het is ook een manier om te weigeren een relatie met de wereld aan te gaan. Als je begrijpt dat schuine daken corresponderen met klimatologische situaties, dat er een duidelijke en afgepaste manier van denken is, dat er elementen zijn die zinnig zijn en een beroep doen op kennis die specifiek is voor de materialen die in een bepaald gebied voorkomen, dan is er sprake van een soort vanzelfsprekendheid.

EB Nu heb je het over wat vanzelf spreekt; daarnet had je het over noodzaak. In zijn artikel 'Imagining the Evident' herinnert Siza ons eraan dat architecten geen uitvinders zijn.[5] Ze ontlenen en arrangeren het vanzelfsprekende opnieuw, wat betekent dat ze naar de werkelijkheid moeten leren kijken. De vanzelfsprekendheid van een architectuur komt voort uit haar vermogen de aandacht die zij aan haar omgeving besteedt, uit te drukken.

SJ Siza gaat ervan uit dat architectuur zichzelf aan de natuurlijke ruimte onttrekt, dat er een abstracte dimensie in het spel is. Integreren in een omgeving is niet hetzelfde als erin oplossen; het betekent eerder dat er een evenwicht is, welke een bepaalde aanwezigheid veronderstelt. Er is een veelomvattender versmelting die het landschap versterkt, de wereld onthult, een bepaalde situatie, en die zichzelf volledig uitdrukt. Een soort verblindende schok. Elk element wordt versterkt door alle anderen.

EB Of ze zich nu in de stad bevinden, dicht op elkaar, of op het platteland, in een losser weefsel: het zijn steeds dezelfde archetypen die je werk bepalen, terwijl ze toch verschillend zijn en specifiek voor hun plaats.

4
Alison & Peter Smithson, *Italian Thoughts* (1993).

5
Álvaro Siza, *Imagining the Evident*, vertaling Tania Gregg en Daniela Sá (Lissabon: Monade, 2021).

Naturothèque d'Istres, view on the central courtyard/ Naturothèque d'Istres, zicht op de centrale binnenplaats

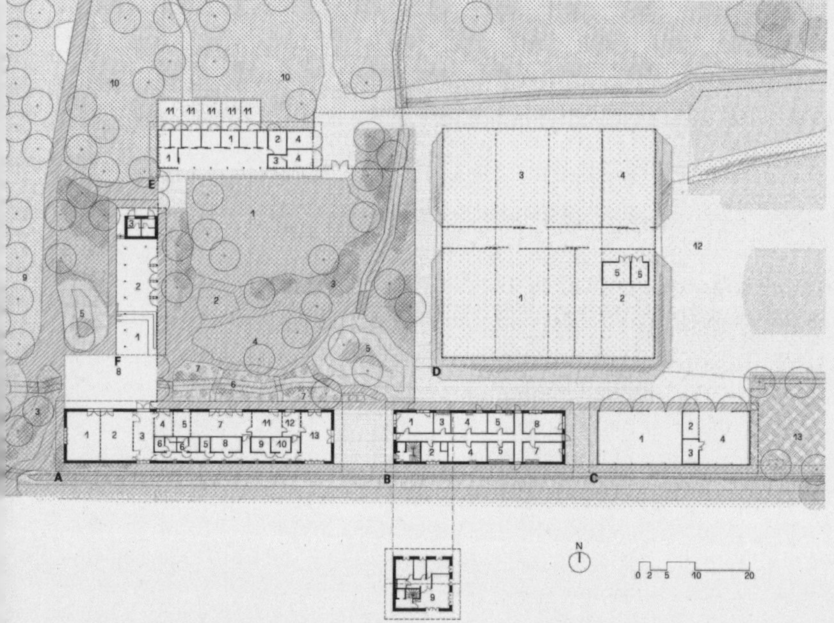

A CENTRE DE RESSOURCES
1 Salle polyvalente
2 Salle d'exposition
3 Hall accueil
4 Bureau responsable
5 Local technique
6 Sanitaires
7 Salle de classe
8 Local archives
9 Local photocopies
10 Local fournitures
11 Bureau animateurs
12 Local convivialité
13 Centre de ressources documentaire

B LOCAUX PERSONNEL
1 Salle de vie
2 Bureau responsable
3 Local technique
4 Vestiaires
5 Sanitaires
7 Local réparations
8 Local de stockage
9 Logement

C HANGAR
1 Aire de stockage couverte
2 Atelier
3 Stockage matériel et véhicules
4 Hangar fermé

D SERRES
1 Serre de stockage
2 Serre froide
3 Serre « multi-chapelle »
4 Serre « nurserie »
5 Local technique

E FERME PÉDAGOGIQUE
1 Boxes animaux
2 Préparation de la nourriture
3 Local technique
4 Local de stockage

F OMBRIÈRE
1 Espace de regroupement en plein-air
2 Ombrière
3 Sanitaires

G ESPACES EXTÉRIEURS
1 Espace de contact animaux
2 Enclos lapin cochon d'inde
3 Jardin de plantes méditerranéennes
4 Enclos de basse cour
5 Aire de rétention
6 Noue
7 Potagers pédagogiques
8 Parvis
9 Vergers
10 Pâtures
11 Pré-parc
12 Aire de livraison
13 Aire de stationnement personnel

Naturothèque d'Istres, ground floor plan/ Naturothèque d'Istres, plattegrond begane grond

SJ Dat klopt. In alle projecten waar ik nu aan werk is de buitenruimte overal aanwezig. Als je een bewoonde architectonische ruimte wilt creëren, die gekoppeld is aan het klimaat en aan de seizoenen, moet je de buitenruimte integreren. In het geval van de Naturotheek in de gemeente Istres was de plaatsing van de gebouwen op het terrein vooral een reactie op de noodzaak om de natuurlijke omgeving in stand te houden. We wilden de meest door mensen beïnvloede ruimte, namelijk de weg, zó aanleggen dat die zo min mogelijk in het gebied doordrong en de natuurlijke ruimte beperkte. Het boerenerf representeert dan ook het idee achter het project: het organiseren van een leermoment door een gedomesticeerde ruimte geleidelijk aan te laten overgaan in een bijna wildernis. De verschillende kenmerken van de leegte creëren binnen deze structuur een hiërarchie van openingen en belangrijke verbindingen.

Wat de manufactuur in Nouvelle-Aquitaine betreft, hielden we vast aan de eis dat de mensen er als ambachtslieden moesten werken, niet als

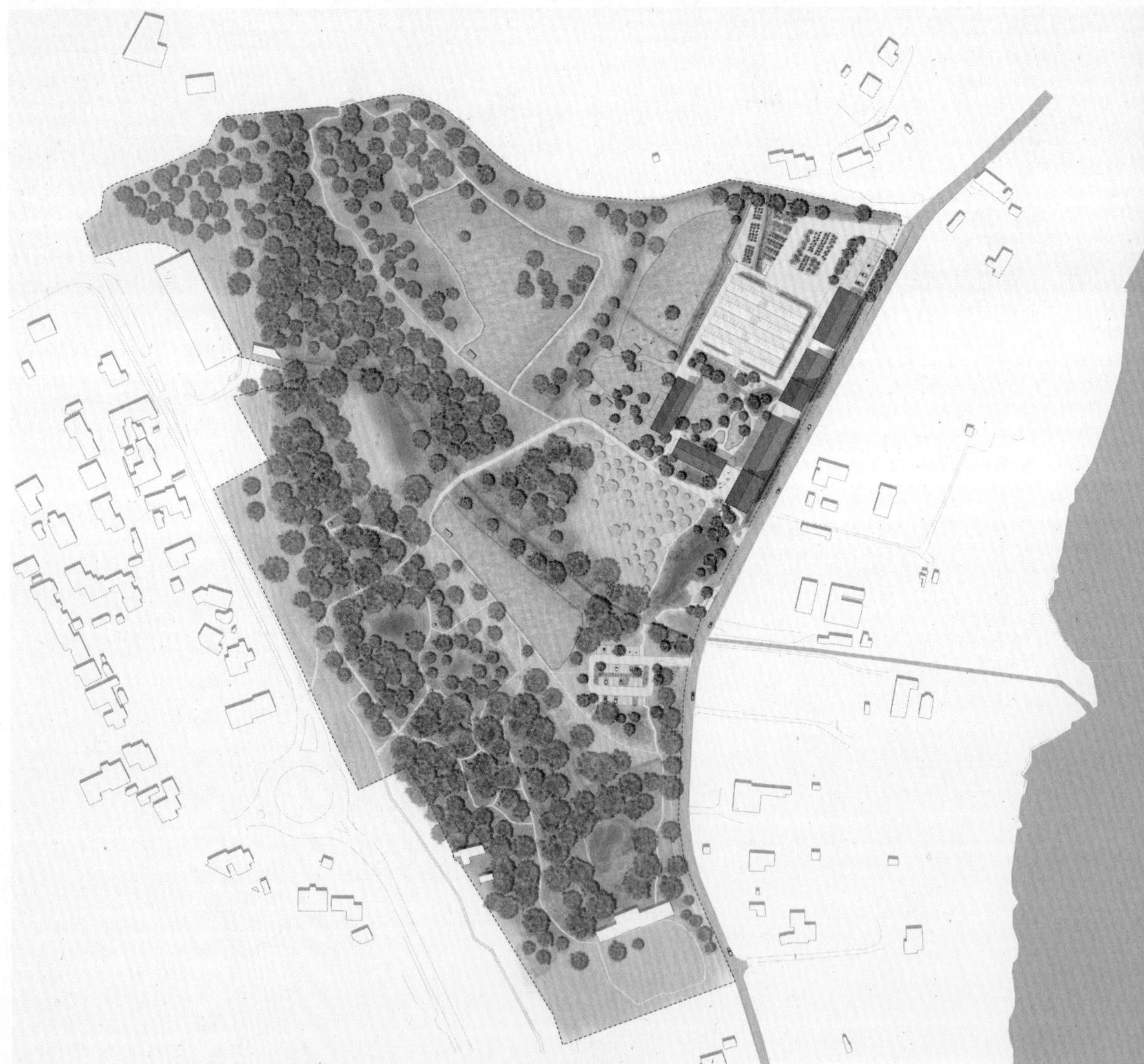

Naturothèque d'Istres, site plan/ Naturothèque d'Istres, situatietekening

architects for whom the project echoes the context by taking up elements that have become part of the collective memory. Tony Fretton, for instance, but also the Smithsons and the conglomerate order they defined in the 1990s.[4] For the inhabitants of a district, of a city, there are things that are familiar to them because they see them on a daily basis: roof slopes, colours, typologies, so many elements that then constitute archetypes. In your architecture we identify some of them very precisely, roofs and courtyards in particular.

SJ For me, a flat roof is foolish, it's a negation of the climate. Without even talking about the logic between an architectural form and a territory, there's an archetype: when you want to build to protect yourself from the rain, the slope is a fundamental gesture. The flat roof is not just a technical aberration, it's also a way of avoiding our relationship with the world. When you understand that roof slopes correspond to climates, that there is a clear and measured system of writing, devices that make sense and call on the know-how specific to the materials of the territory, then there is a kind of obviousness.

EB Here you're talking about the evident, previously about necessity. In his article 'Imagining the Evident', Siza reminds us that architects don't invent.[5] They borrow and recompose the evident, which means learning to look at reality. The obviousness of an architecture lies in what it manages to express through its own attention to its environment.

SJ Siza assumes that architecture extracts itself from natural space, that there is a dimension of abstraction. Integration into a site does not mean merging with it, but rather a balance that asserts a presence. There's a higher fusion that reinforces the landscape. It reveals the world, a particular situation, and expresses itself fully. There's a kind of dazzling shock. Each element is reinforced by the other.

EB Whether they are located in the city, in a rather dense grid, or in the countryside, in looser fabrics: the same archetypes structure your work, while being different and specific to their locations.

SJ You're right. In all the projects I do now, outdoor space is omnipresent. When you want to create an inhabited architectural space linked to the climate and the seasons, you have to integrate this externality. In the case of the Naturotheque in Istres, the positioning of the buildings on the site was primarily a response to the need to preserve the natural environment. We wanted to build the most anthropised space, the road, so that it penetrated the site as little as possible, delimiting the natural space. The farmyard then embodies the very idea of the project: to organise a pedagogy around the domesticated space to move towards what is almost wild. The different qualities of emptiness create a hierarchy of openings and privileged relationships within this structure.

For the *manufacture* in Nouvelle-Aquitaine, we adhered to the requirement that people should work there as craftsmen and not as workers.

4 Alison & Peter Smithson, *Italian Thoughts* (1993).

5 Álvaro Siza, *Imagining the Evident*, translated by Tania Gregg and Daniela Sá (Lisbon: Monade, 2021).

arbeiders. Dit heeft veel te maken met een programmaonderdeel dat de opdrachtgever 'het dorpsplein' noemt, een plek waar mensen kunnen wonen en in de zon zitten, en die in ons ontwerp als entree fungeert in de vorm van een grote gemeenschappelijke tuin die, vanuit het midden van het complex een doorkijk biedt op de omgeving.

Voor het Lully-Vauban-scholencomplex in Versailles hebben we parallel aan de bestaande gebouwen een nieuw gebouw toegevoegd, waardoor twee binnenplaatsen ontstonden en de niveauverschillen van het terrein werden geabsorbeerd. De reorganisatie van bestaande functies met de nieuwe werd daardoor mogelijk. Alles wat we deden paste in een systeem dat al bestond.

EB In de buurt van het metrostation Daumesnil in Parijs heb je op een heel klein, driehoekig perceel, door middel van een omheining en een L-vormig gebouw, een binnenplaats gemaakt die zowel de punt van het blok afsluit, als de school royaal openstelt voor de zon.

SJ Deze bioklimatologische opening bepaalde de hele organisatie van het project. Het gebruik van de open plek is niet zozeer formeel, maar wil het gebruik ondersteunen. Buitenruimte speelt een cruciale rol in het dagelijks leven van een kind. Je zit in de klas, de bel gaat, het is pauze, je gaat eten en – hoera! – je mag naar buiten!

EB Deze projecten draaien om de kwaliteit van zulke momenten, dankzij de aandacht die zowel in Istres als in Nouvelle-Aquitaine werd besteed aan het ontwerp van lege ruimten.

Lully-Vauban school group, Versailles, North view/ Scholengroep Lully-Vauban, Versailles, noordaanzicht

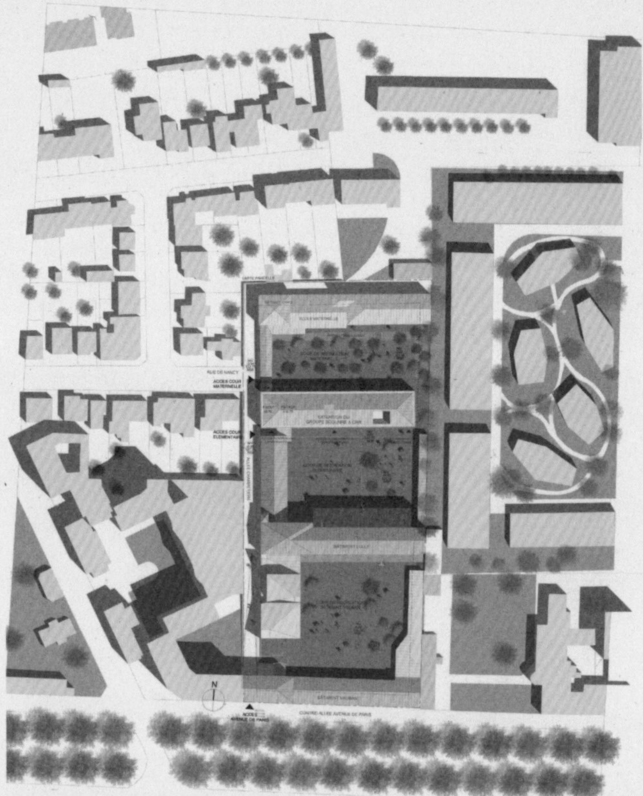

Lully-Vauban school group, Versailles, site plan/ Scholengroep Lully-Vauban, Versailles, situatietekening

Lully-Vauban school group, Versailles, South view/ Scholengroep Lully-Vauban, Versailles, zuidaanzicht

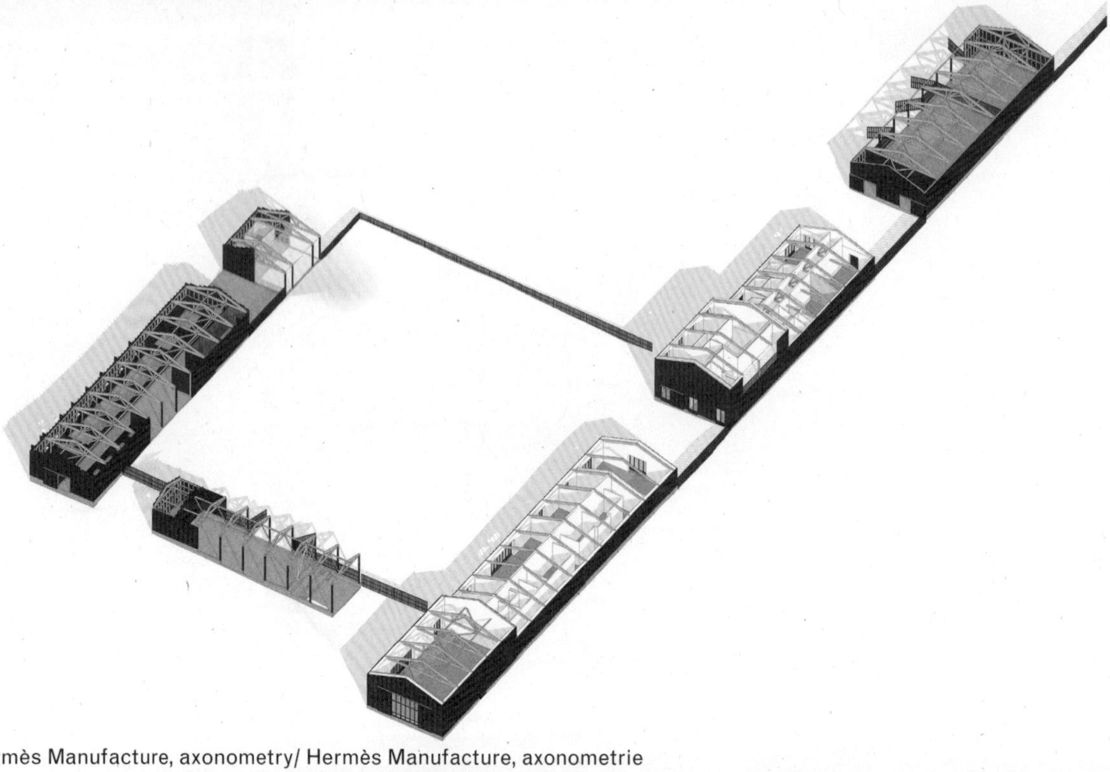

Hermès Manufacture, axonometry/ Hermès Manufacture, axonometrie

Hermès Manufacture, view on the central garden/ Hermès Manufacture, zicht op de centrale tuin

A lot of this has to do with an element of the programme that the client calls 'the village square', a place where people can live, find a bit of sun and that, in our proposal, has become the entrance in the form of a large communal garden that offers a view of the distance from the middle of the complex. For the Lully-Vauban school group in Versailles, we inserted a building parallel to the existing ones, defining two courtyards and absorbing the differences in levels of the land, while allowing a reorganisation of existing uses combined with new ones. All we did fit into a system that was already established.

EB In the vicinity of the metro station Daumesnil in Paris, on a very delicate triangular plot, you created a courtyard by means of an enclosure and an L-shaped building that both closes off the tip of the block and generously opens up the school to the sun.

SJ This bioclimatic opening determined the whole organisation of the project. The void, before being formal, is the support for uses. The playground is crucial to a child's day. You're in class, the bell rings, it's break time, you're eating and – hurrah! – you get to go outside!

EB Both in Istres and in the *manufacture*, thanks to the attention paid to the design of the empty spaces, it's the quality of these moments that is at the heart of the projects.

Reason in the Matter

EB Through construction, without telling us anything, architecture brings us face to face with its materials and places us in the world, determining a certain way of perceiving it and inscribing ourselves in it. I think it's here that the rational dimension of your architecture lies, on the one hand in the relationship with the elements, the materials, but also the seasons, what we're exposed to, and on the other hand the passage of time.

SJ The question of the elements is really the hardest. I first became interested in them when I read Bachelard's *L'eau et les rêves*,[6] and then with Chris Younes, who gave an absolutely magnificent course on the elements and their meanings in different cultures. They also form the basis of initiation rituals that retrace cosmogenesis. The elements – and this resolves the question at the beginning – are a way of reconciling the fundamental question of emotions with the earthly question. They refer to something of the order of philosophy, aesthetics and sensitivity, but more profoundly to a universality of the world. This puts the environmental question beyond the technical object, or aesthetics beyond mere formal expression.

EB In the Daumesnil school, while the sloping roofs show us that there is water, that it runs off, orienting the courtyard towards the south, towards the sun, was the dominant gesture. The plaster in the façade comes from the ground, from the earth, it has been baked by fire and ultimately forms part of this envelope that breathes, swells and gives off its water. In contrast to a surface phenomenology, a cosmetic materiality – as much a pitfall as

6
Gaston Bachelard, *L'eau et les rêves* (Paris: José Corti, 1965).

De rede in de materie

EB Via de constructie, zonder ons iets te vertellen, brengt de architectuur ons oog-in-oog met materialen, geeft ons een plek in de wereld en bepaalt de manier waarop wij waarnemen en ons met een bouwwerk verbinden. Ik denk dat dit de rationele dimensie van jouw architectuur is: enerzijds de verbinding met niet alleen de elementen en de materialen, maar ook de seizoenen waaraan we blootgesteld worden, en anderzijds met het verstrijken van de tijd.

SJ De kwestie van de elementen is echt het moeilijkst. Ik raakte er voor het eerst in geïnteresseerd toen ik Bachelard las, *L'eau et les rêves*,[6] en daarna bij Chris Younes, die een absoluut geweldige cursus over de elementen en hun betekenissen in verschillende culturen heeft gegeven. De elementen liggen ook ten grondslag aan inwijdingsrituelen die de kosmogenese navolgen. De elementen – en hiermee is de vraag die eerder ter sprake kwam opgelost – zijn een manier om het fundamentele onderwerp van de emoties te verzoenen met de aardse kwestie. Ze verwijzen naar iets in de orde van filosofie, esthetiek en zintuiglijkheid, maar ook naar de universaliteit van de wereld. Dit betekent dat ecologie meer is dan een technologisch onderwerp, en esthetiek meer dan alleen een zaak van formele expressie.

EB In de school in Daumesnil was de oriëntatie van de binnenplaats naar het zuiden, naar de zon, het belangrijkste gebaar, terwijl de schuine daken verwijzen naar het water, dat we zien wegstromen. De pleisterkalk op de gevel komt uit de grond, uit de aarde, is gebakken door het vuur en maakt uiteindelijk deel uit van een omhulsel dat ademt, opzwelt en vocht uitzweet. In tegenstelling tot een fenomenologie van het oppervlak, een kosmetische materialiteit – een even grote valkuil als het terugbrengen van een constructie tot haar stabiliteit – kunnen materialen ons de ogen openen voor onze omgeving en de manier waarop wij erin passen.

SJ In veel van de projecten houd ik me bezig met de vraag of en hoe veroudering en blootstelling voorkomen kunnen worden. Die tijdskwestie heeft te maken met het trauma van de jonge architect, met de angst voor een architectuur die lelijk oud wordt en vervalt, en tegelijkertijd met de weigering om te accepteren dat je moet bouwen met materialen zoals cement om dit probleem op te lossen, maar dat allerlei andere zaken teniet zou doen. Het is een vorm van verzet. Je moet echter ook manieren vinden om wat je maakt, te laten voortbestaan. Niet omdat je wilt dat het als kunstwerk blijft bestaan, maar als iets waarvoor je zorgt.

EB Uiteindelijk is dat ook rationalisme. Het gaat om het rationaliseren van samenstellingen, zodat het van natuurlijke materialen gemaakte gebouw blijft bestaan en je geen materialen hoeft te gebruiken die irrationeel zijn in termen van de grandioze energierverspilling die zij impliceren, en die vragen over toepassing en constructieve kennis verdoezelen. Unieke en buitenproportionele oplossingen die geen rekening houden met de elementen of met

6
Gaston Bachelard, *L'eau et les rêves* (Parijs: José Corti, 1965).

reducing construction to the mere stability of the work – materials, through their use, open us up to a way of perceiving our environment and the way in which we fit into it.

SJ In many of the projects, I am concerned with whether and how ageing and exposure can be prevented. The question of time is linked to the trauma of being a young architect, the fear of an architecture that will age badly and deteriorate, and at the same time the refusal to accept that it should be built with materials like cement, which would solve this problem, but would deprive you of everything else. There's a form of resistance. On the other hand, you have to find ways of making what you're doing last. Not because you want it to last as a work of art, but as something you take care of.

EB In the end, the rationalism is there. It's about rationalising assemblies so that the building lasts in its natural materials, rather than with materials that are irrational in terms of the energy deluge they imply, and that conceal questions of implementation and constructive knowledge. Unique and disproportionate solutions that also avoid dealing with the elements and ageing can lead to downgrading. The question is less one of rationalism than of reasonableness.

SJ The energy required has to be commensurate with the mechanical stress on the material. If you're building with concrete, it's interesting if it's stressed to its strength in megapascals so that the energy required to produce it is mobilised. If you use reinforced concrete for a load that doesn't require concrete, you're wasting energy.

EB That's the unreasonable part.

veroudering, kunnen ook tot verval leiden. Het is niet zo zeer een kwestie van rationalisme, eerder van redelijkheid.

SJ De benodigde energie moet in verhouding staan tot de mechanische belasting van het materiaal. Als je met beton bouwt, is het interessant als het wordt belast tot zijn sterkte in megapascal, zodat de energie die nodig is om het te produceren wordt gemobiliseerd. Als je gewapend beton gebruikt voor een belasting die geen beton nodig heeft, verspil je energie.

EB En dat is onredelijk.

Vertaling: InOtherWords, Maria van Tol

The Reuse of Concrete Elements

Kim Förster in Conversation with Kerstin Müller, Charlotte Bofinger and Maléna Bastien Masse

Backstory

KK The conditions in Switzerland show that the political possibilities and limits in the respective municipalities are central to the reuse of concrete building elements. Currently, the results of two open competitions for new housing are being realised in Basel, for sites in Walkeweg and Schliengerweg, for which you have compiled a catalogue of concrete elements to be harvested form a parking garage in Basel Lysbüchel, a paradigmatic typology representative of our twentieth-century petroleum and cement cultures.[1] Before we go into detail about the planning, administration and organisation of reusing structural concrete, as a new kind of rationalisation, I would like to discuss the backstory of Zirkular.

KM Zirkular emerged in 2021 from baubüro in situ, which has implemented reused elements in their projects on a small scale for more than two decades. Over the past few years, baubüro in situ has worked on larger reuse projects. Cultural and commercial centre ELYS, for example, also in the Lysbüchel district, was based on the partial deconstruction of the distribution centre of a retail chain, which allowed for the preservation of the loadbearing structure and most of the building envelope. We worked mainly on the new façades on the south side of the building and on the façades of the newly created interior courtyard, a total of about 1,000 m^2, built with a large degree of reuse material. More or less simultaneously, baubüro in situ also worked on the K.118 in Winterthur, a reuse and rooftop extension of an industrial shed, where the principle of reuse can be found in all parts of the design.[2] From this experience came the idea to start Zirkular. The objective was to take the accumulated knowledge and implement it on a larger scale. It took many, many hours to understand what it really means to reuse building elements. To disseminate the experience and know-how as widely as possible and to increase the positive impact on the construction industry, we tried to become consultants rather than planners. We stepped back as designers in favour of cooperating with many planning teams. When we started, we had no idea whether this would work or not. But one of our first commissions was from the City of Zurich, which was planning the relocation and the design on a larger scale of the Hagenholz recycling centre on Juch-Areal.[3] The City of Zurich called on

1
See: zirkular.net/de/projekt/bauteilkatalog-immobilien-basel-stadt.

2
See: zirkular.net/de/projekt/kultur-gewerbegebaeude-elys/; zirkular.net/de/projekt/k-118-kopfbau-halle-118.

3
See: stadt-zuerich.ch/hbd/de/index/hochbau/wettbewerbe/abgeschlossene-wettbewerbe/recyclingzentrum-juch-areal.html.

Over het hergebruik van betonelementen

Kim Förster in gesprek met Kerstin Müller, Charlotte Bofinger en Maléna Bastien Masse

Achtergrond

KF De omstandigheden in Zwitserland tonen aan dat de politieke mogelijkheden en beperkingen in de betreffende gemeenten centraal staan bij het hergebruik van betonnen bouwelementen. Op dit moment worden in Bazel de winnende inzendingen van twee open prijsvragen voor nieuwe woningen gerealiseerd, voor locaties aan de Walkeweg en de Schliengerweg. Jullie hebben een catalogus samengesteld van betonelementen die kunnen worden geoogst in een parkeergarage in Bazel-Lysbüchel, een paradigmatische typologie die representatief is voor onze twintigste-eeuwse petroleum- en cementcultuur.[1] Voordat we in detail ingaan op de planning, administratie en organisatie van het hergebruik van structureel beton, als een nieuw soort rationalisme, wil ik jullie vragen iets over de achtergrond van Zirkular te vertellen.

KK Zirkular is in 2021 voortgekomen uit baubüro in situ, een bureau dat al meer dan 20 jaar op kleine schaal hergebruikte elementen in zijn projecten verwerkt. In de afgelopen jaren is baubüro aan grotere hergebruikprojecten gaan werken. Het cultuur- en handelscentrum ELYS, dat ook in de wijk Lysbüchel ligt, is bijvoorbeeld gebaseerd op het gedeeltelijk gedeconstrueerde distributiecentrum van een winkelketen, waarbij de draagstructuur en het grootste deel van de gebouwschil behouden konden blijven. Wij hebben vooral aan de nieuwe gevels aan de zuidkant van het gebouw en aan de gevels rondom de nieuwe binnenplaats gewerkt, in totaal ongeveer 1.000 m^2, met behulp van een grote hoeveelheid herwonnen materiaal. Op datzelfde moment ongeveer was baubüro in situ ook bezig met de K.118 in Winterthur, de herbestemming en dakuitbouw van een industriële loods, waar het principe van hergebruik in alle onderdelen van het ontwerp is terug te vinden.[2] Deze ervaringen brachten ons op het idee om Zirkular te beginnen, met als doel de opgedane kennis op grotere schaal toe te passen. Het kostte ons enorm veel tijd om te begrijpen wat het echt betekent om bouwelementen te hergebruiken. Om onze ervaring en deskundigheid zo breed mogelijk te verspreiden en de positieve invloed op de bouwsector te vergroten, probeerden we van planners in adviseurs te veranderen. We deden een stap terug als ontwerpers en begonnen samen te werken met een groot aantal planningsteams. In het begin hadden we geen idee of het zou werken. Maar een van onze eerste opdrachten kwam van de stad Zürich, die plannen had voor de verhuizing en het groot-

1 Zie: zirkular.net/de/projekt/bauteilkatalog-immobilien-basel-stadt.

2 Zie: zirkular.net/de/projekt/kultur-gewerbegebaeude-elys/; zirkular.net/de/projekt/k-118-kopfbau-halle-118.

our expertise to contribute to the formulation of their architectural competition, with a focus on reuse. However, this also meant that a conflict of interest arose for the first time, since baubüro in situ would not be able to take part in the competition if the sibling company Zirkular was involved with its organisation.

KF How was this resolved?

KM In the end, the decision was made in favour of Zirkular's participation, as it was the first time that the City of Zurich had planned something like this, and we wanted to reach a good outcome. During the preparation of the competition, I was sent an article by Jan Brütting on an algorithm for reusing building elements, especially steel beams, columns and bars.[4] We invited Brütting to present his findings and when he told us that it could also be done with other materials, including concrete elements, we all pricked up our ears.

4
Jan Brütting et al., 'Design of Truss Structures through Reuse', *Structures* 18 (2019), 128-137; Jan Brütting et al., 'Environmental Impact Minimization of Reticular Structures Made of Reused and New Elements through Life Cycle Assessment and Mixed-Integer Linear Programming,' *Energy and Buildings* 215 (2020), 109827; see also: Jan Brütting, *Optimum Design of Low Environmental Impact Structures through Component Reuse* (doctoral thesis EPFL, 2020).

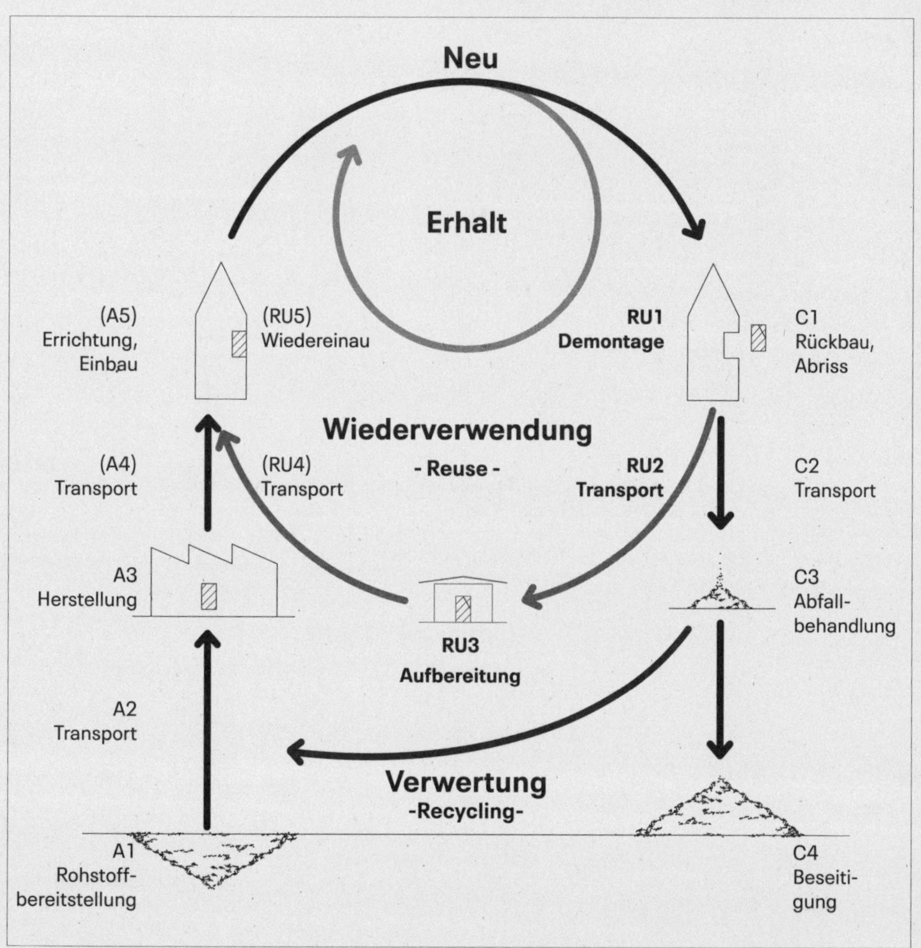

Zirkular, Diagram introducing reuse in the lifecycle of buildings, carbon assessment of reuse, June 2022/ Zirkular, Diagram hergebruik in de levenscyclus van gebouwen, koolstofbeoordeling van hergebruik, juni 2022

Parking Lysbüchel – Resource assessment of structural elements July 2022

Type LYS01 Category : Slab elements

Ribbed Plate Stahlton

Location

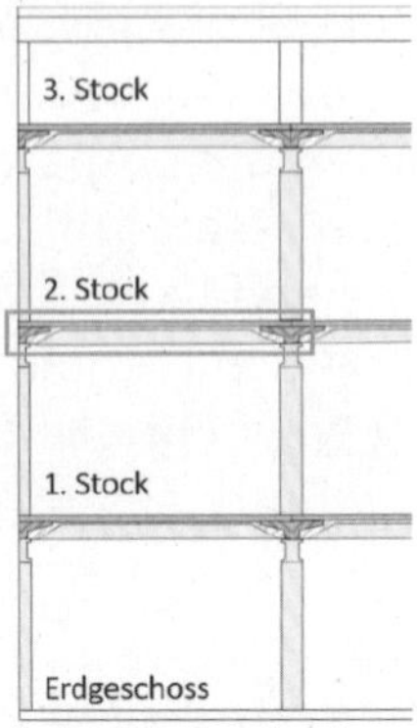

3. Stock

2. Stock

1. Stock

Erdgeschoss

Figure from CSD Ingernieure, reference A

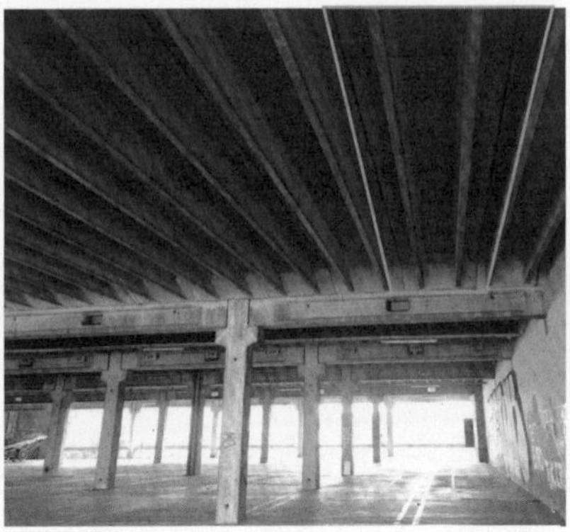

Photo from: Zirkular AG

Ribbed plate Stahlton

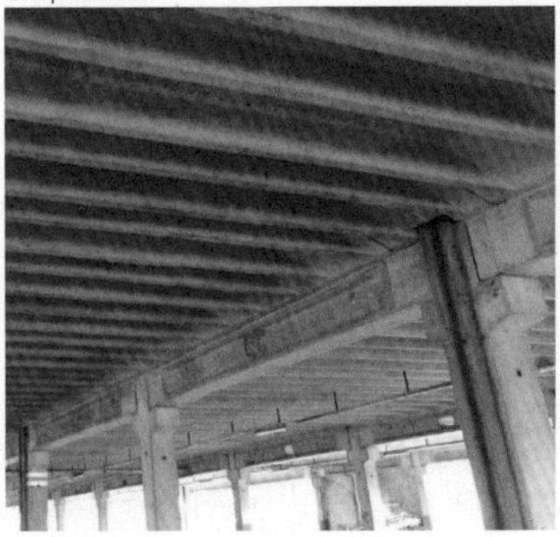

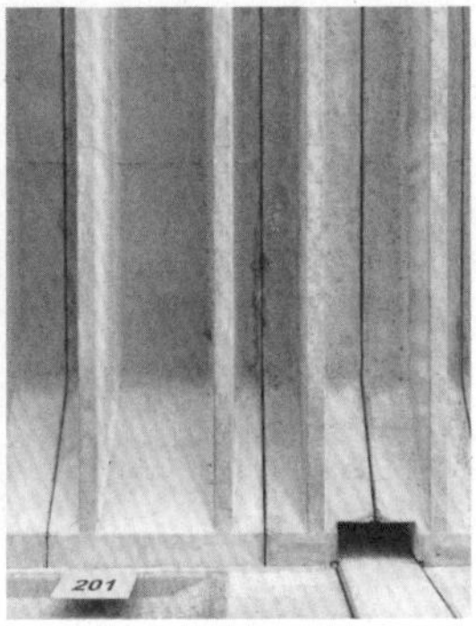

201

Photos from: Zirkular AG

EPFL Page 2 of 5

Structural Xploration Lab, Parking Lysbüchel, Basel, resource assessment of structural elements, factsheet LYS01 ribbed plate Stahlton, July 2022/ Structural Xploration Lab, Parkeergarage Lysbüchel, Bazel, beoordeling van structurele elementen, informatieblad LYS01 geribbelde plaat Stahlton, juli 2022

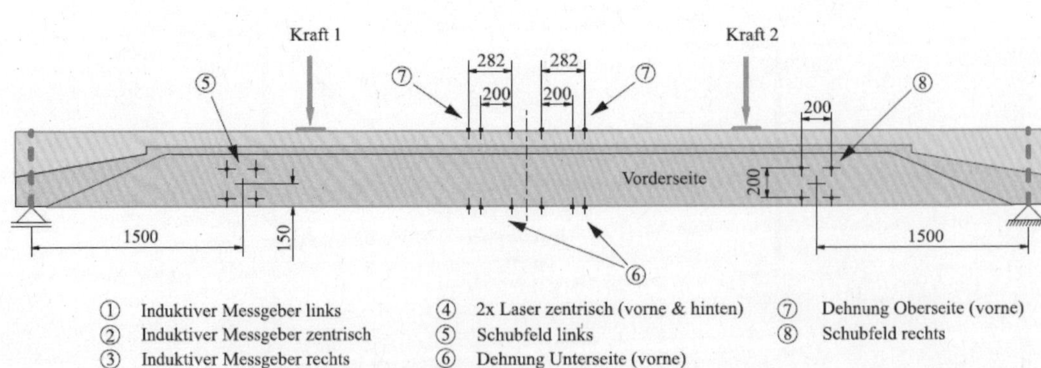

Structural Xploration Lab, Parking Lysbüchel, Basel, resource assessment of structural elements, factsheet LYS01 ribbed plate Stahlton, July 2022/ Structural Xploration Lab, Parkeergarage Lysbüchel, Bazel, beoordeling van structurele elementen, informatieblad LYS01 geribbelde plaat Stahlton, juli 2022

Reversal of Industrial Prefabrication

KF How was this put into practice?

KM The city authorities of Zurich asked us to catalogue the building parts that could be relocated. They also started examining other buildings that were to be demolished for their potential of being reused.[5] These included three high-rise residential buildings on the Triemli hospital campus. Since it had been determined that the buildings could not be saved, we started to investigate the reuse of concrete elements, and thus got Maléna involved.

MBM This project really was a turning point for us at SXL. We had worked on the reuse of concrete before. The first thing we did was to build the arch footbridge prototype.[6] Zirkular then invited us to collaborate on the Triemli buildings, allowing us to work on a real case study. This laid the foundation for the methodology we later developed for assessing concrete building structures for future reuse.[7]

CB Two things happened: SXL developed a catalogue of the obsolete hospital buildings, in which all elements were listed.[8] In addition, we at Zirkular organised a workshop in autumn 2021 with city planners of the Zurich Amt für Hochbauten (office for building construction) and a leading Swiss construction and demolition company. We invited Angelika Mettke of Brandenburg Technical University, who was researching the reuse of prefabricated housing estates in the former GDR.[9] Her pioneering work proved that reusing concrete elements on a large scale was possible. Besides that, she was the first female civil engineer whose work I stumbled across, and that really sparked something in me. As a result of the workshop, we submitted a report systematising all the questions about the reuse of concrete elements.[10]

MBM The workshop that Zirkular organised was very useful for us as researchers to get input from the industry.

KM And it was also important for the city to know how much more a deconstruction for reuse would cost instead of simply demolishing the buildings. We also did tests with the architectural design, trying to reuse everything. We made little mock-ups from all the individual elements and then put them together in different ways to see how the new connections might work.

5
See: zirkular.net/de/projekt/erz-juchareal; juchareal.store.

6
Julie Devènes et al., 'Re:Crete - Reuse of Concrete Blocks from Cast-in-place Building to Arch Footbridge', *Structures* 43 (2022) 1854-1867.

7
Julie Devènes, Maléna Bastien Masse and Corentin Fivet, 'Reusability Assessment of Reinforced Concrete Components Prior to Deconstruction from Obsolete Buildings', *Journal of Building Engineering* 84 (2024), 108584.

8
Julie Devènes et al., *Zürich Stadtspital Triemli Personalhäuser: Resource Assessment of Structural Elements* (Freiburg: EPFL, Lausanne, 2022).

9
Sören Heyn and Angelika Mettke, *Schlussbericht zum Forschungsvorhaben 'Rückbau industrieller Bausubstanz: Großformatige Betonelemente im ökologischen Kreislauf'* (Cottbus: Brandenburgische Technische Universität, 2008); Ute Dechantsreiter et al., *Instrumente zur Wiederverwendung von Bauteilen und hochwertigen Verwertung von Baustoffen, Umweltbundesamt*, 93/2015, umweltbundesamt.de/publikationen/instrumente-zur-wiederverwendung-von-bauteilen.

10
See: zirkular.net/de/projekt/triemli-personalhaeuser/; zirkular.net/wp-content/uploads/2024/02/20220628-zirkular-reportage-triemlipersonalhaeuserwiederverwenden-reduziert.pdf.

schalige herontwerp van recyclagecentrum Hagenholz op het Juch-terrein.[3] De stad deed een beroep op onze deskundigheid en vroeg ons bij te dragen aan het opzetten van een prijsvraag met de nadruk op hergebruik. Dit betekende echter ook dat er voor het eerst een belangenconflict ontstond, aangezien baubüro in situ niet aan de prijsvraag zou kunnen meedoen, als zusterbedrijf Zirkular betrokken was bij de organisatie.

KF Hoe hebben jullie dat opgelost?

KM Uiteindelijk werd besloten dat Zirkular toch mocht deelnemen, omdat het de eerste keer was dat Zürich zoiets plande en wij een goed resultaat wilden bereiken. Tijdens de voorbereiding van de prijsvraag kreeg ik een artikel van Jan Brütting toegestuurd, over een algoritme voor het hergebruik van bouwelementen, vooral stalen liggers, kolommen en trekkers.[4] We nodigden Brütting uit om zijn bevindingen te presenteren en toen hij ons vertelde dat hetzelfde ook met andere materialen kon, dus ook met betonelementen, spitsten we onze oren.

Omkering van industriële prefabricage

KF Hoe zag dat er in de praktijk uit?

KM De gemeente Zürich vroeg ons om te inventariseren welke gebouwdelen verplaatst konden worden. Ze begonnen andere gebouwen die gesloopt zouden worden, ook te onderzoeken op mogelijk hergebruik.[5] Dat waren onder andere drie hoge woongebouwen op de campus van het Triemli-ziekenhuis. Aangezien was vastgesteld dat de gebouwen niet konden worden behouden, zijn we gaan onderzoeken of de betonelementen hergebruikt konden worden, en zo raakte Maléna erbij betrokken.

MBM Dit project was echt een keerpunt voor ons bij SXL. We hadden al eerdere ervaring met het hergebruik van beton, zoals ons prototype voor een gebogen voetgangersbrug.[6] Zirkular nodigde ons vervolgens uit om met hen samen te werken aan de Triemli-gebouwen, zodat we echt in de praktijk aan de slag konden. Dit legde de basis voor de later door ons ontwikkelde methodiek om betonnen bouwconstructies voor toekomstig hergebruik te beoordelen.[7]

CB Er gebeurden twee dingen: ten eerste ontwikkelde SXL een catalogus met daarin alle herbruikbare elementen uit de verouderde ziekenhuisge-

3
Zie: stadt-zuerich.ch/hbd/de/index/hochbau/wettbewerbe/abgeschlossene-wettbewerbe/recyclingzentrum-juch-areal.html.

4
Jan Brütting et al., 'Design of Truss Structures through Reuse', *Structures* 18 (2019), 128-137; Jan Brütting et al., 'Environmental Impact Minimization of Reticular Structures Made of Reused and New Elements through Life Cycle Assessment and Mixed-Integer Linear Programming', *Energy and Buildings* 215 (2020), 109827; zie ook: Jan Brütting, *Optimum Design of Low Environmental Impact Structures through Component Reuse* (doctoraalscriptie EPFL, 2020).

5
Zie: zirkular.net/de/projekt/erz-juchareal; juchareal.store.

6
Julie Devènes et al., 'Re:Crete - Reuse of Concrete Blocks from Cast-in-place Building to Arch Footbridge', *Structures* 43 (2022) 1854-1867.

7
Julie Devènes, Maléna Bastien Masse en Corentin Fivet, 'Reusability Assessment of Reinforced Concrete Components Prior to Deconstruction from Obsolete Buildings', *Journal of Building Engineering* 84 (2024), 108584.

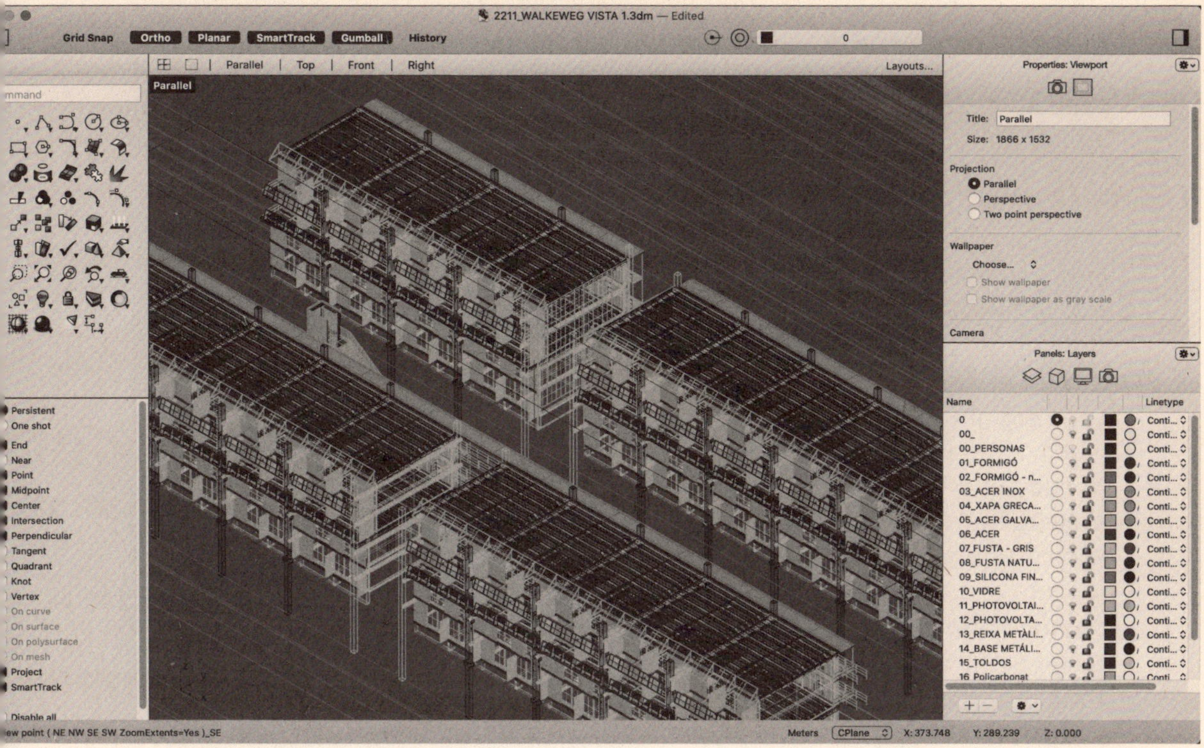

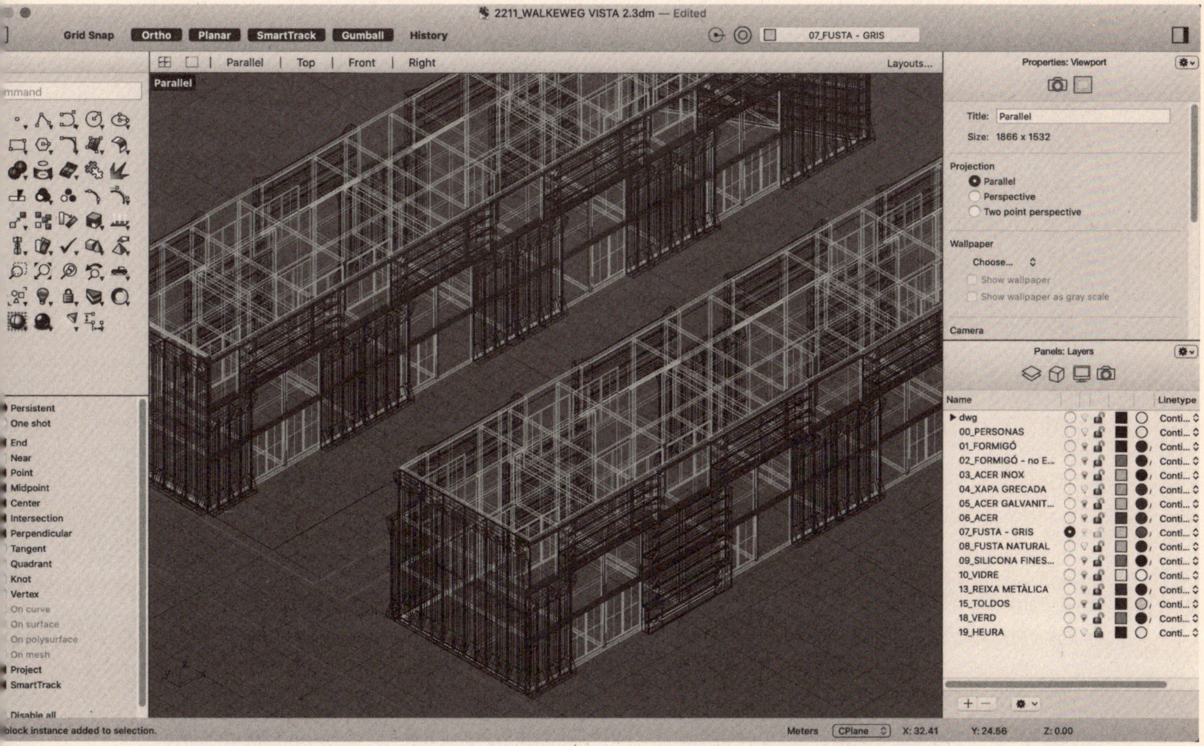

PARABASE, Reuse of prefabricated concrete elements, open competition for Areal Walkeweg Nord, Basel, Switzerland, 2023 (first prize). Client: Immobilien Basel-Stadt/ PARABASE, Hergebruik van prefab betonnen elementen, open prijsvraag voor Areal Walkeweg Nord, Bazel, Zwitserland, 2023 (eerste prijs). Opdrachtgever: Immobilien Basel-Stadt

bouwen.[8] Daarnaast organiseerden we bij Zirkular najaar 2021 een workshop met de stedenbouwkundigen van het Zürichse Amt für Hochbauten en een toonaangevend Zwitsers bouw- en sloopbedrijf. We hebben Angelika Mettke van de Brandenburgische Technische Universität uitgenodigd, die onderzoek deed naar hergebruik van prefab woonwijken in de voormalige DDR.[9] Haar baanbrekende werk toonde aan dat hergebruik van betonelementen op grote schaal mogelijk was. Daarnaast was zij de eerste vrouwelijke civiel ingenieur wier werk ik tegenkwam, en dat maakte echt iets in mij los. Naar aanleiding van die workshop hebben we een rapport ingediend waarin alle vragen over het hergebruik van betonelementen systematisch aan de orde kwamen.[10]

MBM De door Zirkular georganiseerde werkgroep was voor ons, onderzoekers, erg nuttig, omdat het een manier was om input uit de industrie te krijgen.

KM En het was ook belangrijk voor de stad om te weten hoeveel méér het zou kosten om een gebouw voor hergebruik uit elkaar te halen dan om het eenvoudigweg te slopen. We hebben ook geëxperimenteerd met een ontwerp, waarbij we alles probeerden te hergebruiken. We maakten kleine proefmodellen van alle afzonderlijke elementen en voegden ze daarna op verschillende manieren samen, om te analyseren hoe de nieuwe combinaties zouden kunnen werken.

CB Het was indrukwekkend om de originele plannen te bestuderen en te zien hoe in de Triemli-gebouwen de geprefabriceerde, gestandaardiseerde onderdelen gecombineerd waren. We hadden hele goede foto's van de bouwplaats uit de jaren 1960. De deconstructie moest natuurlijk in omgekeerde volgorde plaatsvinden. Het viel ons op dat de gebouwen die tegenwoordig gesloopt worden, weliswaar niet ontworpen zijn om weer te worden afgebroken, maar daar wel perfect geschikt voor zijn. Misschien zijn ze er wel veel beter geschikt voor dan de gebouwen die nu gebouwd worden, met hun ter plaatse gestorte beton in sterk onregelmatige vormen en hun geringe aantal herhalingen. Een paar dagen voordat de informatie over de prijsvraag online zou gaan, besloot de gemeenteraad van Zürich af te zien van de sloop van het Triemli-ziekenhuis en konden de betonelementen dus niet meer gebruikt worden voor de prijsvraag. Toch is het uiterst belangrijk om circulair te gaan bouwen en aan te haken bij wat er al is, want dat is de enige manier waarop we nu al kunnen beginnen met de vermindering van uitstoot. Daarom moeten we deze hergebruikketens nu direct gaan ontwikkelen. We zien de transitie al plaatsvinden: een paar jaar geleden dacht iedereen dat 'demontabel bouwen' het helemaal zou gaan maken, maar als we ons daarop richten, duurt het alleen maar langer voordat we doen wat nodig is.

8
Julie Devènes et al., *Zürich Stadtspital Triemli Personalhäuser: Resource Assessment of Structural Elements* (Freiburg: EPFL, Lausanne, 2022).

9
Sören Heyn en Angelika Mettke, *Schlussbericht zum Forschungsvorhaben 'Rückbau industrieller Bausubstanz: Großformatige Betonelemente im ökologischen Kreislauf'* (Cottbus: Brandenburgische Technische Universität, 2008); Ute Dechantsreiter et al., *Instrumente zur Wiederverwendung von Bauteilen und hochwertigen Verwertung von Baustoffen, Umweltbundesamt*, 93/2015, umweltbundesamt.de/publikationen/instrumente-zur-wiederverwendung-von-bauteilen.

10
Zie: zirkular.net/de/projekt/triemli-personalhaeuser/; zirkular.net/wp-content/uploads/2024/02/20220628-zirkular-reportage-triemlipersonalhaeuserwiederverwenden-reduziert.pdf.

CB It was impressive to study the original plans and to see how the Triemli buildings were constructed with prefabricated, standardised parts. We had very good images of the construction site in the 1960s. It was obvious that the deconstruction needed to work in the reverse order. We noted that the buildings being demolished today, even though they were not designed to be deconstructed, are perfectly suitable for this. Perhaps they are much better suited than the buildings built today, with *in-situ* concrete in very irregular shapes and with few repetitions. A few days before the platform with all the information for the competition went online, the city council of Zurich decided against the demolition of the Triemli hospital and thus concrete elements couldn't be used for the competition anymore. Nonetheless, it's extremely important to start building in circles with what is already there, because that's the only way we can start reducing emissions right now. That's why we need to develop these reuse chains today. We're already seeing the transition: a few years ago, people thought 'design for disassembly' would become the business, but focusing on it only delays what's needed.

Assessment of Obsolete Concrete Structures

KF To what extent was this experience in Zurich, of an assessment for reuse before any demolition, then central to the various projects in Basel?
MBM The Basel authorities, particularly Christina Bronowski of Immobilien Basel-Stadt, the canton's office for their real estate management, showed a strong interest in the topic of reusing concrete elements, and wanted to put it into practice. Independently of Zirkular, they asked us at SXL to advise them on some of their buildings. They wanted to do a reuse pilot project, and so we assessed two buildings, an administrative building and a warehouse, for reuse.
KM Following the Triemli project, Zirkular got involved in two competitions in Basel, for Walkeweg and Schliengerweg, which were very important and have helped to demonstrate the great interest in this topic of reuse. At this time, baubüro in situ was sometimes criticised for the aesthetics of reuse. It was very easy for some people to say that reuse might be a good idea, but they don't like the way it looks. The work was viewed as bricolage and dismissed for that. At first, in the context of the 2020 urban development plan for Basel's Lysbüchel district, baubüro in situ originally participated in a competition with a non-profit housing developer, Stiftung Habitat, for affordable housing. Here we proposed to reuse concrete elements of the parking garage for the nearby housing project, but we lost the competition. Later, Zirkular was commissioned with creating the catalogue of elements from this parking garage for those two housing competitions in Basel. There, an engineering office, CSD Ingenieure, was commissioned to make an initial assessment of the reusability of the single components of the structure.
MBM At SXL, we then translated all the information available in the report by CSD into concise factsheets on the different structural concrete components, such as the columns and slabs. These were then used as inputs for the architectural competitions.

Beoordeling van in onbruik geraakte betonconstructies

KF In hoeverre stond deze ervaring in Zürich, dus de beoordeling van herbruikbare elementen vóór de sloop, centraal in de verschillende Bazelse projecten?

MBM De Bazelse overheid, met name Christina Bronowski van Immobilien Basel-Stadt, de afdeling vastgoedbeheer van het kanton, was zeer geïnteresseerd in het hergebruik van betonelementen en wilde het ook in praktijk brengen. Ze vroegen ons bij SXL om, onafhankelijk van Zirkular, te adviseren over een

Ongoing deconstruction of Parking Lysbüchel, Basel, 16 April 2024/ Lopende deconstructie van parkeergarage

KM I heard later from other engineers that the quality of these factsheets was so high, with all the relevant information, that they could really plan with them.

CB With reuse you always proceed in iterations. Especially with reinforced concrete it's a big effort to get good data about the elements because you can't look inside. You often don't have the technical drawings of the original building. Then you have ageing, both corrosion of the steel reinforcement and carbonatation of the concrete surface, and toxicity because of the use as a parking garage – and you have to assess all these things.

Architectural Expression

KF In addition to tapping into new sources of building materials, reuse is also about expanding the professional profile of architects. It includes hunting for building components, but also designing with reused components. To what extent was or is Zirkular involved in the Walkeweg and Schliengerweg competitions, the two flagship projects in Basel?

KM Following the public vote at the end of 2022 to try and achieve net zero by 2037, the city of Basel is now required to lay the foundations in the construction sector and, as a public authority, to offer architectural solutions for the society of the future. The two competitions are part of Basel's net zero strategy. They respond to the current situation, as there is no need for private investors to adopt a circular approach. They can simply demolish any building since they own it. And when you apply for a building permit, you only have to take into account the operational energy, not the embodied energy of the building's construction. Zirkular initially was not further involved in the Walkeweg competition, to leave the door open for baubüro in situ to participate.[11] The winning team – consisting of Parabase, Basel, with Monotti Ingegneri Consulenti SA und USUS Landschaftsarchitektur, who demonstrated an extremely aesthetic reuse of concrete in their Elementa project – brought us back on board as experts later. In the case of the Schliengerweg competition, Zirkular was on the expert jury, which had to judge how the catalogue was used and how well the design for the disassembly was implemented.[12] The winning team, Solanellas Van Noten Meister, Zurich, make consistent use of the building components in their project, L'Eclisse. Taken together, Walkeweg and Schliengerweg show that the results are very, very diverse. They prove reuse is not a style. Reuse can look very different. It was necessary to see that adopting this concept can lead to a whole range of architectural expressions.

11 'Nemausus-Effekt dank zeichenhaftem ReUse am Walkeweg: Alle rangierten Projekte im Überblick', architekturbasel.ch/nemausus-effekt-dank-zeichenhaftem-reuse-am-walkeweg-alle-rangierten-projekte-im-ueberblick.

12 Christina Leibundgut, 'Pilotprojekt Schlingerweg: Erste Schritte in Richtung Netto Null 2040', 12 februari 2024, architekturbasel.ch/pilotprojekt-schlingerweg-erste-schritte-in-richtung-netto-null-2040/#prettyPhoto.

aantal van hun gebouwen. Ze wilden een proefproject voor hergebruik opzetten en daartoe onderzochten we twee gebouwen, een kantoorgebouw en een pakhuis, op hun mogelijkheden voor hergebruik.

KM Na het Triemli-project raakte Zirkular betrokken bij twee belangrijke prijsvragen in Bazel, voor projecten aan de Walkeweg en de Schliengerweg, wat ons in staat stelde om te demonstreren hoe groot de belangstelling voor hergebruik was. In die tijd werd baubüro in situ soms bekritiseerd om het esthetische aspect van hergebruik. Sommige mensen maakten zich er wel heel gemakkelijk vanaf, door te zeggen dat hergebruik misschien wel een goed idee was, maar dat ze het niet mooi vonden zoals het eruit zag. Het werk werd gezien als *bricolage* en daarom verworpen. Aanvankelijk had baubüro in situ samen met een woningbouwontwikkelaar zonder winstoogmerk, Stiftung Habitat, meegedaan aan een prijsvraag voor de bouw van betaalbare woningen in het kader van het stedenbouwkundig plan 2020 van de Bazelse wijk Lysbüchel. We hebben toen voorgesteld om betonelementen uit een parkeergarage te hergebruiken voor het nabijgelegen woningbouwproject, maar we verloren de prijsvraag. Vervolgens kreeg Zirkular de opdracht om de elementen van die parkeergarage te inventariseren voor die twee woningbouwprijsvragen in Bazel. Een ingenieursbureau, CSD Ingenieure, kreeg de opdracht om een eerste beoordeling te maken van de herbruikbaarheid van de afzonderlijke onderdelen van de structuur.

MBM Bij SXL bewerkten we vervolgens alle beschikbare informatie uit het rapport van CSD tot beknopte informatiebladen over de verschillende structurele betonelementen, zoals kolommen en platen. Deze bladen werden vervolgens als onderlegger gebruikt bij de architectuurprijsvragen.

KM Ik hoorde later van andere ingenieurs dat de kwaliteit van de informatiebladen zo hoog was, met al die relevante informatie, dat ze hun plannen er echt op konden baseren.

CB Bij hergebruik ga je altijd stap-voor-stap te werk. Vooral bij gewapend beton is het een hoop werk om de juiste gegevens over de elementen te verzamelen, omdat je er niet in kunt kijken. Vaak heb je geen technische tekeningen van het oorspronkelijke gebouw. Dan heb je nog de verouderingsverschijnselen, zowel de corrosie van de stalen wapening als de carbonatatie van het betonoppervlak en de toxiciteit als gevolg van het gebruik als parkeergarage – en al deze dingen moet je beoordelen.

Architectonische expressie

KF Naast het aanboren van nieuwe bronnen van bouwmaterialen, gaat het bij hergebruik ook om de uitbreiding van het professionele profiel van de architect. Het gaat om de jacht op bouwcomponenten, maar ook om het ontwerpen met hergebruikte elementen. In hoeverre was (of is) Zirkular betrokken bij de prijsvragen voor de Walkeweg en de Schliengerweg, de twee paradepaardjes van Bazel?

KM Na het referendum van eind 2022, dat ging over het bereiken van klimaatneutraliteit in 2037, is de stad Bazel verplicht om hiervoor de basis te leggen in de bouwsector en om als overheidsinstantie architectonische oplos-

WEcological Footprint Calculation

KF The component catalogue also contains lifecycle assessment calculations, establishing reuse in the cycle of construction and demolition. In a 2022 paper published out of SXL, concrete reuse is discussed as an option alongside non-demolition, repair and maintenance, and as an alternative to merely recycling, often a downcycling of concrete. In contrast to the examples of the deconstruction history discussed there, especially the socioeconomic argument behind the partial dismantling of prefab housing, reuse projects over

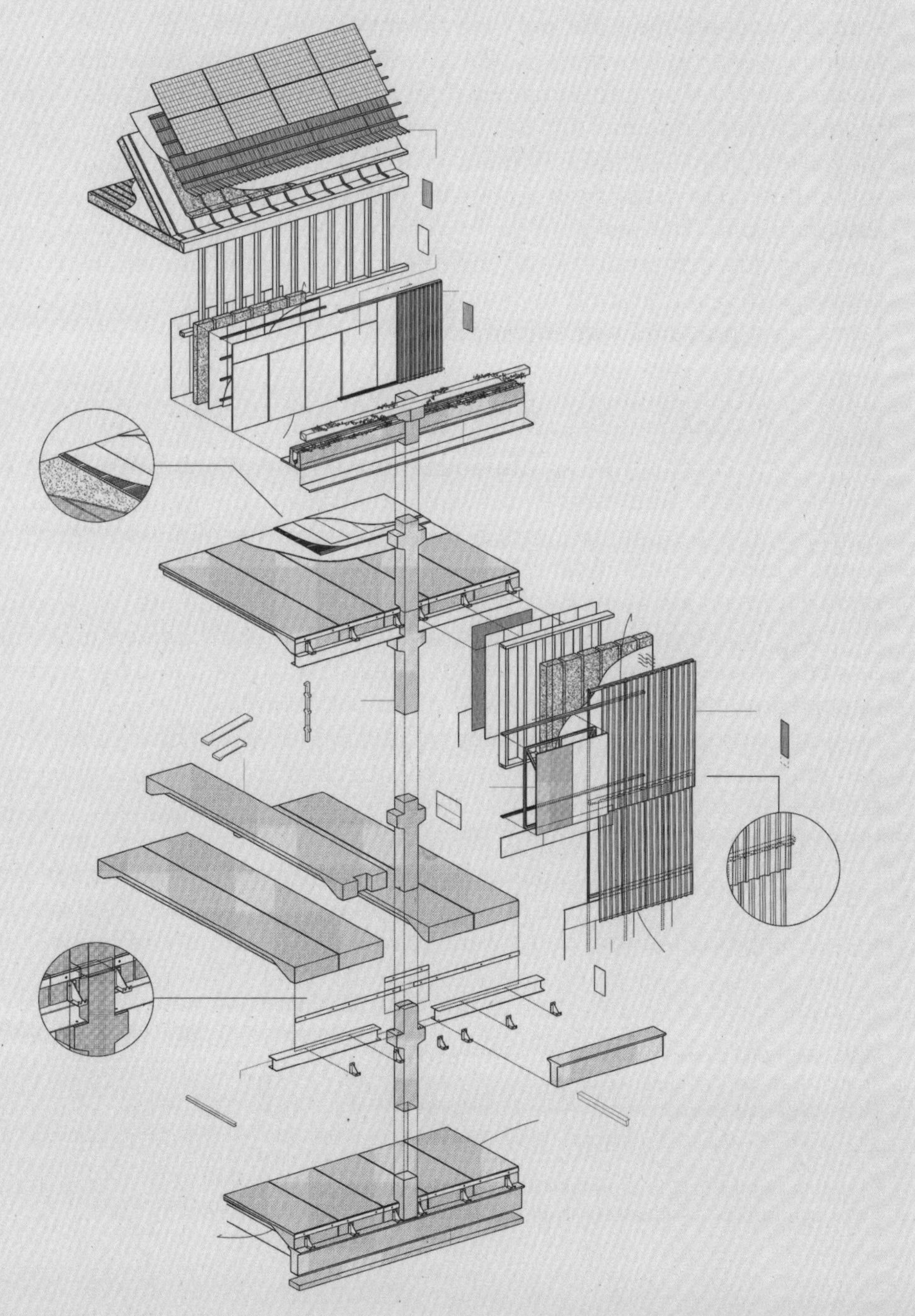

Solanellas Van Noten Meister, L'Eclisse, exploded view drawing, open competition for pilot project Schliengerweg Netto Null 2040, Basel, Switzerland, 2022 (first prize). Client: Immobilien Basel-Stadt/ Solanellas Van Noten Meister, L'Eclisse, explosietekening, open prijsvraag voor proefproject Schliengerweg Netto Null 2040, Bazel, Zwitserland, 2022 (eerste prijs). Opdrachtgever: Immobilien Basel-Stadt

singen te bieden voor de maatschappij van de toekomst. De twee prijsvragen zijn onderdeel van de klimaatneutraliteitsstrategie van Bazel. Ze bieden tegenwicht aan de huidige situatie, waarbij particuliere investeerders niet circulair hoeven te werken. Die kunnen gewoon elk gebouw afbreken dat ze in bezit hebben. En wanneer er iemand een bouwvergunning aanvraagt, hoeft die persoon alleen rekening te houden met de operationele energie, niet met de energie die ligt opgeslagen in de gebouwde constructie. Zirkular was aanvankelijk niet verder betrokken bij de prijsvraag Walkeweg, om baubüro in situ niet voor de voeten te lopen.[11] Het winnende team bestond uit het Bazelse Parabase, Monotti Ingegneri Consulenti SA en USUS Landschaftsarchitektur, wiens Elementa-project een extreem esthetisch hergebruik van beton liet zien – en zij vroegen ons later om mee te werken als deskundig adviseurs. Bij de Schliengerweg-prijsvraag zat Zirkular in de jury van deskundigen die moest beoordelen hoe de catalogus was gebruikt en hoe goed het plan voor de demontage was uitgevoerd.[12] Het winnende team, Solanellas Van Noten Meister uit Zürich, maakt in hun L'Eclisse-project consistent gebruik van de bouwonderdelen. De resultaten aan de Walkeweg en de Schliengerweg zijn zeer uiteenlopend. Dit toont aan dat hergebruik geen stijl is. Bouwwerken van hergebruikte materialen kunnen er heel verschillend uitzien. Het was nodig om te laten zien dat de toepassing van dit concept een scala aan architectonische expressies kan opleveren.

Berekening ecologische voetafdruk

KF De onderdelencatalogus bevat ook berekeningen voor de evaluatie van levenscycli, waarmee de rol van hergebruik in de cyclus van bouw en sloop wordt vastgesteld. In een door SXL gepubliceerd artikel uit 2022 wordt het hergebruik van beton besproken als een optie naast niet-slopen, reparatie en onderhoud, en als een alternatief voor louter recyclage, wat bij beton vaak neerkomt op downcyclage. In tegenstelling tot de voorbeelden uit de deconstructiegeschiedenis die daar worden besproken, met name het sociaal-economische argument achter de gedeeltelijke ontmanteling van prefab woningen, zijn hergebruikprojecten in het afgelopen decennium vooral beargumenteerd vanuit een milieuperspectief. Hoe zwaar weegt het koolstofuitstoot argument?

MBM Je bedoelt dat artikel waarin Célia Küpfer voorbeelden uit de jaren 1970 en 1980 beschrijft.[13] Hoewel de context vandaag de dag heel anders is, zijn kosten nog steeds de beslissende factor in de bouwsector. En de extra kosten van deconstructie zijn nog steeds vrij hoog. Maar tegelijkertijd moet je rekening houden met de kostenbesparingen waarmee de reconstructie

11
'Nemausus-Effekt dank zeichenhaftem ReUse am Walkeweg: Alle rangierten Projekte im Überblick', architekturbasel.ch/nemausus-effekt-dank-zeichenhaftem-reuse-am-walkeweg-alle-rangierten-projekte-im-ueberblick.

12
Christina Leibundgut, 'Pilotprojekt Schlingerweg: Erste Schritte in Richtung Netto Null 2040', 12 februari 2024, architekturbasel.ch/pilotprojekt-schlingerweg-erste-schritte-in-richtung-netto-null-2040/#prettyPhoto.

13
Célia Küpfer, Maléna Bastien Masse en Corentin Fivet, 'Reuse of Concrete Components in New Construction Projects: Critical Review of 77 Circular Precedents', *Journal of Cleaner Production* 383 (2023), 135235.

the last decade have been argued from an environmental perspective. How much weight does this argument of carbon emissions have?

MBM You refer to the paper written by Célia Küpfer in which she talks about these examples from the 1970s and 1980s.[13] Although the context is very different today, costs are still the driving factor in the construction industry. And the additional costs of deconstruction are still quite high. But at the same time, you should take into account the cost savings that you make on reconstruction because you can build faster. You don't have to wait for the concrete to dry or harden. And you also save on materials. In the context of the climate crisis, the savings on carbon emissions are enormous, up to 90 per cent.[14]

KM Reducing carbon emissions is of fundamental importance to us. At Zirkular we are all very interested in changing the construction industry towards a more sustainable way of building. We don't just reuse components for the sake of reusing them. It always has to make sense in the bigger picture.

Towards a New Rationalization

KF It has been mentioned several times that it is the entire supply chain that needs to change, and therefore the work and structure.

MBM Precisely. In supporting other engineering firms on concrete reuse over the last year, I've found that many engineers currently lack knowledge on how to deal with existing structures. Concrete reuse is basically just about assessing an existing structure. That assessment can be employed to plan adaptive reuse or transformation of the building as well as its deconstruction and then reconstruction with the elements. At the moment, it's about giving the deconstruction and design teams a little more time because the complexity is greater.

KM Liability is an issue. The question is also what examinations and tests are needed to ensure that the people who sign construction drawings are aware of all the important points.

KF What role will demolition and construction companies and their specific expertise play?

KM Some demolition and construction companies are starting or trying to sell reclaimed steel beams. One task now is to convince them to start selling concrete elements, and if they can't sell them, they can still make recycled concrete. It's just an extra step to recertify concrete elements.

CB The whole industry needs to change, continuously. If you try to implement our approaches – especially by not tearing down but transforming and reusing – you end up criticising capitalist logics.

KF In Switzerland, and internationally, non-demolition is currently the big political issue. How do you react to criticism?

MBM We are criticized for the fact that by advocating reuse we are basically supporting the demolition of existing buildings. Of course, there should

13 Célia Küpfer, Maléna Bastien Masse and Corentin Fivet, 'Reuse of Concrete Components in New Construction Projects: Critical Review of 77 Circular Precedents', *Journal of Cleaner Production* 383 (2023), 135235.

14 Célia Küpfer, Numa Bertola and Corentin Fivet, 'Reuse of Cut Concrete Slabs in New Buildings for Circular Ultra-low-carbon Floor Designs', *Journal of Cleaner Production* 448 (2024), 141566.

gepaard gaat, omdat je sneller kunt bouwen. Je hoeft niet te wachten tot het beton droog of hard is. Bovendien bespaar je ook op materialen. En in de context van de klimaatcrisis is de vermindering van de koolstofuitstoot enorm, tot wel 90 procent.[14]

KM Vermindering van de koolstofuitstoot is voor ons van fundamenteel belang. Bij Zirkular zijn we allemaal erg geïnteresseerd in de omschakeling van de bouwsector naar een duurzamere manier van bouwen. We hergebruiken componenten niet voor niets. Het moet altijd zinvol zijn voor het grotere geheel.

Naar een nieuwe vorm van rationaliteit

KF Er is verschillende keren gezegd dat de hele toeleveringsketen moet veranderen, en dus ook het werk en de structuur van die keten.

MBM Precies. Toen ik het afgelopen jaar andere ingenieursbureaus ondersteunde die beton wilden hergebruiken, heb ik gemerkt dat veel ingenieurs momenteel niet weten hoe ze met bestaande constructies moeten omgaan. Bij het hergebruik van beton gaat het eigenlijk alleen maar om het beoordelen van een bestaande constructie. Die beoordeling kan worden gebruikt om een adaptief hergebruik of transformatie van het gebouw te plannen, maar ook om het uit elkaar te halen en vervolgens met dezelfde elementen weer op te bouwen. Op dit moment gaat het erom de deconstructie- en ontwerpteams iets meer tijd te geven, omdat de complexiteit groter is.

KM Aansprakelijkheid is een probleem. De vraag is ook welke onderzoeken en tests nodig zijn om ervoor te zorgen dat de mensen die de bouwtekeningen ondertekenen, van alle belangrijke punten op de hoogte zijn.

KF Welke rol is er weggelegd voor sloop- en bouwbedrijven en hun specifieke deskundigheden?

KM Sommige sloop- en bouwbedrijven beginnen of proberen hergebruikte stalen liggers te verkopen. Het is nu zaak om hen te overtuigen dat ook met betonelementen te gaan doen; als ze die niet kunnen verkopen, kunnen ze nog steeds gerecycleerd beton maken. Het is gewoon een extra stap om de betonelementen opnieuw te certificeren.

CB De hele sector moet voortdurend veranderen. Als je onze aanpak probeert te implementeren – vooral als je niet afbreekt, maar transformeert en hergebruikt – bekritiseer je uiteindelijk de kapitalistische logica.

KF In Zwitserland, en ook internationaal, staat niet-slopen momenteel bovenaan de politieke agenda. Hoe reageren jullie op kritiek?

MBM We krijgen kritiek omdat we, door hergebruik te bepleiten, in feite de sloop van bestaande gebouwen zouden voorstaan. Natuurlijk moet er zo min mogelijk gesloopt worden. In algemene zin moeten we beginnen met het beoordelen van gebouwen, zodat we de beste beslissing kunnen nemen: transformatie, of deconstructie en hergebruik.

14
Célia Küpfer, Numa Bertola en Corentin Fivet, 'Reuse of Cut Concrete Slabs in New Buildings for Circular Ultra-low-carbon Floor Designs', *Journal of Cleaner Production* 448 (2024), 141566.

be as little demolition as possible. In general terms, we need to start assessing buildings so that we can make the best decision: transformation, or deconstruction and reuse.

KM Reuse doesn't always mean that a building must die. One example is the approximately 2,000 concrete slabs of 8 m^2 each from the building phase of the Kerenzerbergtunnel that we were able to refer to several projects. A patch of them will now be reused for the hall floor of the Juch Areal project that is now being executed by Graber Pulver Architects, who won the competition.[15] It would have shown foresight if the possible future use of these slabs, which were in use for only two years during the tunnel's construction, had been taken into account from the beginning. In this, education is important. In cooperation with the FHNW in Muttenz, Zirkular created the CAS Zirkuläres Bauen, an advanced course for circular construction, since we believe we need more experts who know about reuse and circular construction work and are committed to it. And we need these people across the board.[16]

15
Ulrich Stüssi, 'Einmal Bricolage bitte: Neubau Recyclingzentrum Juch-Areal, Zürich', *TEC* 21 (2023).

16
See: zirkular.net/de/projekt/cas-zirkulaeres-bauen.

KM Hergebruik betekent niet altijd dat een gebouw verloren gaat. Een voorbeeld zijn de ongeveer 2.000 betonnen platen van elk 8 m^2 die gebruikt zijn bij de bouw van de Kerenzerberg-tunnel, die we aan verschillende projecten konden toewijzen. Een deel van die platen wordt hergebruikt voor de vloer van de hal van het Juch Areal-project dat momenteel wordt uitgevoerd door Graber Pulver Architects, dat die prijsvraag heeft gewonnen.[15] Het zou van een vooruitziende blik hebben getuigd als vanaf het begin rekening was gehouden met de mogelijke toekomstige bestemming van deze platen, die slechts twee jaar in gebruik waren tijdens de bouw van de tunnel. Op dit punt is onderwijs belangrijk. In samenwerking met de FHNW in Muttenz heeft Zirkular de CAS Zirkuläres Bauen opgezet, een cursus in circulair bouwen voor gevorderden, omdat we geloven dat we meer deskundigen nodig hebben, die verstand hebben van hergebruik en circulair bouwen en zich daarvoor willen inzetten. En zulke mensen hebben we over de hele linie nodig.[16]

Vertaling: InOtherWords, Maria van Tol

15
Ulrich Stüssi, 'Einmal Bricolage bitte: Neubau Recyclingzentrum Juch-Areal, Zürich', *TEC* 21 (2023).

16
Zie: zirkular.net/de/projekt/cas-zirkulaeres-bauen.

Embracing Impermanence

A Conversation with Marina Tabassum, Sadia Rahman and Priyanka Hutschenreiter

SR In 2020, your 'Letter to a Young Architect' was published in the eponymous series in *The Architectural Review*.[1] In it you mentioned the need to, 'reorient, reinstall, revise our living patterns by reuse, reduce, repair, recycle, repurpose through a process of regression and resistance in order to re-establish the balance to reassure our existence'. How does this conceptual conversation and space work between architects and clients?

MT We're living in a time when there is a revision of things, the reimagining of a lot of things. Every choice and action need to be questioned.

Architects and construction industries are trying to address the recycling of materials and repurposing of spaces. The LEED (Leadership in Energy and Environmental Design) Certification, for instance, was a way to address the issue of climate. The construction industry wanted to become much more responsive. However, this quite often turns into greenwashing rather than it really being green in a truly sustainable sense. LEED is oriented towards the needs of the construction industry. If I build with mud, how do you certify it? Or, when focusing on architectures from the pre-air-conditioning era that were very in tune with the climate, how do you rate those buildings?

OASE *Tabassum is seemingly hinting at the schism between truly building in a sustainable fashion versus technocratic sustainability that essentially perpetuates, or slightly modifies, unsustainable construction rationales. This point is especially interesting as it elucidates the difference between what is perceived and celebrated as rational architecture, built with industrial production, serial repetition and so on, while a reinterpretation of truly rational architecture maybe should be about again taking up practices like repair, recycling and repurposing in which building structures are rational because they are both a sustainable practice and effective way of designing and building.*

SR & PH *Indeed, Tabassum here puts forth repair, repurposing and reuse as rational approaches to architecture, offering sustainable and practicable solutions at low cost. The LEED certification, while providing a globally acknowledged green building rating system, provides practical standards for industrial materials and scaled building projects, but does not serve green projects that use non-industrial materials. While systems like LEED lend themselves well to earlier understandings of rationalist building practices focusing on scale and industrial materials, Tabassum here proposes a different approach to rationalism that emphasises reused and local materials, albeit for smaller-scale building practices.*

1
Marian Tabassum, 'Marina Tabassum: Letter to a Young Architect', *The Architectural Review*, 8 September 2020

De omarming van vergangelijkheid

Een conversatie met Marina Tabassum, Sadia Rahman en Priyanka Hutschenreiter

SR In uw 'Letter to a Young Architect' uit 2020 in de gelijknamige serie in de *Architectural Review*, beschreef u de noodzaak om 'door hergebruik, reductie, reparatie, recyclage en herbestemming de manier waarop we leven opnieuw te oriënteren, te installeren en te herzien om zo, via een proces van regressie en weerstand, een nieuw evenwicht te vinden en ons voortbestaan veilig te stellen'.[1] Welke rol speelt deze conceptuele discussie, deze conceptuele ruimte, in de contacten tussen architect en opdrachtgever?

MT We leven in een tijd waarin veel zaken worden herzien en opnieuw worden verbeeld. Elke beslissing en elke handeling moet ter discussie worden gesteld.

Architecten en bouwbedrijven proberen materialen te recycleren en ruimten andere bestemmingen te geven. De Leadership in Energy and Environmental Design (LEED)-certificering is een voorbeeld van een manier om de klimaatkwestie aan de orde te stellen. De bouwsector wil veel slagvaardiger kunnen optreden. Dit loopt echter vaak uit op groenwassen in plaats van groen bouwen op een werkelijk duurzame manier. De LEED-certificering is afgestemd op de behoeften van de bouwsector. Als je met leem bouwt, hoe certificeer je dat dan? Of, als we het hebben over architectuur van vóór het tijdperk van de airconditioning, die zeer goed was afgestemd op het klimaat, hoe beoordeel je zulke gebouwen?

OASE *Tabassum lijkt hiermee te verwijzen naar het schisma tussen werkelijk duurzaam bouwen, en de technocratische vorm van duurzaam bouwen die in wezen niet-duurzame motieven in stand houdt of slechts minimaal aanpast. Dit punt is vooral interessant, omdat het verschil wordt toegelicht tussen wat wordt gezien en geprezen als rationele architectuur, namelijk architectuur die is gebouwd met behulp van industriële productie, seriefabricage en dergelijke, terwijl een herinterpretatie van 'werkelijk rationele architectuur' wellicht zou moeten betekenen dat praktijken als reparatie, recyclage en herbestemming opnieuw worden opgepakt. Bouwstructuren zijn in dat geval rationeel, omdat ze zowel een duurzame praktijk, als een effectieve manier van ontwerpen en bouwen vertegenwoordigen.*

SR & PH *Tabassum stelt hier inderdaad reparatie, herbestemming en hergebruik voor als rationele vormen van architectonisch ingrijpen: als duurzame en uitvoerbare oplossingen die weinig kosten. Het LEED-certificeringssysteem is weliswaar een wereldwijd erkend beoordelingssysteem voor groen bouwen dat voorziet in praktische normen voor industriële materialen en grootschalige*

1 Marian Tabassum, 'Marina Tabassum: Letter to a Young Architect', *The Architectural Review*, 8 september 2020

MT (continued): I think in terms of materials and have done so from the beginning of my practice. In 1995-1996, when I was a partner in URBANA, we saw buildings that were hundreds of years old being torn down in Old Dhaka and their bricks being piled up to be made into aggregate. Hundreds and hundreds of years of history. The idea that you can just break it down and use the brick in a new concrete mix shows the disconnect, our lack of understanding and appreciation of history, of culture. That was probably the first time the realisation came to me to ask: These are such beautiful bricks enriched with history, why can we not reuse them?

When you talk about the reuse of a material, it quite often doesn't follow the same trajectory as other architecture projects do. With a regular project, you design it and you think about what material would best emphasise the design idea, including the construction system. When you're working with renewable materials, the process is driven by the material and the choices are limited. This process of change is also a product of the time we're living in. What are the pressing issues that are being talked about? I meet with clients who want their project to be environment friendly, but what does environment friendly mean?

In Bangladesh, we have a strong cement lobby and they are trying to prove that brick is unsustainable. They argue that the production of brick uses the topsoil, hence creates more pollution and thus we should get rid of brick. The government has already taken a decision to phase out brick and use

Comfort Reverie, residential building designed by MTA/ Comfort Reverie, woongebouw naar ontwerp van MTA

(en bemeterde) bouwprojecten, maar het is niet toepasbaar op groene projecten waarvoor niet-industriële materialen worden gebruikt. Het LEED-systeem paste wel goed bij eerdere interpretaties van rationalistisch bouwen, die gericht waren op schaal en industriële materialen, maar Tabassum stelt hier een andere opvatting van rationeel voor, één die de nadruk legt op hergebruik en lokale materialen, zij het voor kleinschaliger bouwprojecten.

MT (vervolg): Ik denk in termen van materialen en dat doe ik al vanaf het moment dat ik mijn praktijk startte. In 1995-1996, toen ik partner was bij URBANA, zagen we dat gebouwen van honderden jaren oud in Oud-Dhaka werden afgebroken en hoe de bakstenen werden opgestapeld om tot aggregaat te worden verwerkt. Honderden en honderden jaren geschiedenis. Het idee dat je die gewoon kunt afbreken en de bakstenen voor een nieuw betonmengsel gebruiken, laat de ontkoppeling zien, ons gebrek aan begrip en waardering voor geschiedenis, voor cultuur. Dat was waarschijnlijk de eerste keer dat de vraag tot me doordrong: waarom kunnen we deze mooie, door de geschiedenis verrijkte bakstenen niet hergebruiken?

Wanneer je met herbruikbare materialen werkt, dan verloopt een project vaak anders dan andere architectuurprojecten. Normaal gesproken ontwerp je eerst een project en bedenk je vervolgens welk materiaal het ontwerpidee, inclusief het constructiesysteem, het beste zou ondersteunen. Wanneer je met herbruikbare materialen werkt, wordt het proces gestuurd door het materiaal en zijn je keuzes beperkt. Dit veranderingsproces is ook een product van de tijd waarin we leven. Wat zijn de dringende kwesties waarover gesproken wordt? Ik ontmoet opdrachtgevers die willen dat hun project milieuvriendelijk is, maar wat betekent milieuvriendelijk?

In Bangladesh bestaat een sterke cementlobby die probeert te bewijzen dat baksteen niet duurzaam is. Men beweert dat er voor de productie van baksteen de toplaag van de grond verbruikt wordt, wat voor vervuiling zorgt, en dat we dus van baksteen af moeten. De regering heeft al besloten om het gebruik van bakstenen geleidelijk uit te bannen en in plaats daarvan cementblokken te gebruiken. De baksteenlobby is zo zwak, dat die niet in staat is om op een redelijke manier terug te vechten, terwijl portlandcement een van de meest vervuilende stoffen ter wereld is en een grote koolstofvoetafdruk heeft.

SR We zien veel grote, commerciële gebouwen van beton en glas. Het is niet mogelijk om die gebouwen te bewonen zonder enorm veel elektriciteit voor klimaatbeheersing te verbruiken. Daarnaast zijn er ook milieukosten verbonden aan de materialen. U hebt voor uw project Comfort Reverie op een andere manier een gebouw van meerdere verdiepingen ontworpen.

MT Comfort Reverie was een van de eerste projecten die ik met mijn eigen bureau heb ontwikkeld en het enige project dat ik tot nu toe samen met een projectontwikkelaar heb uitgevoerd. De opdracht was eenvoudig: bouw twee appartementen aan weerszijden van een middenkern en gebruik de vierkante meters maximaal. Mijn zorg, vooral bij dat project, was dat de bouwlocatie aan de drukste noord-zuid verkeersas door de stad lag: ondanks de geluidsoverlast moest ik ervoor zorgen dat elke kamer daglicht ontving en geventileerd kon worden.

cement blocks instead. The brick lobby is so weak that it is unable to fight back with reason, while Portland cement is one of the largest polluters in the world with a high carbon footprint.

SR We do see big, commercial buildings of concrete and glass. It's not possible to inhabit those buildings without a huge consumption of electricity for climate control. There is also an environmental cost embodied in the materials. For your project Comfort Reverie you took a different approach to designing a multi-storey building.

MT Comfort Reverie was one of my first projects after starting my own practice, and my only developer project till date. The brief was simple: two apartments on either side of a central core, making optimal use of the available square metres. My concern, especially for that project, was that the land is situated on the main north-south commuter spine of the city: despite the noise I had to ensure light and ventilation in every room.

I've always voiced my opposition to glass buildings in tropical climates. In summer, the amount of energy consumed by unprotected glass buildings for air conditioning is a burden not only on the clients who have to foot the bill, but also on our country's infrastructural needs. The glass buildings are a product of real estate development, because they're quick to build. I've always avoided exposed glass as a material. You need to use glass for light and climate control, but at the same time, it's not necessary to cover the entire building in it.

The idea behind the fins was to ensure light and ventilation, but at the same time to create a façade for the city to enjoy. Every project that you work on shouldn't just satisfy the client's brief, as an architect you must also ask yourself what you want to achieve with that project.

OASE *Comfort Reverie seems to illustrate an architectural practice of change and appreciation that actively intervenes in conventional building methods to deviate from the mainstream building logics. Instead, a more sustainable and fittingly situated way of building has been developed, resulting in an architecture for the city that balances the two contrasting demands of the project and utilises them in an architecturally expressive way.*

SR & PH *Tabassum's approach to the Comfort Reverie project shows how even in large-scale urban projects, where maximising spatial usage is paramount, a restrained approach to material use and careful design can dampen the environmental and social impact of energy overuse. While reused mud and bricks, as she describes earlier, are not always viable materials for large-scale projects, using materials like glass and concrete in measure provides a sustainable rationale to building in a tropical urban centre like Dhaka. The rationalism she proposes here urges restraint as a rational means of large-scale building.*

PH Thinking about what you have been saying concerning the use of glass and how you are talking about brick, which, together with mud and bamboo, is a material you largely choose to work with, these materials are not just environmentally conscious, they are also rooted in historical building practices in this region. So, for us, your approach to making architecture in the future in is also about connecting the past and the present.

Ik ben altijd uitgesproken tegen glazen gebouwen in tropische klimaten geweest. In de zomer is de hoeveelheid energie die onbeschermde glazen gebouwen voor klimaatbeheersing verbruiken, niet alleen een belasting voor de opdrachtgevers die de rekening moeten betalen, maar ook voor de infrastructurele behoeften van ons land. Glazen gebouwen zijn producten van vastgoedontwikkelaars, want de bouw gaat snel. Ik heb onbeschermd glas als bouwmateriaal altijd vermeden. Je hebt glas nodig voor lichttoetreding en klimaatbeheersing, maar tegelijkertijd is het niet nodig om het hele gebouw ermee te bedekken.

De vinnen waren bedoeld om licht en ventilatie te garanderen, maar tegelijkertijd om een gevel te creëren waaraan ook de stad plezier kan beleven. Elk project waaraan je werkt, moet niet alleen voldoen aan de eisen van de opdrachtgever, je moet je als architect ook afvragen wat je met dat project wilt bereiken.

OASE *Comfort Reverie lijkt illustratief voor een architectuur van verandering en waardering die actief ingrijpt in conventionele bouwmethoden om af te kunnen wijken van de gangbare bouwlogica. Daarvoor in de plaats is een duurzamere en passend lokale manier van bouwen ontwikkeld. Het resultaat is een stedelijke architectuur die de twee contrasterende eisen van het project met elkaar in evenwicht brengt en op een architectonisch expressieve manier inzet.*

SR & PH *Tabassum's aanpak van Comfort Reverie laat zien hoe, zelfs bij grootschalige stedelijke projecten waar het maximaliseren van het ruimtegebruik van het grootste belang is, een terughoudende benadering van het materiaalgebruik en een zorgvuldig ontwerp de ecologische en maatschappelijke gevolgen van overmatig energieverbruik kunnen beperken. Hoewel het hergebruik van leem en baksteen dat ze hierboven beschrijft, niet altijd haalbaar is bij grootschalige projecten, biedt een terughoudend gebruik van materialen zoals glas en beton een duurzame grondslag voor het bouwen in een tropisch stadscentrum als Dhaka. Het rationalisme dat ze hier beschrijft, spoort aan tot terughoudendheid als redelijke manier om op grote schaal te bouwen.*

PH Even terug naar wat u zei over het gebruik van glas en over baksteen, het materiaal waar u, naast leem en bamboe, het meeste mee werkt: dit zijn niet alleen milieuvriendelijke materialen, maar ze zijn ook geworteld in de historische bouwpraktijk van deze regio. Volgens ons gaat uw opvatting over de manier waarop architectuur in de toekomst gebouwd zal gaan worden dus ook over het verbinden van het verleden met het heden.

MT Ik weet niet of ik een verband probeerde te leggen tussen het verleden en het heden. Voor mij was het altijd een rationele benadering, omdat het een lokale benadering is. Die maakt deel uit van een traditie. We hebben hier geweldige metselaars, prachtig metselwerk.

Architect Rabiul Husain stelde eens een vraag die me altijd is blijven fascineren, namelijk: Heeft de architectuur een moedertaal? Dat is een intrigerende vraag. Is er echt zoiets als een moedertaal?

Op een bepaalde manier wel, want als je de architectuur opvat als een taal, dan spreekt iedere architect een eigen taal. Elke regio heeft een eigen taal en die komt tot stand op basis van de materialen die er te vinden zijn en de manier waarop men er met het lokale klimaat omgaat. Die taal wordt

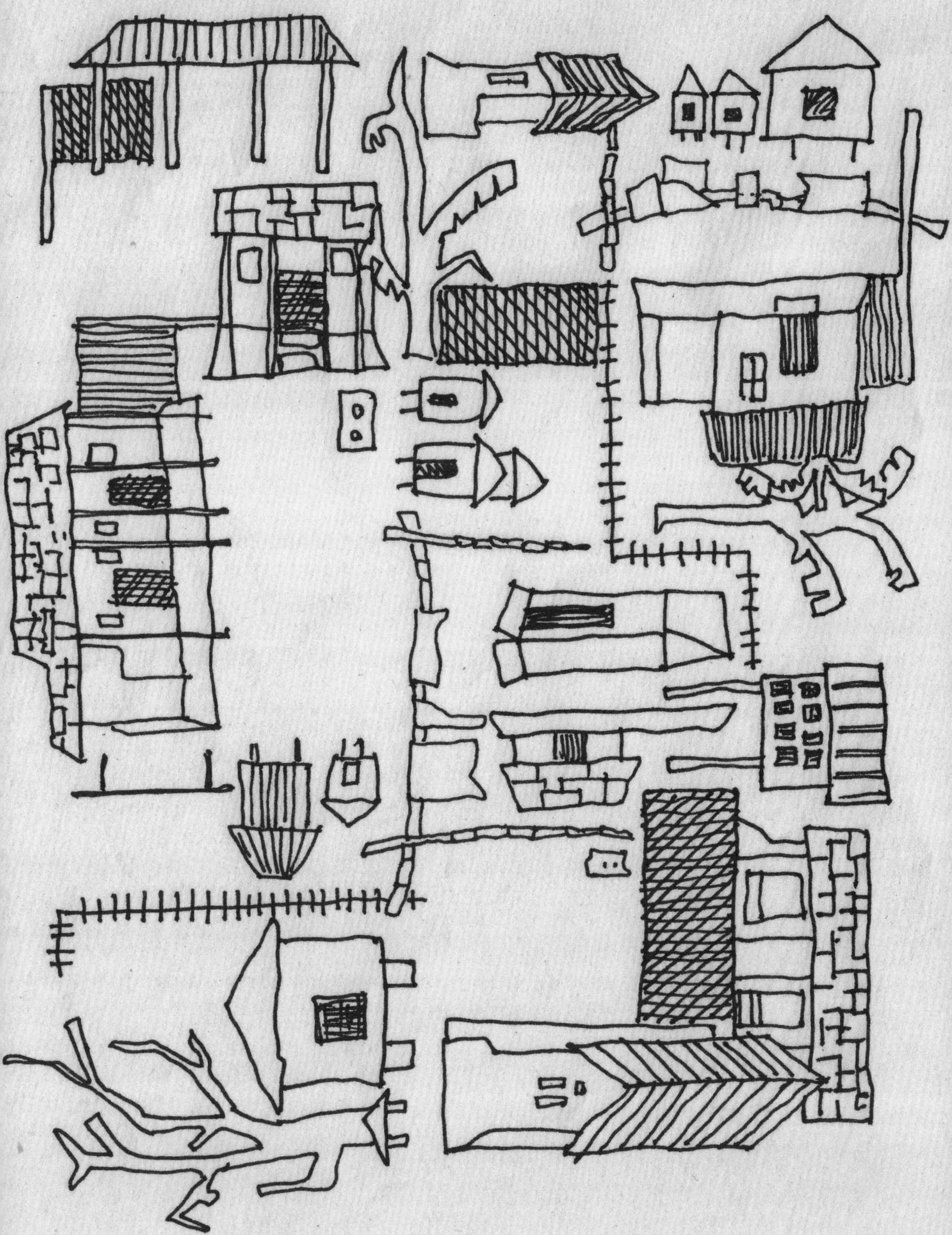

A drawing for Panigram Eco Resort and Spa, co-designed by MTA with the local community/
Een tekening voor het Panigram Eco Resort and Spa, dat MTA samen met de lokale gemeenschap ontwierp

gemaakt door de lokale bewoners. Als je die drie omstandigheden combineert met lokaal beschikbare technieken en lokale arbeid, lokale ambachtslieden, lokale kennis, enzovoort, dan ontstaat er een taal die eigen is aan die plaats. Dus ik zou zeggen: dat is de moedertaal van de architectuur en dat is ook waarom ik altijd weer teruggrijp op lokale materialen.

PH Hoe ontstond deze interesse in vernaculaire en traditionele, lokale architectuur?

MT Ik raakte geïnteresseerd in deze manier van werken door het Panigram-project. Dat is een resort dat is opgezet door Kristin Boekhoff, een Fulbright-student uit de Verenigde Staten. Het was haar idee om een resort te bouwen dat mensen zou overhalen naar Bangladesh te gaan en vooral om hen een authentiek begrip van de delta te geven. Toen ze naar me toe kwam met dat idee, had ze niets: geen geld en geen land, alleen maar een idee. We maakten samen een visieboek en vanaf 2008 begon ze stukje bij beetje land te kopen en investeerders aan te trekken.

In 2011 was er daadwerkelijk een bouwplaats die we konden bezoeken. Het koste wat tijd, maar ondertussen waren we in Jessore, documenteerden we de dorpen rondom de bouwplaats en legden contact met de mensen. Het was de eerste keer van mijn leven dat ik zo lang in dorpen verbleef. Ik leerde er veel over de manier waarop mensen met de natuur leven. Dit inzicht groeide uit tot een passie en tot de overtuiging dat de architectuur over dit soort waarden zou moeten gaan. Zelfs als je in een stad bouwt, waar je waar-

A building at Panigram Eco Resort and Spa, co-designed by MTA with the local community/ Een gebouw op het Panigram Eco Resort and Spa, dat MTA samen met de lokale gemeenschap ontwierp

MT I don't know if I was trying to draw a connection between the past and the present. For me, it was always a rational response because that's local. It's part of a tradition. We have great masons, beautiful brickwork.

Architect Rabiul Husain once asked a question that has always fascinated me, namely: Does architecture have a mother tongue? This is an intriguing question. Is there really such a thing as a mother tongue?

In a way there is, because if you take architecture as a language, every architect speaks a language. Every region has a language and that is created by the material of that place and the response to the local climate. It has also been made by local people. If you combine these three and the local technology that is available, and local labour, local artisans, local knowledge, etcetera, it will create a language which is of that place. So, I would claim that to be the mother tongue of architecture and that is why I kind of always circle back to the localness of the material.

PH How did you become interested in vernacular and traditional, local architectural practices?

MT I became interested in these practices because of the Panigram project. It's a resort that was initiated by Kristin Boekhoff, a Fulbright scholar from the United States. Her idea was to build a resort to bring people to Bangladesh and especially give them the authentic understanding of the delta. When she approached me with her idea, she had nothing: no money and no site, just an idea. We created a vision book together and from 2008 onwards she slowly started the process of buying land and bringing in investors.

We were able to visit an actual site in 2011. It took a while, but what happened in the meantime was that we were on site in Jessore, documenting the villages surrounding the site and engaging with people. That was the first time in my life I spent time in villages for such a long time. It gave me a lot of insight into how people live with nature. Understanding this became a passion for me and a conviction that these values are what architecture should be about. Even if you build in a city – it may not be a process of building with mud – but the values can remain the same. That is something we need to adapt and appropriate wherever we are building.

SR It's really moving to hear you talk about the Panigram project. We have up to now been using 'vernacular architecture' to describe these practices and I was wondering whether that is your preferred term.

MT *Architecture of people* is how I like to address it. I've done some research on the origin of the word vernacular and it doesn't do justice to the consistency of the Panigram project. I say architecture of people and architecture of power, that's how I like to put it.

Architecture of people has always been about evolving, constantly adapting to changes and is never static, never permanent. It's alive and always incrementally going through changes. Changes of material and changes of construction techniques. As a family grows, there is a certain incrementality, it's always about change and adapting to it. Architecture of power has instead always sought to be permanent and static, as in that it will be there forever. It's not just about political power, but also power of religion, power of culture, financial power. Power of so many things.

schijnlijk niet met leem bouwt, kun je die waarden in ere houden. Dat zouden we moeten veranderen en ons eigen moeten maken, wáár we ook bouwen.

SR Ik vind het heel bijzonder om u over het Panigram-project te horen praten. We hebben tot nu toe de bewoording 'vernaculaire architectuur' gebruikt om deze bouwstijl te beschrijven en ik vroeg me af, of die uw voorkeur heeft.

MT Ik zou het de *architectuur van de mensen* willen noemen. Ik heb wat onderzoek gedaan naar de herkomst van het woord vernaculair en dat doet geen recht aan de consistentie van het Panigram-project. Ik noem het de architectuur van de mensen en de architectuur van de macht, zo zou ik het zeggen.

De architectuur van de mensen is altijd aan het evolueren, zich voortdurend aan het aanpassen aan veranderingen, en is nooit statisch, nooit permanent. Ze leeft en ondergaat voortdurend en geleidelijk veranderingen. Andere materialen en andere bouwtechnieken. Als een gezin groeit, is er sprake van een zekere geleidelijkheid, het gaat altijd om veranderingen en om aanpassingen aan gewijzigde omstandigheden. De architectuur van de macht daarentegen heeft er altijd naar gestreefd om permanent en statisch te zijn, alsof ze er altijd zal zijn. Het gaat niet alleen om politieke macht, maar ook om religieuze macht, culturele macht, financiële macht. Macht over zoveel zaken.

Wanneer we afstuderen als architect, hebben we de ambitie om iets te bouwen dat tijdloos is. Maar toen wij in nauw contact kwamen met architectuur van de mensen, vooral in het geval van Panigram, begon ik me te realiseren dat rationeel gezien bouwen, als het over mensen gaat, nooit permanent is. Het gaat altijd om evolutie.

Opgeleide architecten zijn altijd op zoek naar problemen die ze kunnen oplossen met architectonische middelen en die zijn soms indrukwekkend en verontrustend. Als je op het platteland werkt, dan kun je dat niet doen. Je moet de matrix begrijpen, je beschikbaar houden voor de mensen, voor hun behoeften, en dan ingrepen doen die de mensen, hun levensonderhoud, hun levensstijl, hun omgeving niet overweldigen, maar hun omstandigheden verbeteren. Interventies moeten heel fijngevoelig en weloverwogen zijn.

PH Tot slot wilden we het hebben over ongelijkheid. U sprak eerder over de verbreding van het handelen van de architect. Hoewel de middenklasse groeit, we allemaal steeds hogere verwachtingen hebben en op een bepaalde manier willen leven, legt dit paradoxaal genoeg veel druk op het milieu, de economie en de gemeenschap, en creëert het ook veel ongelijkheid. Ziet u uw bureau en de architectuur in het algemeen als een plaats van verzet tegen die ongelijkheid?

MT Ik weet niet of ik in algemene zin van verzet zou spreken, maar het is belangrijk om zulke kwesties te adresseren.

Ik heb dit onderwerp aan de orde gesteld in mijn studio's toen ik aan de universiteit doceerde, maar in de stad Dhaka, waar een groot aantal mensen in zeer moeilijke omstandigheden leeft, heb ik het huisvestingsprobleem niet echt weten aan te pakken. Mensen hebben geen woning, de huren zijn er het hoogst en de bevolking leeft onder de meest moeilijke, onmenselijke omstandigheden. De stad heeft hen nodig, maar biedt hun geen goede

When we graduate as architects, our ambition is to build something that is timeless. But when we came into close contact with architecture of people, especially in the case of Panigram, I began to realise that rationally speaking, building, when it comes to people, is never permanent. It's always about evolution.

Architects by training are looking for problems to solve through architectural responses that are at times imposing and unsettling. Working in the countryside, you cannot do that. You need to understand the matrix, be available to the people, to their needs and then make interventions that are not imposing on them, their livelihood, their lifestyle, their environment, but enhancing it. Your interventions have to be very sensitive and sensible.

PH To end, we wanted to talk about inequality. You've talked about expanding the agency of the architect. Even though the middle class is growing, and we all have increasingly higher expectations of how we want to live, this, paradoxically, is putting a lot of pressure on the environment, on the economy, on communities and creating a lot of inequality as well. Do you see your practice and architecture in general as a site of resistance to inequality?

MT I don't know if it is resistance in general, but addressing the issues is important.

I've taught and talked about it in my studios at universities, but I haven't really addressed the housing issue in the city of Dhaka, where a large number of people are living in very difficult situations. People have no housing, rents are highest there and the population lives in the most difficult, inhuman conditions. The city needs them, but the city doesn't offer them a proper living environment. It's a paradoxical relationship. The government has no plan for low-income housing and the developers don't have an answer to that because it's not profitable. There is no economic or business model that offers a solution to the low- to middle-income housing crisis. Architecture alone cannot solve a problem as large as this.

leefomgeving. Het is een paradoxale relatie. De overheid heeft geen plannen voor woningen voor mensen met lage inkomens en de ontwikkelaars hebben geen interesse, omdat het bouwen van dergelijke woningen niet winstgevend is. Er is geen economisch of bedrijfsmodel dat een oplossing biedt voor de huisvestingscrisis waarin mensen met lage tot middeninkomens verkeren. Architectuur alleen kan zo'n groot probleem niet oplossen.

Vertaling: InOtherWords, Maria van Tol

Urban Assemblage, Repair and *Ragionevolezza*

A Correspondence between Filippo Cattapan and Angelo Lunati

Caro Angelo,

More than a perspective to be reconsidered, rationalism seems to be a way of thinking that is very much still with us. You could even say it's the guiding spirit behind most of the new buildings in Milano today. Unfortunately, this current incarnation of rationalism tends to be rather reductive, boiling down the complexity of the city and its buildings to a series of technical, functional or even commercial issues.

And yet Milano has a long history of producing alternative forms of rationalism that have revised and expanded the modern tradition. Especially after the Second World War, there were significant attempts to broaden the idea and practice of contemporary architecture by questioning the abstract, monolithic tendencies of early twentieth-century modernism. Even though these experiments date back at least 50 years, they suggest a direction that still seems meaningful.

Here, I'm thinking of the Torre Velasca. Its specific kind of *realismo* is primarily a technical and constructive form of rationalism, even if it displays a number of notable hybrid traits.[1] It draws on Viollet-le-Duc and the tradition of Perret but also resonates with the French and especially English brutalism of those post-war years.[2]

Onsitestudio's projects for Pirelli and for Porta Garibaldi follow the same course: they're shaped by a complex negotiation not only with the client but also with the character and memory of the city.

A presto,
Filippo

Caro Filippo,

What's different today is that we can no longer deal with abstraction or the rationality of form in such pure or absolute terms, as architecture comes down more and more to questions of transformation, to negotiating the conditions of places that have already been configured – and are sometimes also already compromised. It's a fate common to all European cities, but the case of Milano is rather exceptional, as we had this incredibly fruitful post-war period of experimentation that gave rise to an anti-dogmatic architecture that was able to respond not only to the task of rebuilding the war-torn city, but also to its rich cultural heritage. It left us with a legacy – of both buildings and theoretical speculation – that we cannot avoid engaging with, as architects working in the city today.[3]

1
Angelo Lunati, *Ideas of Ambiente: History and Bourgeois Ethics in the Construction of Modern Milan 1881-1969* (Zurich: Park Books, 2020), 159-218.

2
Ernesto Nathan Rogers, *Auguste Perret* (Milan: Il Balcone, 1955).

3
Angelo Lunati, 'The Spirit of Milano', *Casabella* 946 (2023), 18-27.

Assemblage, reparatie en *ragionevolezza* in de stad

Een briefwisseling tussen Filippo Cattapan en Angelo Lunati

Caro Angelo,
Het rationalisme lijkt me eerder een nog steeds actuele manier van denken dan een perspectief dat we moeten heroverwegen. Je zou zelfs kunnen zeggen dat het de stille kracht is achter de meeste nieuwbouw van tegenwoordig. Helaas is de huidige incarnatie van het rationalisme nogal beperkt, waarbij de complexiteit van de stad en haar gebouwen wordt teruggebracht tot een reeks technische, functionele of zelfs commerciële onderwerpen.

Toch kan Milaan terugkijken op een lange periode waarin alternatieve vormen van rationalisme de moderne traditie hebben verbeterd en verrijkt. Vooral na de Tweede Wereldoorlog werden er belangrijke pogingen gedaan om de ideeën en praktijken van de contemporaine architectuur uit te breiden, door vraagtekens te plaatsen bij de abstracte, monolithische tendensen van het vroeg-twintigste-eeuwse modernisme. Hoewel deze experimenten al minstens 50 jaar geleden hebben plaatsgevonden, wijzen ze in een richting die nog steeds relevant lijkt.

Ik denk dan bijvoorbeeld aan de Torre Velasca. Het specifieke *realismo* van deze toren is in de eerste plaats het resultaat van een technische en constructieve vorm van rationalisme, ook al vertoont het een aantal opvallend hybride kenmerken.[1] Bronnen zijn Viollet-le-Duc en de traditie van Perret, maar het gebouw resoneert ook met het Franse en vooral Engelse brutalisme van die naoorlogse jaren.[2]

De projecten van Onsitestudio voor Pirelli en Porta Garibaldi volgen dezelfde weg: ze ontstaan dankzij complexe onderhandelingen, niet alleen met de opdrachtgever, maar ook met het karakter en het geheugen van de stad.

A presto,
Filippo

Caro Filippo,
Een verschil met vandaag is dat we niet meer op zo'n zuivere of absolute manier met de abstractie of rationaliteit van de vorm kunnen omgaan, omdat architectuur steeds meer een kwestie van transformaties wordt, van onderhandelen over de voorwaarden van plekken die al geconfigureerd zijn – en soms ook al gecompromitteerd. Het is een lot dat alle Europese steden treft. Het geval van Milaan is echter toch uitzonderlijk, omdat de stad een ongeloof-

1
Angelo Lunati, *Ideas of Ambiente: History and Bourgeois Ethics in the Construction of Modern Milan 1881-1969* (Zürich: Park Books, 2020), 159-218.

2
Ernesto Nathan Rogers, *Auguste Perret* (Milaan: Il Balcone, 1955).

The influence of twentieth-century Lombard rationalism can be seen in the figure of the repetitive frame that recurs in some of our urban projects, where the repetition reflects the need for structural order or serial production. But rather than representing an unalterable, abstract form, the frame is characterised by its ability to adapt to the complex urban conditions while defining a certain tempo of its own. This is achieved either through its specific form or materiality, or through the hybridisation of different modes of production/construction, for example by mixing prefabrication techniques with the imperfections of labour-intensive manufacturing. As Adrian Forty has noted, these kinds of combinations have the capacity to evoke 'different times' within the same construction.[4]

In the project for the Pirelli Learning Centre, the figure of the staggered frame combines the curvilinear form of the window frames of the nearby Renaissance villa, the Bicocca degli Arcimboldi, with ornamentation derived from the graphics developed by the sophisticated post-war visual culture of the company, all expressed through a rich materiality that seeks a relationship with Gregotti's office buildings.

In the urban block in front of Porta Garibaldi Station, a conversion of a disused hotel building, the existing volume is partially dismantled and the

4
Adrian Forty, *Concrete and Culture: A Material History* (London: Reaktion Books, 2012), 89-98.

Onsitestudio, Pirelli Learning Centre, Milan/ Milaan, 2016-2020

lijk vruchtbare naoorlogse periode van experimenten heeft doorgemaakt. Het leidde tot een anti-dogmatische architectuur die in staat was om niet alleen het probleem van de wederopbouw van de door oorlog verscheurde stad op te lossen, maar ook rekening hield met Milaans rijke culturele erfgoed. Dit heeft ons, architecten die nu in de stad werken, een erfenis van gebouwen en theoretische speculaties opgeleverd, waar we niet omheen kunnen.[3]

3
Angelo Lunati, 'The Spirit of Milano', *Casabella* 946 (2023), 18-27.

Onsitestudio, Porta Garibaldi urban block, Milan, 2017-2023/ Onsitestudio, stedelijk blok Porta Garibaldi, Milaan, 2017-2023

pieces reconfigured into a triptych. While the portion added to the roof is made explicit by the use of a lighter, geometrically articulated construction, the addition to the rear closes the overall figure, at the same time defining a square and an internal courtyard. The result is a form of assemblage, a revised sequence that aims to repair the city, extend its existing qualities.[5] Richard Sennett's idea of 'dynamic repair' seems an apt way to describe this operation. According to Sennett, repair is not simply a static adjustment, but a complete reform, a process of reassembling the object that changes its form and function.[6] This kind of repair or transformation inspires a different way of doing things – of recasting imperfect buildings or difficult found situations to rearticulate the relationship between form and function.

Ciao,
Angelo

Caro Angelo,

Another strand of post-war Milanese rationalism is obviously the *architettura razionale* or exalted rationalism (*razionalismo esaltato*) of Giorgio Grassi and Aldo Rossi, who were looking to a different genealogy – to the French enlightenment of Boullée and Ledoux.[7] In their version of rationalism, the problem of form is no longer resolved primarily on the basis of function, but is addressed in relation to the civic and symbolic value of the building within the city.

Roberto Gargiani argues that *neorealismo* and *architettura razionale* correspond to two different building systems, one conceived with the frame, which we've already talked about, the other defined by the wall.[8] Whereas the former is tectonic and deals with cladding, the latter is volumetric and articulates sequences of spaces. Your urban projects and buildings seem to lie on the boundary between these two systems, which you and Giancarlo [Floridi] overlap in experimental ways, constructing volumes by means of structural frames and articulating spaces by means of cladding. These hybrid modes respond to certain technical and economic needs, such as the requirement for very transparent façades, but also allow for otherwise abstract volumes to be combined with a specific material quality.

In recent years you've also had a number of exceptional opportunities to confront the question of form in a more autonomous and direct way, for example in the design for the clubhouse of football club Sassuolo Calcio in Sassuolo and the new Biblioteca europea di informazione e cultura (BEIC) in Milan. Here again, there seems to be an important element of hybridity, but in this case it's different images and types that are put together independently

5
Angelo Lunati, 'Backgrounds and Sequences (or What Is Missing in Contemporary Milan)', in: Michael Obrist and Antonietta Putzu (eds.), *The Last Grand Tour: Contemporary Phenomena and Strategies of Living in Italy* (Zurich: Park Books, 2023), 208-212.

6
Richard Sennett, *The Craftsman* (New Haven: Yale University Press, 2008), 199.

7
Aldo Rossi, 'Introduzione a Boullée', in: Étienne Louis Boullée, *Architettura Saggio sull'arte* (Venice: Marsilio, 1967).

8
Roberto Gargiani, *Eretici italiani dell'architettura razionalista: Razionalismo retorico per il regime fascista 1914-1944, Razionalismo emozionale per l'identità democratica nazionale 1945-1966, Razionalismi esaltati nostalgici radicali 1967-1973* (Milan: Skira, 2021), 7-22.

De invloed van het twintigste-eeuwse Lombardische rationalisme is te herkennen aan het repetitieve kader dat in sommige van onze stadsprojecten terugkomt, waar de herhaling een behoefte aan structurele orde of serieproductie weerspiegelt. Dit frame wordt echter niet ingezet als een onveranderlijke, abstracte vorm. Het kan zich juist prima aanpassen aan complexe stedelijke omstandigheden, terwijl het een zeker eigen tempo aanhoudt. Dit wordt bereikt door ofwel een specifieke vorm of materiaal te gebruiken, of een combinatie van verschillende productie- of bouwwijzen, bijvoorbeeld door de gelijkvormigheid van prefabricage te combineren met de imperfecties van arbeidsintensieve maakprocessen. Zoals Adrian Forty eens zei, hebben dergelijke combinaties het vermogen om binnen één en dezelfde constructie 'verschillende tijden' op te roepen.[4]

In het ontwerp voor het Pirelli Learning Centre in Milaan combineert het verspringende frame de gekromde raamkozijnen van de nabijgelegen renaissance-villa, de Bicocca degli Arcimboldi, met een ornamentiek die is afgeleid van de grafische vormgeving uit de verfijnde naoorlogse beeldcultuur van het bedrijf – en dit alles wordt uitgedrukt in een rijk materiaalgebruik dat een relatie zoekt met de kantoorgebouwen van Gregotti.

In het stadsblok, een voormalig hotel, bij station Porta Garibaldi in Milaan is het bestaande volume gedeeltelijk ontmanteld en zijn de delen op nieuw geconfigureerd tot een triptiek. Terwijl het deel dat aan het dak is toegevoegd, eruit springt door het gebruik van een lichtere, geometrisch gelede constructie, maakt de toevoeging aan de achterkant, plus een plein en een binnenplaats, de totale figuur compleet. Het resultaat is een soort assemblage, een herziene reeks die de stad wil herstellen door haar bestaande kwaliteiten uit te breiden.[5] Richard Sennett's concept van de 'dynamische reparatie' lijkt een goede term om deze operatie te beschrijven. Volgens Sennett is reparatie niet alleen een statische aanpassing, maar een complete hervorming, een proces waarbij het object opnieuw wordt samengevoegd, waardoor de vorm en functie ervan veranderen.[6] Dit soort reparaties of transformaties inspireert om op een andere manier te werken: onvolmaakte gebouwen of situaties die moeilijk worden gevonden, worden opnieuw ontworpen en de relatie tussen hun vorm en hun functie opnieuw gearticuleerd.

Ciao,
Angelo

Caro Angelo,

Een andere tak van het naoorlogse Milanese rationalisme is natuurlijk de *architettura razionale*, het 'verheven rationalisme' (*razionalismo esaltato*) van Giorgio Grassi en Aldo Rossi, die naar een andere traditie keken, namelijk de Franse Verlichting van Boullée en Ledoux.[7] In hun versie van het rationalisme

4
Adrian Forty, *Concrete and Culture: A Material History* (Londen: Reaktion Books, 2012), 89-98.

5
Angelo Lunati, 'Backgrounds and Sequences (or What Is Missing in Contemporary Milan)', in: Michael Obrist en Antonietta Putzu (red.), *The Last Grand Tour: Contemporary Phenomena and Strategies of Living in Italy* (Zürich: Park Books, 2023), 208-212.

6
Richard Sennett, *The Craftsman* (New Haven: Yale University Press, 2008), 199.

7
Aldo Rossi, 'Introduzione a Boullée', in: Étienne Louis Boullée, *Architettura Saggio sull'arte* (Venetië: Marsilio, 1967).

of their functional, constructive or technological content. These analogue forms are not far from those Rossi described in relation to Boullée and later his own projects.

A presto,
Filippo

Caro Filippo,
Rossi's position on the primacy of form seems as relevant as ever in the light of the current scarcity of resources and the need for climate resilience.

Onsitestudio, Sassuolo Football Centre, Modena, 2017-2019/ Onsitestudio, Clubgebouw van voetbalclub Sassuolo, Modena, 2017-2019

wordt het vormprobleem niet langer in de eerste plaats opgelost op basis van de functie, maar wordt het aan de orde gesteld in relatie tot de burgerlijke en symbolische waarde van het gebouw in de stad.

Roberto Gargiani stelt dat het *neorealismo* en de *architettura razionale* overeenkomen met twee verschillende bouwsystemen: het ene maakt gebruik van het frame, waar we het al over hebben gehad, en het andere wordt gedefinieerd door de muur.[8] Het eerste is tektonisch en heeft te maken met bekleding; het tweede is volumetrisch en articuleert de opeenvolging van ruimten. Jullie stadsprojecten en gebouwen lijken zich op de grens tussen deze twee systemen te bevinden. Giancarlo [Floridi] en jij laten ze op een experimentele manier overlappen: jullie construeren volumes met behulp van structurele frames en articuleren ruimten door middel van bekleding. Deze hybride methode voorziet in bepaalde technische en economische behoeften, zoals het verlangen naar uiterst transparante gevels, maar maakt het ook mogelijk om abstracte volumes een specifieke materiële kwaliteit te geven.

De afgelopen jaren hebben jullie ook een aantal uitgelezen kansen gehad om het vormprobleem op een autonomere en directere manier op te lossen, bijvoorbeeld bij het ontwerp voor het clubgebouw van voetbalclub Sassuolo Calcio in Sassuolo en de Biblioteca europea di informazione e cultura (BEIC) in Milaan. Ook hier lijkt de hybride benadering een belangrijke rol te spelen, maar in dit geval gaat het om verschillende beelden en typen die onafhankelijk van hun functionele, constructieve of technische inhoud worden gecombineerd. Deze analoge vormen zijn niet ver verwijderd van de vormen die Rossi beschreef in relatie tot Boullée en later tot zijn eigen projecten.

A presto,
Filippo

Caro Filippo,

Rossi's standpunt over het primaat van de vorm lijkt, gezien de huidige schaarste aan grondstoffen en de behoefte aan klimaatbestendigheid, nog even relevant als altijd. Volgens ons staat rationele architectuur niet gelijk aan de constructie van een logisch systeem dat universele antwoorden kan opleveren (wat sowieso een onmogelijke opgave is). Het zoeken naar de rede achter de vorm is en blijft ons hoofddoel, omdat dit de enige eigenschap is die een bredere kijk mogelijk maakt, die de stad, de maatschappij en de cultuur erbij betrekt, los van de 'verwikkelingen' en fragiliteit van de functie.

In de projecten die je noemde, wordt het idee van het autonome object dat een burgerlijke betekenis kan dragen en orde kan scheppen in een gegeven context – iets wat tegenwoordig steeds minder haalbaar is – ervaren op een manier die dichter bij assemblage staat dan bij abstractie en reductie. Bij het clubhuis voor Sassuolo Calcio is de droge vorm van het gebouw, begrensd door een tribune ter lengte van een voetbalveld, bijvoorbeeld gecombineerd met een licht gebogen hoofdgevel die slechts gedeeltelijk bekleed is; dit

8
Roberto Gargiani, *Eretici italiani dell'architettura razionalista: Razionalismo retorico per il regime fascista 1914-1944, Razionalismo emozionale per l'identità democratica nazionale 1945-1966, Razionalismi esaltati nostalgici radicali 1967-1973* (Milaan: Skira, 2021), 7-22.

For us, rational architecture does not come down to the construction of a logical system capable of producing universal answers (an impossible task, in any case). We still see our main objective as the search for the reasons of form, as it's the only dimension that allows for a broader gaze encompassing city, society and culture, removed from the 'entanglements' and fragilities of function.

In the projects you mentioned, the idea of the autonomous object that can take on a civic meaning and give order to the context – something that's less and less feasible nowadays – is experienced in a dimension that's closer to assemblage than to abstraction and reduction. With the Sassuolo Calcio clubhouse, for example, the dry form of the building – delineated by a façade-tribune the precise length of a football pitch – is combined with a slightly curved main façade that is only partially clad, borrowing from church typologies and in particular the unfinished front of San Petronio in Bologna. The result is a synthetic form that encompasses a diverse programme within a straightforward brick masonry construction reminiscent of the functional buildings portrayed in J.M. Richards' *The Functional Tradition*.[9] Similarly, in the project for the new Biblioteca europea, the civic ambition of a large public building conceived as a climatic machine is combined with the idea of a memorable urban figure. Two large naves – equal in size but different in section, density and the character of their interior spaces – are joined, recomposed, into a compact volume that is at the same time productive and monumental, like the roofs of factories photographed by Gabriele Basilico.[10]

Ciao,
Angelo

Caro Angelo,

The theme of assemblage seems to recur transversally at different levels, resonating with the variety and layering of the historical city. In this regard, it could be seen as pointing directly back to another important strand of post-war thinking, represented by Colin Rowe and Fred Koetter's *Collage City*.[11] This international and specifically transatlantic disciplinary tradition still seems to be very important to you and many other European architects of your generation. The political model for this composite city is Karl Popper's *open society*, which relates directly to the notions of bricolage developed by Isaiah Berlin and Claude Levi-Strauss.[12]

9
James Maude Richards, *The Functional Tradition in Early Industrial Buildings* (London: Architectural Press, 1958); Giancarlo Floridi and Angelo Lunati, 'A Functional Tradition', in: Giancarlo Floridi and Angelo Lunati, *Corner Kick: Mapei Football Center Sassuolo* (Zurich: Park Books, 2022), 10-11.

10
Gabriele Basilico, *Milano: Ritratti di fabbriche* (Milan: Electa, 1985).

11
Colin Rowe and Fred Koetter, *Collage City* (Cambridge, MA: MIT Press, 1979).

12
Karl Popper, *The Open Society and Its Enemies*, vol. 1: 'The Spell of Plato' (Londen: Routledge, 1945), 27, 216-217, 227-249; vol. 2: 'The High Tide of Prophecy: Hegel, Marx and the Aftermath' (London: Routledge, 1945), 33-42, 231-236; Isaiah Berlin, 'The Hedgehog and the Fox', in: Isaiah Berlin: *Russian Thinkers* (New York: Viking Press, 1978), 71-157; Claude Lévi-Strauss, *La pensée sauvage* (Paris: Plon, 1962), 30-48.

is ontleend aan kerkelijke typologieën en in het bijzonder aan de onafgewerkte voorgevel van de basilica di San Petronio in Bologna. Het resultaat is een synthetische vorm die een gevarieerd programma omsluit binnen een recht-toe-recht-aan bakstenen structuur die doet denken aan de functionele gebouwen die J.M. Richards afbeeldt in *The Functional Tradition*.[9] Op een zelfde manier zijn in het ontwerp voor de nieuwe Biblioteca europea de burgerlijke ambities van een groot openbaar gebouw dat ontworpen is als een klimatologische machine, gecombineerd met het idee van een gedenkwaardige stedelijke figuur. Twee grote beuken – even groot, maar verschillend van doorsnede, dichtheid en de inrichting van de binnenruimten – zijn samengevoegd, herschikt tot een compact volume dat zowel functioneel als monumentaal is, zoals de daken van de fabrieken op de foto's van Gabriele Basilico.[10]

Ciao,
Angelo

Caro Angelo,

Het assemblagethema lijkt op verschillende niveaus transversaal terug te komen; het resoneert met de verscheidenheid en gelaagdheid van de historische stad. In dit opzicht kan het worden opgevat als een directe verwijzing naar een andere belangrijke stroming in het naoorlogse denken, zoals in *Collage City* van Colin Rowe en Fred Koetter.[11] Deze internationale, meer trans-Atlantische traditie binnen de discipline lijkt nog steeds zeer belangrijk te zijn voor jullie en voor veel andere Europese architecten van jullie generatie. De politieke evenknie van deze samengestelde stad is de *open maatschappij* van Karl Popper, die rechtstreeks verwijst naar de door Isaiah Berlin en Claude Lévi-Strauss ontwikkelde notie van *bricolage*.[12]

Zowel Popper, Berlin als Lévi-Strauss stelden de denkwijze van de moderne ingenieur – een maker van gekwantificeerde objecten – tegenover de oude of in ieder geval premoderne benadering van de *bricoleur*, die projectief kan reageren op de complexiteit van de bestaande stad en kwaliteit kan laten prevaleren boven kwantiteit. De redenering van de bricoleur is eerder expansief dan reductief en wordt voornamelijk verwerkelijkt door dit assemblageproces – door de samenstelling en herschikking van typen, vormen en bouwmethoden. Bricolage is een proces van hergebruik, herstel en transformatie, in tegenstelling tot het arbitraire idee 'creatie', dat het modernisme en veel van wat daarna kwam, heeft bepaald.

9
James Maude Richards, *The Functional Tradition in Early Industrial Buildings* (Londen: Architectural Press, 1958); Giancarlo Floridi en Angelo Lunati, 'A Functional Tradition', in: Giancarlo Floridi en Angelo Lunati, *Corner Kick: Mapei Football Center Sassuolo* (Zürich: Park Books, 2022), 10-11.

10
Gabriele Basilico, *Milano: Ritratti di fabbriche* (Milaan: Electa, 1985).

11
Colin Rowe en Fred Koetter, *Collage City* (Cambridge, MA: MIT Press, 1979).

12
Karl Popper, *The Open Society and Its Enemies*, deel 1: 'The Spell of Plato' (Londen: Routledge, 1945), 27, 216-217, 227-249; deel 2: 'The High Tide of Prophecy: Hegel, Marx and the Aftermath' (Londen: Routledge, 1945), 33-42, 231-236; Isaiah Berlin, 'The Hedgehog and the Fox', in: Isaiah Berlin: *Russian Thinkers* (New York: Viking Press, 1978), 71-157; Claude Lévi-Strauss, *La pensée sauvage* (Parijs: Plon, 1962), 30-48.

Popper, Berlin and Levi-Strauss all contrasted the mindset of the modern engineer – a creator of quantified objects – with the ancient or at least pre-modern approach of the bricoleur who is able to act projectively on the complexity of the existing city, prioritising the qualitative over the quantitative. The reasoning of the bricoleur is expansive rather than reductive, and it is realised principally through this very process of assemblage – through the composition and recomposition of types, forms, methods of construction. Bricolage is a process of reuse, recovery and transformation, as opposed to the arbitrary idea of creation that defined modernism and much of what followed it.

Onsitestudio and Baukuh, Biblioteca Europea Informazione e Cultura BEIC, Milan, 2022-/ Onsitestudio en Baukuh, Biblioteca Europea Informazione e Cultura BEIC, Milaan, 2022

In veel opzichten is Onsitestudio's uitbreiding van het Palace Hôtel op het Rogierplein in Brussel symbolisch voor deze aanpak. Het staat op de grens tussen het historische stadscentrum (de Vijfhoek) en de zakelijke Noordwijk, en vertegenwoordigt een nauwgezette keuze voor de ene stadsvorm boven de andere: voor een veelzijdige stad waar de verschillende onderdelen, maar ook de herinneringen aan het plein – het hotel, de Martinitoren en nu de patio van Xaveer De Geyter – naast elkaar bestaan, in tegenstelling tot het soort onlogische stad waar de stukken gewoon naast elkaar zijn gezet, zonder dat er enige poging is gedaan om stedelijke samenhang te creëren.

A presto,
Filippo

Caro Filippo,

We zouden dus kunnen stellen dat de hegemonie van het technisch-wetenschappelijk denken kan worden tegengegaan met behulp van bricolage, waarbij gereedschappen en vormen per geval worden aangepast aan de heersende omstandigheden en de verschillende fragmenten tot één enkel werk worden gemaakt, dat meerdere facetten van het karakter van de stad omvat, waaronder (tot op zekere hoogte) haar emotionele of onverwachte eigenschappen.

Onsitestudio and Piovenefabi, Palace Hôtel, Brussels, 2018-/ Onsitestudio en Piovenefabi, Palace Hôtel, Brussel, 2018-

In many respects, onsitestudio's extension of the Palace Hôtel on Place Rogier in Brussels is emblematic of this approach. Standing on the boundary between the historical city centre (the Pentagon) and the Northern Quarter business district, the project represents the precise choice of one form of city over another: a multifaceted city where the different components but also the memories of the square – the hotel, the Martini tower and now Xaveer De Geyter's patio – are built in continuity, as opposed to an incongruous city in which the pieces are simply juxtaposed with no attempt at urban coherence.

A presto,
Filippo

Caro Filippo,
We could argue, then, that the hegemony of technical-scientific thinking can be countered with a bricoleur attitude where tools and forms are adapted *case by case* to the prevailing conditions and the different fragments are crafted into a work that encompasses multiple facets of the city's character, including, to a certain extent, its emotional or unexpected dimensions. This attitude has nothing to do with the irrationality of instinctual or gestural approaches but, on the contrary, fits well with the Sennett idea of repair we were discussing earlier.

With the Palace Hôtel in Brussels, instead of an univocal response to the required programme, we interpreted the project as an extension, not so much of the function – rooms and collective spaces for a hotel – but of the condition: that of a sequence of palazzo buildings composing a block, just like the assembled pieces cast by Rachel Whiteread.[13] The double character of the building along boulevard du Jardin – its structural conception, the varied programme it hosts, the blurred presence of the precast façade that refers to the different spatial qualities of the rooms behind it – all merge into a single material. This kind of subtle duality is exemplified, memorably, in the Monadnock Building in Chicago, but it's also seen in Milano, in Via Albricci by Asnago & Vender or Caccia Dominioni's pair of residential buildings in S. Maria alla Porta, where the energy of the project comes from the presence of an inherent double scale – that of the individual building and that of the sequence in the city.

Ciao,
Angelo

Caro Angelo,
The Asnago & Vender and Caccia Dominioni buildings you mentioned represent a kind of third way of rationalism that we haven't yet addressed. This is an architecture that is essentially modern but at the same time very pragmatic, radically anti-ideological, freely combining tools and forms according to the needs and opportunities offered by the projects. It responds to the

13
For Rachel Whiteread's work, see for example the sculptures exhibited at the Gagosian Gallery in Los Angeles in 2008.

Deze houding heeft niets te maken met irrationele, instinctieve benaderingen of loze gebaren, maar past juist goed bij Sennett's idee over reparatie dat we eerder hebben besproken.

Bij het Palace Hôtel in Brussel hebben we, in plaats van een eenduidig antwoord op het programma van eisen, het project geïnterpreteerd als een uitbreiding, niet zozeer van de functie – kamers en collectieve ruimten voor een hotel – maar van de toestand: een opeenvolging van palazzogebouwen die een blok vormen, net als de geassembleerde stukken in het werk van Rachel Whiteread.[13] Het tweeledige karakter van het gebouw aan de boulevard du Jardin – het structurele ontwerp, het gevarieerde programma, de verhulde aanwezigheid van de prefab gevel die verwijst naar de verschillende ruimtelijke kenmerken van de kamers erachter – komen allemaal samen in één enkel materiaal. Een dergelijke subtiele dualiteit wordt niet alleen op memorabele wijze geïllustreerd door het Monadnock Building in Chicago, maar is ook te zien in Asnago Vender's gebouw aan de Via Albricci in Milaan en in Caccia Dominioni's twee woongebouwen in Santa Maria alla Porta, ook in Milaan, waar de energie van het project een gevolg is van de aanwezigheid van een inherente dubbele schaal – die van het individuele gebouw en die van de opeenvolging van gebouwen in de stad.

Ciao,
Angelo

Caro Angelo,

De gebouwen van Asnago Vender en Caccia Dominioni die je noemt, vertegenwoordigen een soort derde vorm van rationalisme, waar we het nog niet over hebben gehad. Deze architectuur is in essentie modern, maar tegelijkertijd zeer pragmatisch, radicaal anti-ideologisch: er worden vrijelijk instrumenten en vormen gecombineerd naargelang de behoeften en mogelijkheden van de betreffende projecten. Deze architectuur beantwoordt aan de eisen en verwachtingen van de opdrachtgevers, maar ook aan het ruimtelijke en stedelijke potentieel van gebouwen en hun omgeving.[14]

Misschien kan de vorm die de rationaliteit van deze architectuur genereert, preciezer worden benoemd, namelijk als *ragionevolezza*. Het verschil tussen *ragione* en *ragionevolezza* is nogal subtiel. Het ligt in het evenwicht en de mate waarmee het individuele project wordt benaderd. In die zin staat *ragionevolezza* misschien dichter bij een soort professioneel gezond verstand, een manier van werken die redelijk is – empirisch reagerend op de context – in plaats van rationeel in de strikte zin van het woord. Het lijkt, nogmaals, te resoneren met de begrippen reparatie, bricolage en assemblage waar we het over hebben gehad.

13
Zie voor het werk van Rachel Whiteread bijvoorbeeld de sculpturen die in 2008 zijn tentoongesteld in de Gagosian Gallery in Los Angeles.

14
Angelo Lunati, 'Three Perspectives on Architecture and Urbanism in Milan, 1942–1972', in: Adam Caruso en Helen Thomas (red.), *Asnago Vender and the Construction of Modern Milan* (Zürich: Park Books, 2020). Opvallend genoeg wordt in dit essay Enzo Paci's dagboeknotitie van 13 juni 1956 geciteerd: 'De mens voelt de rede. Hij voelt het oneindige verleden dat aan hem voorafgaat.' Enzo Paci, *Diario fenomenologico* (Milaan: Il Saggiatore, 1961).

demands and expectations of the clients, but also to the spatial and urban potential of the buildings and their contexts.[14]

Perhaps the form of rationality of this architecture could be more precisely termed *ragionevolezza*. The distinction between *ragione* and *ragionevolezza* is rather subtle. It lies in the balance and measure with which one approaches the individual project. In this sense, *ragionevolezza* is perhaps closer to a sort of disciplinary common sense, a way of working that is reasonable – responding empirically to the context – rather than rational in the strictest sense. Once again, it seems to resonate with the notions of repair, bricolage and assembly that we've been discussing.

The projects we've touched on – the Pirelli Learning Centre, the Porta Garibaldi building and the hotel in Brussels – all display the tension between homogeneity and variation that is characteristic of this third way of rationalism, balancing the rational need to standardise architectural solutions with the reasonable desire to enhance as far as possible the quality of their response to the urban and cultural environment.

A presto,
Filippo

Caro Filippo

A good project could probably be defined as one that is capable of embracing a set of diverse conditions within a formal response that is articulated but somehow distilled, so it can be immediately grasped. When we're working on the transformation of an existing structure or context, our focus is not on stamping it with the imprint of the 'new'. Rather, we're more interested in reconsidering what is already there and making it work within a new unity. Ultimately, these attempts at extension and continuity are first and foremost forms of material and conceptual economy.

A tower with a large pitched roof that articulates into a corner block, a sequence of distinct but figuratively continuous buildings, a structural frame made of paste-coloured concrete with grit infill: all these, and others, are 'figures of assemblage' that pragmatically combine the rationality of construction – or, we could say, the rationality of type – with the different tempos, complexities and historical circumstances of the city. In this sense, the distinction between 'rational' and 'reasonable' remains an intriguing perspective for addressing the transformation of contemporary European cities. In the former, the project is understood as the outcome of a priori, logical principles, while in the latter it is shaped by the 'rationality of good reasons', with the empirical dimension deriving from experience, memory and contingency assuming a relevant role in the project.

Ciao,
Angelo

14
Angelo Lunati, 'Three Perspectives on Architecture and Urbanism in Milan, 1942–1972', in: Adam Caruso and Helen Thomas (eds.), *Asnago Vender and the Construction of Modern Milan* (Zurich: Park Books, 2020). Significantly, the essay quotes Enzo Paci's diary entry for 13 June 1956: 'Man feels reason. He feels the infinite past that precedes him.' Enzo Paci, *Diario fenomenologico* (Milan: Il Saggiatore, 1961)

De projecten die we hebben aangestipt – het Pirelli Learning Centre, het gebouw bij station Porta Garibaldi, beide in Milaan en het hotel in Brussel – vertonen allemaal die spanning tussen homogeniteit en variatie die kenmerkend is voor deze derde versie van het rationalisme, balancerend tussen de rationele behoefte om architectonische oplossingen te standaardiseren en de redelijke wens om de kwaliteit van hun reactie op de stedelijke en culturele omgeving zoveel mogelijk te verbeteren.

A presto,
Filippo

Caro Filippo,

Een goed project kan waarschijnlijk gedefinieerd worden als een project dat in staat is om een reeks uiteenlopende omstandigheden te combineren tot een formeel antwoord dat zowel gearticuleerd als gereduceerd is, zodat het onmiddellijk begrepen kan worden. Wanneer wij werken aan de transformatie van een bestaande structuur of context, ligt onze focus niet op het creëren van een indruk van nieuwheid. We zijn eerder geïnteresseerd in het herzien van wat er al is en dat laten functioneren binnen een nieuwe eenheid. Uiteindelijk zijn deze pogingen tot uitbreiding en continuïteit in de eerste plaats manieren om economisch om te gaan met materiaal en ideeën.

Een toren met een groot schuin dak dat overgaat in een hoekblok, een reeks afzonderlijke maar figuurlijk aaneengesloten gebouwen, een structureel kader van pleisterkleurig beton, ingelegd met grit: dit zijn net als vele andere 'geassembleerde figuren' die op pragmatische wijze de rationaliteit van het bouwen – of, zouden we kunnen zeggen, de rationaliteit van het type – combineren met de verschillende tempi, complexiteiten en historische omstandigheden van de stad. In die zin vormt het onderscheid tussen 'rationeel' en 'redelijk' een intrigerend perspectief voor de transformatie van hedendaagse Europese steden. In het eerste geval wordt het project gezien als het resultaat van a priori, logische principes, terwijl het in het tweede geval tot stand komt op basis van een 'rationaliteit van goede redenen', waarbij de empirische dimensie die voortkomt uit ervaring, geheugen en onvoorspelbaarheid, een relevante stem in het project heeft.

Ciao,
Angelo

Vertaling: InOtherWords, Maria van Tol

The Blurring of Times

A Conversation between Paul Bouet and Julien Boidot

PB When I first wrote about your work almost ten years ago, you had just completed a cycle in your career. At the time, you were associated with Émilien Robin and you had produced a series of remarkable small-scale facilities in semi-rural areas in France, particularly in the departement Sarthe, between Paris and Brittany. These contexts were of little interest to architects at the time, even though they were socially and politically hot topics – it was a few years before the 'yellow vests' movement, whose main focus is precisely the semi-rural (or 'peri-urban'); in other words, the grey zone between town and country. Since then, your practice has evolved considerably. You are the single director of your office, and you started to focus on the transformation of existing buildings. You also teach this approach at ENSA Paris-Est, where you hold studios in the Transformation master's programme. In moving your practice in this direction, have you followed what was in the air, or is it a deliberate choice?

JB I wouldn't say that I'm no longer interested in areas outside the main cities. Admittedly, my practice has evolved and now deals with dense urban contexts too, such as Paris, but I continue to design small-scale facilities in these neglected yet exciting places. At the same time, the challenge of transformation has imposed itself on me, mainly for two reasons. The demand for adaptive reuse has risen sharply in recent years. Decisionmakers increasingly recognise that demolishing and building anew is not necessarily the best solution. At the same time, a whole generation of buildings, some of which were hastily constructed over the past 50 years, is threatened with becoming obsolete. The lazy solution is to change the windows and wrap them with insulation. But I think that this heritage, which on the face of it is of little interest, poses a formidable challenge to architects. That's what our partners at BAST and I were faced with when we entered the competition to renovate the Lille School of Architecture. It was a typical 1970s architecture, the logic of which had been lost through successive adaptations, and whose original strength we sought to recover. In addition to the growing demand for work on existing buildings, it was also teaching that led me to focus on these issues. In 2017, I joined the Transformation master's programme at ENSA Paris-Est, where we collectively reflect on this issue. At the root of our approach is not only the idea that everything is heritage – that the whole built environment, even the most banal, deserves attention, but also that the act of transformation raises fundamental architectural questions, whether in terms of structure, aesthetics or use.

PB Looking at your work, and particularly the transformation projects, one is struck by the non-heroic character of the buildings you design. The compositions are often quite fragmentary, even picturesque, as if you were trying to avoid the effects of monumentality and axiality. At the same time, it's often difficult to identify the exact chronology of building. Indeed, even the distinction between old and new is not always clear-cut. There is no emphasis

Vervloeiende tijden

Een discussie tussen Paul Bouet en Julien Boidot

PB Toen ik bijna tien jaar geleden voor het eerst over jouw werk schreef, had je net een periode in je carrière afgerond. Je werkte destijds nauw samen met Émilien Robin en jullie hadden een reeks opmerkelijke kleinschalige projecten in semi-rurale gebieden in Frankrijk gerealiseerd, vooral in het departement Sarthe, tussen Parijs en Bretagne. Deze gebieden waren indertijd weinig interessant voor architecten, ondanks het feit dat ze een belangrijke maatschappelijke en politieke rol speelden: dit was een paar jaar vóór de opkomst van de 'gele hesjes'-beweging, die zich voornamelijk op de semi-landelijke (of 'peri-urbane') gebieden richtte, met andere woorden, op de grijze zone tussen stad en platteland. Sindsdien heeft je praktijk zich aanzienlijk ontwikkeld, je bent er de enige directeur en je bent je steeds meer gaan richten op de transformatie van bestaande gebouwen. Daarnaast draag je deze aanpak over in je onderwijs aan de ENSA Paris-Est, waar je studio's geeft in het kader van het masterprogramma Transformation. Volgde je met deze koerswijziging de trends van de tijd, of was dit een bewuste keuze?

Renovation of the School of Architecture and Landscape, Villeneuve-d'Ascq (Lille), competition, 2021/
Renovatie van de School voor Architectuur en Landschap, Villeneuve-d'Ascq (Rijsel/ Lille), prijsvraag, 2021

on the separation of layers of time, but rather the lines between periods are blurred. The results give the appearance of having always been there, and still being able to transform themselves over time. In this sense, your practice is radical in a somewhat paradoxical way. You depart from an Albertian dogma, still so powerful in contemporary architecture, which holds that a building is successful when no part can be added or removed without disturbing the whole. What leads you to this attitude?

JB Perhaps paradoxically, it was my training that played a part in this approach. At the Nantes School of Architecture, I was familiar with the remnants of modernist architecture, which allowed for open compositions and fragmentary, even irregular, spatialities. The influence of Lacaton & Vassal was also becoming increasingly apparent, and I was struck by their ability to develop an architecture of systems in which structure, materiality and aesthetics are thought together, without resulting in autonomous forms. I should add that I've always been wary of the approach advocated in the Venice Charter, which is to make a clear distinction between existing parts and new interventions. My position is rather to continue a history by adding to these layers of time while allowing future architects to intervene in their own way, conceiving the building in a kind of temporal continuum. I try to look at existing

JB Ik denk niet dat ik mijn belangstelling in het werken in gebieden buiten de grote steden heb verloren. Mijn praktijk heeft zich inderdaad ontwikkeld en ik houd me nu ook bezig met dichtbevolkte stedelijke gebieden zoals Parijs, maar ik blijf kleinschalige projecten voor die minder bekende, maar intrigerende locaties ontwerpen. Tegelijkertijd heeft de uitdaging die de transformatie ons stelt, zich min of meer aan me opgedrongen. Dat gebeurde op twee manieren. Ten eerste is de vraag naar aanpassing en hergebruik in de afgelopen jaren enorm toegenomen. Opdrachtgevers zien steeds vaker in dat sloop en nieuwbouw niet altijd de beste oplossing is. Ten tweede dreigt een hele generatie gebouwen die in de afgelopen 50 jaar soms snel zijn opgetrokken, verouderd te raken. De luie oplossing is dan om de ramen te vervangen en de gebouwen te isoleren. Maar ik denk dat dit erfgoed, dat op het eerste gezicht niet zo interessant lijkt, architecten voor een formidabele uitdaging stelt. Dat is waar onze samenwerkende partners bij BAST en ik mee werden geconfronteerd, toen we meededen aan de prijsvraag voor de renovatie van de ENSAP de Lille. Het ging om typische jaren 1970-architectuur waarvan de logica door opeenvolgende aanpassingen verloren was gegaan; wij wilden de oorspronkelijke kracht daarvan in ere herstellen. Naast de stijgende vraag naar aanpassingen aan bestaande gebouwen, bracht ook mijn werk als docent me ertoe om me met dit soort dingen bezig te houden. Ik ben in 2017 begonnen bij het masterprogramma Transformation van ENSA Paris-Est, waar we collectief over dit onderwerp nadenken. De grondslag van onze inzet is niet alleen

Renovation of a school complex, Guécélard, completed in 2020/ Renovatie van een scholencomplex, Guécélard, oplevering 2020

buildings in a fairly dispassionate way, considering their foundations, for example, the carbon weight of their structures, or their relationship with public space and the landscape. Basically, this goes back to a reference that we often use in the Transformation master's programme: that of the American architecture historian Marvin Trachtenberg, who, in opposition to the emergence of the Albertian propositions of architecture as being created by a singular author and of the building as a completed whole, theorised the notion of *building-in-time*, or the way in which buildings were conceived in a highly evolutionary and collaborative way before the Renaissance in Europe.[1]

PB To continue with the question of time, I'm very interested in the way you distinguish between elements in projects according to their rate of obsolescence. In my opinion, this is a highly neglected issue, even though it is fundamental to the life of buildings and stimulates architectural practice. Sigfried Giedion and, later, Reyner Banham placed the emphasis on technical systems in buildings, alongside others who have received less attention, such as the brilliant James Marston Fitch or Richard Stein. But in your case, this is not a question of opposing technical systems to a structural approach, which could have its roots in rationalism, but rather of thinking both together. To be more precise, you are increasingly tending to distinguish between the permanent parts of buildings, such as the structure and the vast spaces it defines, and the parts that are subject to a much more rapid obsolescence, starting with all the networks and machines that handle fluids, air or electricity. You even place these in some kind of 'servant spaces', which are increasingly distinct from the rooms themselves, but of course without the idea of monumentality and composition that obsessed Louis I. Kahn. What is your opinion on the importance of obsolescence in buildings and how this can become a driving force in architectural design?

JB Throughout my career, I've seen different approaches to deal with these issues. In the 2000s, approaches such as BedZed in the United Kingdom and Passivhaus in Germany were very powerful. They generally resulted in hyper-insulated buildings and the addition of numerous and very complex technical systems, such as double-flow ventilation and photovoltaic panels. The limitations of these systems, which were presented as virtuous, were immediately visible. And more generally, it is becoming increasingly clear that buildings constructed over the last 30 or 40 years are often much more fragile and dysfunctional than their predecessors. That's why I tend to focus on what's going to last, the elements of buildings that are destined to continue over time, such as the loadbearing points, frameworks and so on. On the other hand, I'm not at all disinterested in the climatic aspect of buildings. But rather than investing in highly sophisticated and fragile systems, I prefer to deal with these issues through purely architectural elements, through shading devices, natural ventilation or chimneys: elements that users can make their own and that can be expected to withstand technical obsolescence.

1
See: Marvin Trachtenberg, *Building-in-time: From Giotto to Alberti in Modern Oblivion* (New Haven/ London: Yale University Press, 2010).

het idee dat alles erfgoed is – dus dat de hele gebouwde omgeving, zelfs de meest banale onderdelen ervan, aandacht verdient –, maar ook het besef dat transformaties fundamentele architectonische vragen oproepen op het gebied van structuur, esthetiek of gebruik.

PB Als ik naar jouw werk en dan met name de transformatieprojecten kijk, valt me op dat je gebouwen ontwerpt die een allesbehalve heroïsche uitstraling hebben. De composities zijn vaak gefragmenteerd en zelfs pittoresk, alsof je bewust iedere vorm van monumentaliteit en axialiteit hebt willen vermijden. Tegelijkertijd is het vaak een uitdaging om de exacte chronologie van de constructie te achterhalen. Zelfs het onderscheid tussen oud en nieuw is niet altijd even duidelijk. De tijdlagen zijn niet nadrukkelijk gescheiden. In plaats daarvan lijk je de grenzen tussen de verschillende bouwmomenten opzettelijk te laten vervloeien. Het resulterende gebouw oogt alsof het er altijd al is geweest en in de loop van de tijd nog meer kan veranderen. In die zin is je werk op een enigszins paradoxale manier radicaal. Je wijkt af van het Albertiaanse dogma dat stelt dat een gebouw een succes is, als je er niets meer aan kunt toevoegen of verwijderen, zonder het geheel te verstoren – een denkpatroon dat nog steeds een belangrijke functie heeft in de hedendaagse architectuur. Hoe kom je daartoe?

JB Het klinkt misschien paradoxaal, maar mijn opleiding heeft hierbij een rol gespeeld. Aan de École Centrale de Nantes leerde ik over de nalatenschap van de modernistische architectuur, waar plaats was voor open composities en een fragmentarische, zelfs onregelmatige ruimtelijkheid. De invloed van Lacaton & Vassal werd ook steeds duidelijker en ik was onder de indruk van hun vermogen om een architectuur van bouwsystemen te ontwikkelen waarbij constructie, materiaal en esthetiek samen werden gedacht, maar niet tot autonome vormen leidden. Ik moet zeggen dat ik nooit zo onder de indruk ben geweest van de aanpak die in het Charter van Venetië wordt bepleit, namelijk om een duidelijk onderscheid te maken tussen bestaande onderdelen en nieuwe interventies. Ik denk dat het beter is om de geschiedenis voort te zetten, door een nieuwe laag aan de bestaande tijdlagen toe te voegen en tegelijkertijd toekomstige architecten de ruimte te geven om op hun eigen manier hetzelfde te doen. Het gebouw bestaat dan in een soort tijdscontinuüm. Ik probeer op een tamelijk objectieve manier naar bestaande gebouwen te kijken, bijvoorbeeld naar de fundamenten, de hoeveelheid koolstof die in de constructies ligt opgeslagen, of de relatie met de openbare ruimte en het landschap. Dit gaat in feite terug op een referentie van de Amerikaanse architectuurhistoricus Marvin Trachtenberg, die vaak ter sprake komt in het masterprogramma Transformation. Hij zette zich af tegen het Albertiaanse dogma van de architectuur als de creatie van een enkele auteur en van een gebouw als een voltooid geheel. In plaats daarvan hield hij zich bezig met de notie 'bouwen in de tijd', dat wil zeggen, met de manier waarop gebouwen vóór de Renaissance in Europa werden ontworpen, namelijk op een zeer geleidelijke en collaboratieve manier.[1]

PB Ik heb nog een vraag over dat tijdsaspect. Ik ben geïntrigeerd door de manier waarop jij onderscheid maakt tussen projectelementen op basis van hun mate van veroudering. Naar mijn mening is dit een sterk verwaarloosd

PB In your recent work, we have seen the emergence of bioclimatic systems that you incorporate into conversion projects, or sometimes into new buildings. I'm thinking in particular of the solar chimneys that define the silhouette of both your project to convert a school in Guécélard and your competition proposal for social housing in the 14th arrondissement of Paris, where the roofs sport projections of this kind. The idea is to use the heat captured from the sun's rays to activate a draught and ventilate the rooms, reducing or even doing so without electric ventilation. This is an age-old technique that has been used mainly in hot climates, particularly on the shores of the Mediterranean. Recently, an office like HArquitectes, to which you are close, used it for its Cristalleries project in Barcelona. This rediscovery of passive devices again raises questions about the superimposition and blurring of time, but it also has to do with space. Shortly before his death, French architecture historian Jean-Louis Cohen theorised the concept of 'interurbanity' in his last lecture at the Collège de France. By this he meant the constant borrowing that cities do from each other around the world, the way in which ideas, models, aesthetics and techniques circulate and play a part in shaping the built environment. In a climate that is becoming increasingly unstable, do you

Development of 35 bioclimatic homes, a health centre and offices, Paris, competition 2021/ Nieuwbouw van 35 bioklimatologische woningen, een gezondheidscentrum en kantoren, Parijs, prijsvraag 2021

onderwerp, terwijl het fundamenteel is voor de levensduur van gebouwen en een stimulans voor de architectuurpraktijk. Sigfried Giedion en, later Reyner Banham, legden de nadruk op technische systemen in gebouwen, net als enkele andere vrijwel vergeten figuren, zoals de briljante James Marston Fitch en Richard Stein. Bij jou gaat het echter niet om de tegenstelling tussen technische systemen en een structurele aanpak die zijn wortels in het rationalisme zou kunnen hebben, maar om de combinatie van die twee. Je neigt, met andere woorden, steeds meer naar het maken van een onderscheid tussen de permanente onderdelen van het gebouw, zoals de structuur en de grote ruimte die erdoor wordt afgebakend, en de onderdelen die veel sneller verouderen, zoals de netwerken en apparaten die vloeistoffen, lucht of elektriciteit verwerken. Je plaatst ze zelfs in een soort 'dienstruimten' die zich steeds meer van de andere kamers onderscheiden, maar dan natuurlijk zonder dat idee van monumentaliteit en compositie dat Louis I. Kahn zo fascineerde. Hoe kijk jij aan tegen veroudering binnen gebouwen, en op welke manier denk je dat dit de drijvende kracht kan worden achter de ontwerpdiscipline?

JB Ik ben in mijn carrière verschillende benaderingen van het onderwerp tegengekomen – in de jaren 2000 waren het BedZed in Groot-Brittannië en het Passivhaus in Duitsland bijvoorbeeld erg succesvol. Het ging meestal om hypergeïsoleerde gebouwen met talrijke, heel complexe technische systemen, zoals gecontroleerde warmteterugwinning en zonnepanelen. De beperkingen van deze, als effectief gepresenteerde systemen werden echter al snel zichtbaar. En meer in het algemeen wordt het steeds duidelijker dat gebouwen die de afgelopen 30 of 40 jaar gebouwd zijn, vaak veel kwetsbaarder zijn en slechter functioneren dan hun voorgangers. Daarom richt ik me liever op elementen die lang meegaan, zoals dragende elementen, raamwerken en andere gebouwonderdelen die bedoeld zijn om de tijd te doorstaan. Aan de andere kant ben ik wel degelijk geïnteresseerd in de klimatologische aspecten van gebouwen. Maar in plaats van te investeren in zeer geavanceerde en kwetsbare systemen pak ik die liever aan door zuiver architectonische elementen toe te voegen: zonweringen, natuurlijke ventilatie of schoorstenen. Dit zijn elementen die gebruikers naar eigen inzicht kunnen gebruiken en waarvan verwacht mag worden dat ze bestand zijn tegen technische veroudering.

PB Recent heb je bijvoorbeeld bio-klimatologische systemen opgenomen in een aantal renovatieprojecten en in sommige nieuwe gebouwen. Ik denk met name aan de zonneschoorstenen die het silhouet bepalen van zowel de school in Guécélard die je hebt gerenoveerd, als je prijsvraagvoorstel voor sociale woningbouw in het 14e arrondissement van Parijs, waar de daken ook van die uitsteeksels hebben. Het idee is om de warmte van de zonnestralen te benutten om luchtcirculatie te creëren en zo de kamers te ventileren, zodat er minder elektrische ventilatie nodig is of zelfs helemaal achterwege kan blijven. Dit is een eeuwenoude methode die vooral in warme klimaten wordt toegepast, vooral aan de kusten van de Middellandse Zee. HArquitectes, een

1
Zie: Marvin Trachtenberg, *Building-in-time: From Giotto to Alberti in Modern Oblivion* (New Haven/ Londen: Yale University Press, 2010).

think that the movement of techniques from one space to another will increase? And how do you see it?

JB In a climate that is becoming increasingly unstable, I think we need to look at the bioclimatic features of architecture, some of which are rooted in its very long history. In this respect, as temperatures rise, it goes without saying that we are increasingly exploring strategies developed in more southern climates. I was very influenced by the year I spent in Barcelona during my Erasmus, and by the intelligence of the loggias, the shutters and the inertia. And it's true that the collective housing project we designed for the Boulevard Jourdan in Paris has an air of Barcelona about it. The chimneys that emerge from the building are not designed to evacuate smoke, unlike traditional Parisian architecture, but to ventilate the spaces. We explored the same principle for an apartment building we built in the centre of Rennes. In the flats, the chimneys are no longer the hearth, the source of heat, but the elements

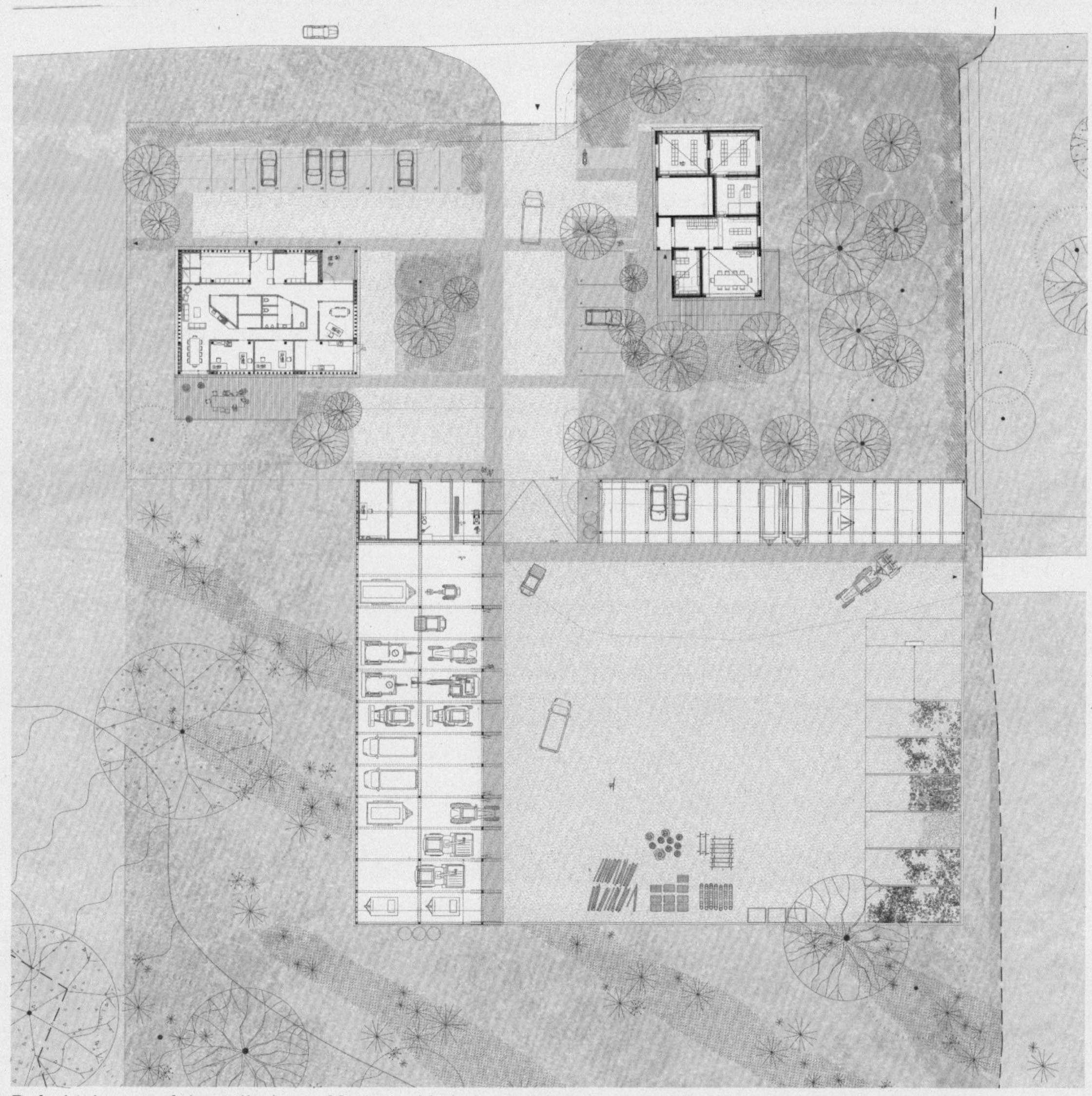

Refurbishment of the call centre, Mathaux (Aube), completed in 2024/ Verbouwing van het callcenter, Mathaux (Aube), oplevering 2024

bureau waarmee je nauw samenwerkt, heeft deze methode onlangs nog toegepast voor het Cristalleries-project in Barcelona. De herontdekking van passieve methoden roept vragen op over het overlappen en vervloeien van de tijd, maar heeft ook te maken met ruimte. Kort voor zijn dood, tijdens zijn laatste lezing voor het Collège de France, besprak de Franse architectuurhistoricus Jean-Louis Cohen zijn theorie over het begrip 'interstedelijkheid'. Hij verwees ermee naar het feit dat steden over de hele wereld voortdurend van elkaar lenen, naar de manier waarop ideeën, modellen, esthetische idealen en methoden circuleren, en zo de vorm van de gebouwde omgeving bepalen. Denk je dat dit wisselen tussen technieken, gezien de toenemende instabiliteit van het klimaat, zal toenemen. Hoe zie jij dat?

JB Gelet op de groeiende instabiliteit van het klimaat denk ik dat we bepaalde bioklimatologische architectonische elementen, waaraan soms een lange traditie verbonden is, grondiger moeten gaan bestuderen. Zo is het vanzelfsprekend dat we, naarmate de temperaturen stijgen, steeds meer strategieën onderzoeken die in zuidelijker klimaatzones zijn ontwikkeld. Tijdens het jaar dat ik in het kader van het Erasmus+-programma in Barcelona heb doorgebracht, ben ik sterk beïnvloed door de intelligentie achter de toepassing van veranda's en luiken, en het langzame tempo in die regio. En het is waar dat het collectieve woonproject dat we hebben ontworpen voor de boulevard Jourdan in Parijs, een beetje aan Barcelona doet denken. De schoorstenen van het gebouw zijn niet bedoeld om rook af te voeren, zoals bij traditionele Parijse gebouwen, maar om de ruimten te ventileren. We hebben ditzelfde principe onderzocht tijdens de bouw van een flat in het centrum van Rennes. In deze appartementen fungeren de schoorstenen niet langer als onderdeel van de haard, de warmtebron, maar als elementen die de lucht naar het dak van het gebouw laten ontsnappen. Daarnaast hebben we met Armand Nouvet een nieuwe versie van de Trombe-wand bestudeerd en die toegepast in een gebouw met sociale huurwoningen in Parijs. Deze methode was erg populair in de jaren 1970. We hebben Trombe-wanden gebruikt voor de verwarming van de gebouwen om de bewoners in de gelegenheid te stellen energie te besparen. In al deze voorbeelden gaat het niet alleen om het integreren van bioklimatologische methoden, maar ook om het zichtbaar maken van deze elementen, zodat ze deel gaan uitmaken van de esthetiek van het gebouw. Uiteindelijk kan dit, zoals jij aangeeft, leiden tot vruchtbare hybriden, tot een zeker vervloeien van ruimte en tijd.

Vertaling: InOtherWords, Maria van Tol

that let the air escape towards the roof of the building. Similarly, with Armand Nouvet, we studied an update of the Trombe wall for a social housing building in Paris. This device was very popular in the 1970s, and we transposed it to heat buildings and enable residents to save energy. In all these examples, it's not just a question of integrating bioclimatic devices, but also of making them expressive, of making them part of the aesthetics of the buildings. Ultimately, as you point out, this can lead to fruitful hybridisations, to a certain blurring of spaces and times.

Van mieren en spinnen Opmerkingen over het ad hoc-rationalisme

Christoph Grafe en Bart Decroos

Enkele jaren voordat Charles Jencks de term 'postmodernisme' – die hij als een voornamelijk stilistische strijdkreet interpreteerde – in het architectuurdiscours introduceerde, presenteerde hij een veel complexer concept voor de architectuur van de consumptiemaatschappij: adhocisme. Hij gebruikte de term voor het eerst in een recensie van de culturele instellingen op de Londense Southbank die in 1968 voltooid waren. Volgens Jencks ontbrak het deze gebouwengroep aan formele samenhang, vormden ze een willekeurige combinatie van niet gerelateerde elementen en was het ensemble letterlijk ondoorzichtig. Hij vatte deze eigenschappen op als de essentiële en onvermijdelijke kenmerken van een gebouw dat functionele en semantische openheid wilde bieden. De keuze voor 'minstens vier structurele systemen' die niet aan elkaar verwant waren (wat, volgens Jencks, als een belediging werd opgevat door de ingenieurs die door een Britse tabloid naar hun mening was gevraagd), het ontbreken van een visuele logica waarmee de functionele opbouw kon worden verklaard en de ambiguïteit van de vormentaal moesten volgens Jencks worden opgevat als aanwijzingen voor de adhocistische benadering van het ontwerp. De term adhocisme die Jencks verder uiteenzette in een boek uit 1973, impliceert de vervanging van de architectonische uitvinding – die 'overbodig is geworden in het licht van onze industriële cornucopia' – door de *bricolage* van bestaande en beproefde elementen die daardoor zowel van functie als van betekenis veranderen. De bewuste aanvaarding van het ontwerp als compromis vertegenwoordigde volgens Jencks de 'agnostische en etnofugale' tijdgeest. Het resultaat was een 'levendig en zuiver eclecticisme' dat ruimte bood aan een eenvoudige nevenschikking van paddenstoelkolommen, ontleend aan de industriearchitectuur van Owen Williams, 'Japanse' balustrades en de polygonale geometrie van het *deck*-systeem van de Smithsons: allemaal reflecteren zij een 'levendig en zuiver eclecticsme'.[1] Het ging volgens Jencks om meer dan een nieuw technisch principe: 'In plaats van universalia hebben we nu modeverschijnselen. De architectuur van een consumptiemaatschappij (...) is vanuit Plato's ideale wereld rechtstreeks teruggemarcheerd naar zijn grot.'[2]

1
In dit boek, dat bestaat uit afzonderlijke hoofdstukken van Jencks en Nathan Silver, wordt de Londense Southbank weliswaar niet genoemd, maar de notie *bricolage* wordt wel verder uitgewerkt. Charles Jencks en Nathan Silver, *Adhocism: The Case for Improvisation* (New York: Doubleday, 1973), 28-30.

2
De verwijzing naar Plato is waarschijnlijk ontleend aan Karl Popper's 'De betovering van Plato' (de titel van deel 1 van Popper's *The Open Society and Its Enemies* (Londen: Routledge, 1945)) en de notie van de 'open samenleving', waar zowel Jencks als Banham van uitging. Charles Jencks, 'Adhocism on the South Bank', *Architectural Review* 144 (1968), 27-30.

Of Ants and Spiders Notes on Adhocist Rationalism

Christoph Grafe and Bart Decroos

A few years before he introduced 'postmodernism' into the architecture discourse and reinterpreted it as a primarily stylistic battle cry, Charles Jencks presented a much more complex concept for the architecture of the consumer society: adhocism. It first appeared in a review of the cultural buildings on London's South Bank, completed in 1968. In Jencks's assessment of the ensemble, the lack of formal coherence, the random combination of unrelated elements and the literal opacity of the ensemble appear as essential, unavoidable characteristics of a building that offers functional and semantic openness. The choice for 'at least four structural systems' unrelated to each other (which had offended engineers reviewing the building in a British tabloid paper, according to Jencks), the absence of a visual logic that would explain the functional layout, the ambiguity of the formal language – all of this, Jencks argues, are to be taken as indicators for the 'adhocist' approach of the design. Adhocism, a term Jencks was to develop further in a book published in 1973, implied replacing architectural invention, made 'superfluous in the face of our industrial cornucopia', by the bricolage of existing and tested elements, which in this operation change both function and meaning. The conscious acceptance of the design as a compromise for Jencks represents the 'agnostic and ethnofugal' spirit of the age. The result is a 'lively and fumigated eclecticism', allowing the unresolved juxtaposition of mushroom columns borrowed from Owen Williams, 'Japanese' balustrades or the polygonal geometry of the deck system from the Smithsons.[1] The change, according to Jencks, was more far-reaching than a mere shift in terminology: 'Instead of universals we now have fashions. Architecture embedded in the marketplace . . . has marched out of Plato's Ideal Realm right back into his Cave.'[2]

Before dismissing Jencks's terminological invention as yet another -ism in the much too long list of the twentieth century, one might notice that the author was onto something. The text takes a building as evidence for an approach to architectural design that violates many principles of not just 'modernist' approaches, but of much longer traditions as well. Consistency, coherence and integrity, however defined – whether structurally or in terms

1
In this book, consisting of separate chapters by Jencks and Nathan Silver, the South Bank is not mentioned, while the idea of bricolage is further developed. Charles Jencks and Nathan Silver, *Adhocism: The Case for Improvisation* (New York: Doubleday, 1973), 28-30

2
The reference to Plato, one may assume, is borrowed from Karl Popper's critique of 'The Spell of Plato' (the title of the first volume of Karl Popper's *The Open Society and Its Enemies* (London: Routledge, 1945)) and the concept of the 'open society' from which both Jencks and Banham departed. Charles Jencks, 'Adhocism on the South Bank', *Architectural Review* 144 (1968), 27-30.

Voordat we Jencks' terminologische ontdekking afdoen als het zoveelste -isme in de veel te lange lijst ismen van de twintigste eeuw, moet worden opgemerkt dat de auteur wel iets op het spoor was. De tekst ziet het gebouw als een bewijs voor een benadering van het architectonisch ontwerp die tegen veel principes indruist, niet alleen tegen de principes van 'modernistische' benaderingen, maar ook tegen die van veel oudere tradities. Consistentie, samenhang en integriteit vormen, hoe zij ook gedefinieerd worden – óf constructief óf in termen van compositie – essentiële waarden in een geloofssysteem dat zowel door architecten als ingenieurs wordt aangehangen. Door hun tegenstellingen te introduceren, suggereert Jencks een paradigmatische afwijking van praktisch elke ontwerptheorie uit de moderne periode. Hij wil het concept 'enkelvoudige logica' – of die nu verwijst naar een van de bovengenoemde logica's of naar een structureel-esthetische variant daarvan – vervangen door de aanvaarding van meervoudige hybriden. Nog interessanter wellicht is dat hij deze hybriditeit niet beargumenteert vanuit het oogpunt van de compositie (dat wil zeggen: niet vanuit de kunst), maar vanuit de techniek. Het betoog vertoont meer dan een spoor van Bruno Latour's observatie over het alledaagse, gelijktijdige gebruik van geavanceerde boormachines en prehistorische hamers. Hybriditeit is in de eerste plaats een constructieve of technische praktijk, en heeft pas daarna iets te maken met verschillende 'zuivere' vormen van expertise en auteurschap. Latour herinnert ons eraan dat we voortdurend allerlei soorten technieken gebruiken.[3] Het doet Jencks deugd dat hij zulke verschillende logica's van maken en construeren gelijktijdig aantreft in één enkel architectonisch werk – dat in feite een geheel wordt, doordat het in beton is uitgevoerd. Het complex in kwestie is uiteindelijk eerder een versteende weergave van een samengesteld geheel dan een letterlijke bricolage.

Jencks' argumenten voor de aanvaarding van hybriditeit zijn vanuit een technisch perspectief geformuleerd. Dit kan ook worden gezien als een aanval op de concepten die gewoonlijk met architectonisch rationalisme worden geassocieerd. Het aanvaarden van inconsistentie ondermijnt immers de centrale grondbeginselen van al die theorieën die onder de paraplu van het rationalisme geschaard zijn (of kunnen worden). Een voorbeeld hiervan is de notie dat er een sterke, als het ware a priori logica aan de constructie van een gebouw ten grondslag ligt, die zowel de delen als het geheel verklaart en een conceptuele eenheid aan het ontwerp verleent. Rationalisme is, om met Alan Colquhoun te spreken, de 'toepassing van algemene regels die tot stand zijn gekomen door de werking van de rede'.[4] Deze nadruk op het volgen van algemene regels sluit uitzonderingen en toevalligheden expliciet uit. De vraag naar een beslissingseconomie-met-regels weerspiegelt volgens Colquhoun de zeventiende-eeuwse filosofische traditie die, vertegenwoordigd door Descartes, Spinoza en Leibniz, stoelt op de vooronderstelling dat er intrin-

3
Bruno Latour, *We Have Never Been Modern* (Cambridge, MA: Harvard University Press, 1993 [1991]), 75.

4
Alan Colquhoun, 'Rationalism: A Philosophical Concept in Architecture', in: Alan Colquhoun, *Collected Essays in Architectural Criticism* (Londen: Black Dog, 2009 [1987]), 163.

Auguste Perret, Palais du Bois, Paris/ Parijs, 1923

Auguste Perret, Palais d'Iéna, Paris/ Parijs, 1937

sieke ideeën zijn, die de basis vormen voor de wetenschap en die steunen op conceptuele helderheid, rigoureuze deductie en de zekerheid van principes.[5] Het rationalisme is zowel in de filosofie als in de architectuur het tegenovergestelde van het empirisme, dat vooral gericht is op de zintuiglijke ervaring. In zijn heldere onderzoek naar de geschiedenis van de rationalistische-filosofische traditie parafraseert John Cottingham Francis Bacon, die de tegenstelling aldus verwoordde: 'Empiristen zijn net mieren; ze verzamelen en doen er nuttige dingen mee; maar rationalisten zijn net spinnen; ze spinnen draden vanuit zichzelf.'[6] De nadruk op abstracte rationaliteit gaat samen met het prioriteren van de resultaten van de rede boven die van de zintuigen, in overeenstemming met de zeventiende-eeuwse wetenschappelijke revolutie.[7] Daarnaast toont het rationalisme zich afhankelijk van wiskundige en geometrische modellen en vertoont het een voorliefde voor rasters of rechthoekige raamwerken. Dit wordt vaak in verband gebracht met het denken van Decartes – het Nederlandse polderlandschap wordt bijvoorbeeld vaak als 'Cartesiaans' gekarakteriseerd – maar ook met Spinoza's manier van argumenteren en met de doctrine van het 'noodzakelijkheidsdenken' die impliceert dat er onverbiddelijk causale relaties verondersteld moeten worden.[8] En ook al is het filosofisch rationalisme (om met Cottingham te spreken) een 'cluster van overlappende ideeën en opvattingen', dan nog werd de retoriek van de argumentatie, haar helderheid en zekerheid, op het vasteland van Noordwest-Europa niet alleen geaccepteerd, maar als het ware stijlbepalend voor het discours in de filosofie en wetenschap zowel als daarbuiten. Het Engelse empirisme is er één tegenhanger van; de belichaamde verbeelding van Gianbattista Vico's *Scienza Nuova* een andere. Zoals de formulering al suggereert, ligt hier een esthetische eigenschap aan ten grondslag die zich uit in regelmaat, helderheid en de dominantie van het orthogonale – en in de voorliefde voor constructief-structurele esthetiek: het universele raster en het raamwerk worden zichtbaar gemaakt om transparantie te bereiken. De schilderachtige fragmentatie van de Engelse landschapstuin fungeert als contrast, net als de uitbundigheid van de Romeinse barok. Het geloofssysteem en de esthetische uitdrukking ervan worden één ondeelbare cultuur van dingen en ideeën.

Vanuit een hedendaags oogpunt is het misschien wel duidelijk waarom het rationalisme architecten aanspreekt. Het biedt immers niet alleen een legitimerende structuur op basis van de rede, wat een zuinig gebruik van middelen impliceert, maar ook een overtuigende onderbouwing van de keuze voor vorm. De economie en de rede worden met name in de Franse geschiedenis geassocieerd met reeksen culturele aannames en voorkeuren, en politieke of culturele projecten. De Franse zeventiende-eeuwse architectuur – met haar nadruk op klassieke helderheid en de zichtbare aanwezigheid van constructieve elementen, die over het algemeen in de representatieve taal van

5
Ibid., 164.

6
John Cottingham, *The Rationalists* (Oxford: Oxford University Press, 2008), 1.

7
Ibid., 5.

8
Ibid., 7.

of composition – are essential values in the belief system upheld by both architects and engineers. In proposing their opposite, Jencks suggests a paradigmatic departure from practically every theory of design of the modern period and to replace the concept of a singular logic – be these the ones mentioned above or a structural-aesthetic one – with the acceptance of multiple hybrids. Perhaps it is even more interesting that this hybridity is not argued from the perspective of composition (that is: not from art), but from the point of technology. There is more than a whiff of Bruno Latour's observation of the quotidian, simultaneous use of advanced drills and prehistoric hammers in the argument: hybridity is first and foremost a constructional or technological practice, and then one of diverse 'fumigated' forms of expertise and authorship. Latour reminds us that we use all kinds of technologies all of the time.[3] Jencks celebrates the simultaneity of disparate logics of making and constructing in one piece of architecture – held together, indeed, by its being built in concrete. The building in question is ultimately a petrified representation of an assembled whole, rather than literally a bricolage.

That the acceptance of hybridity is argued by Jencks from a technological angle could also be seen as an attack on the concepts conventionally associated with rationalism in architecture. It undermines, after all, the central tenets of all those theories that could be, and have been, subsumed under the umbrella of Rationalism: the notion that there is a strong, as it were, a priori logic to the construction of a building, which explains the details as well as the whole, and lends a conceptual unity to the design. Following Alan Colquhoun, rationalism is the 'application of general rules, established by the operation of reason'.[4] The emphasis on an adherence to general rules explicitly excludes exception and contingency. As Colquhoun points out, the demand for a rule-based economy of decisions reflects the seventeenth-century philosophical tradition represented by Descartes, Spinoza and Leibniz, and its presupposition that there are innate ideas, which provide the basis for science, that rely on conceptual clarity, rigorous deduction and the certainty of principles.[5] Rationalism, in philosophy as well as in architecture, is offset against empiricism and its preoccupation with sensual experience. In his lucid examination of the history of rationalist philosophical traditions, John Cottingham paraphrases Francis Bacon, who articulates the contrast: 'Empiricists are like ants; they collect and put to use; but rationalists are like spiders; they spin threads out of themselves.'[6] The emphasis on abstract rationality comes along with giving priority to the deliverances of reason against those of the senses, in line with the seventeenth-century scientific revolution.[7] There is a reliance, also on mathematical and geometrical models, and a penchant for grids or

3
Bruno Latour, *We Have Never Been Modern* (Cambridge, MA: Harvard University Press, 1993 [1991]) 75.

4
Alan Colquhoun, 'Rationalism: A Philosophical Concept in Architecture', in: *Collected Essays in Architectural Criticism* (London: Black Dog, 2009 [1987]), 163.

5
Ibid., 164.

6
John Cottingham, *The Rationalists* (Oxford: Oxford University Press, 2008), 1.

7
Ibid., 5.

het Vitruviaanse systeem verschijnen – kan worden gezien als een integraal onderdeel, maar ook als de perfecte architectonische representatie van de *raison d'état* van het meest ontwikkelde absolutistische regime uit die tijd. Alan Colquhoun trekt de lijn door naar de *querelle des anciens et modernes* en het kritische discours over de vraag welke architectonische regels tot het domein van de intrinsieke ideeën behoren en welke tot de empirische ervaring. Regels over proportie, met andere woorden, de Vitruviaanse traditie, waren gebaseerd op gewoonte, en moesten worden aangepast en gecorrigeerd om te kloppen met de a priori rede.[9] Een dergelijk onderscheid tussen intrinsieke ideeën en empirische ervaring blijft ook een rol spelen bij de ontwikkeling van het rationalistische vertoog in het negentiende-eeuwse Frankrijk. Hoewel het rationalisme van Durand bijvoorbeeld een onderliggende, algemene logica volgt – die, om zowel de plattegrond als de doorsnede te organiseren, gebaseerd is op het raster als een abstracte, formele figuur –, maakt het nog steeds gebruik van de decoratieve taal van het classicisme, met als argument dat sociaal decorum (als een kwestie van conventie) als een zelfstandige

9
Colquhoun, 'Rationalism', op. cit. (noot 4), 165.

Wijnanda Deroo, Abattoir Veemarkt, Amsterdam, 1985

rectangular frames – most commonly associated with Decartes, as, for example, in the case of the Dutch polder landscape being characterised as 'Cartesian' – but also evident in the Spinoza's structures of argumentation, and the doctrine of 'neccesitarianism', implying presuppositions of inexorable cause-and-effect relationships.[8] And, even though philosophical rationalism may be (to follow Cottingham) a 'cluster of overlapping ideas and views', the rhetoric of argumentation, its clarity and certainty, became not only accepted, but, as it were, style-determining for discourses in philosophy, science and beyond, across mainland Northwestern Europe. English Empiricism provides one countermodel, the corporeal imagination of Gianbattista Vico's *Scienza Nuova* offers another. There is, as the wording suggests, an aesthetic quality to this, expressing itself in regularity, clarity, predominance of the orthogonal – and in the predilection for structural aesthetics: the universal grid and the frame being made visible to achieve transparency. And the picturesque fragmentation of the English landscape garden providing an antidote as well as Baroque Roman exuberance. The belief system and its aesthetic expression become one indivisible culture of things and ideas.

From a contemporary perspective it is perhaps clear why rationalism should appeal to architects: not only does it offer a structure of legitimation based on reason, implying an economy of means, but also an overriding rationale for form. Particularly in the history of France, economy and reason associate themselves with sets of cultural assumptions and preferences, and political or cultural projects. French seventeenth-century architecture with its emphasis on classical clarity and evidence of structural elements, even though these are represented using the Vitruvian system, could be seen to be an integral part, and the perfect architectural representation, of the *raison d'état* of the most expansionary absolutist regime of the period. Alan Colquhoun draws the line to the *querelle des anciens et modernes* and the critical dispute about which rules of architecture belong to the realm of innate ideas and which are part of the realm of empirical experience. Rules of proportion – that is: the Vitruvian tradition – were based on custom, and to be adjusted and corrected to comply with a priori reason.[9] Such a distinction between innate ideas and empirical experience further plays out in the development of rationalist discourses in nineteenth-century France. For example, while Durand's rationalism follows an underlying, general logic, based on the grid as an abstract, formal figure to organise both plan and section, it still employs the decorative language of classicism, arguing that social decorum (as a matter of convention) is to be considered a function on its own. The combination of the mathematical grid and the Vitruvian system is possible because, as Jacques Lucan argues in his book *Composition/Non-composition*, composition is antecedent to style. In his review of the book, Anthony Vidler sums this up succinctly:

> A question of 'syntax' rather than 'vocabulary', the idea of composition at any moment in the 19th and 20th centuries is intimately

8 Ibid., 7.

9 Colquhoun, 'Rationalism', op. cit. (note 4), 165.

functie beschouwd moet worden. De combinatie van het mathematische raster en het Vitruviaanse systeem is mogelijk omdat, zoals Jacques Lucan in zijn boek *Composition / Non-Composition* betoogt, compositie voorafgaat aan stijl. In zijn recensie van dit boek vat Anthony Vidler dit kernachtig samen. De notie 'compositie' is volgens hem eerder een kwestie van 'syntax' dan van 'vocabulaire':

> Het is een notie die in de gehele negentiende en twintigste eeuw nauw verbonden is met het idee of de theorie van de architectuur zelf. De betekenis van 'compositie' verschuift: van een achttiende-eeuwse theorie over de organisatie van binnenruimten, naar de volumetrische organisatie van onregelmatige plattegronden in de pittoreske beweging van de vroege negentiende eeuw, vervolgens naar de plaatsing van identificeerbare programma-elementen in de Beaux-Arts en ten slotte naar de rationele organisatie van structuur en ornament in de neogotiek. 'Compositie' functioneert in de periode van 1900 tot de jaren 1950 als een abstracte techniek voor het manipuleren van wat Rowe 'een architectuur van pure vorm' noemde en komt in Lucan's samenvatting naar voren als de primaire sleutel tot het moderne architectonische denken.[10]

De blijvende invloed van het Franse rationalisme is nog sterker aanwezig – en effectief tot ver buiten Frankrijk– in een andere denkwereld: de Grieks-gotische, of te wel het 'structurele en organische rationalisme'. Volgens Kenneth Frampton gaat deze lijn terug tot de zeventiende eeuw en Claude Perrault's hertaling van Vitruvius en zijn *Ordonnance des cinq espèces de colonnes selon la méthode des anciens*. In deze boeken construeert ook Perrault een theorie van positieve en willekeurige schoonheid (of: intrinsieke ideeën en gewoonten) die een blijvende, maar volgens Frampton, subversieve invloed zou hebben. Frampton benadrukt het belang van de expressie of de transparantie van de constructie dat hier al geïmpliceerd wordt:

> De tektonische implicaties van Perrault's standpunt blijken duidelijk uit zijn stelling dat de stijl tot het rijk van de willekeurige schoonheid behoort, terwijl symmetrie, materiaalrijkdom en precieze schoonheid de enige onbetwistbare bestanddelen van een positieve en universele vorm van schoonheid zijn. Waar we ervoor kunnen kiezen om stijl als a-tektonisch op te vatten, omdat de nadruk op de representatie ligt, kan positieve schoonheid als tektonisch worden begrepen.[11]

Als stijl en constructie zó van elkaar worden gescheiden, ontstaat ook de mogelijkheid om de enige beschikbare niet-klassieke traditie (die door Frankrijk kan worden opgeëist) opnieuw te evalueren: de gotische. De Franse

10
Anthony Vidler, 'The Story of the World'. Zie: architectural-review.com/essays/books/the-story-of-the-world (laatst bezocht 3 juli 2024).

11
Kenneth Frampton en John Cava (red.), *Studies in Tectonic Culture: The Poetics of Construction in Nineteenth and Twentieth Century Architecture* (Cambridge, MA/Londen: MIT Press, 1995), 29.

bound to the idea, or theory of architecture itself. Shifting from the 18th-century theory of the arrangement of interior rooms, to the volumetric organisation of irregular plans in the Picturesque movement of the early 19th, thence to the disposition of identifiable elements of the programme in the Beaux-Arts, to the rational organisation of structure and ornament in the Gothic Revival, and operating as an abstract technique of manipulating what Rowe called 'an architecture of pure form' from 1900 to the 1950s, 'composition' emerges in Lucan's account as the primary key to modern architectural thought.[10]

The lingering effect of French rationalism is even stronger, and effective well beyond France, in another line of thought: the Greco-Gothic, or 'structural and organic rationalism'. As Kenneth Frampton argues, this line goes back to the seventeenth century and to Claude Perrault's retranslation of Vitruvius and to his *Ordonnance des cinq espèces de colonnes selon la méthode des anciens*. In these books Perrault, too, constructs a theory of positive and arbitrary beauty (or: innate ideas and customs) that was to have lasting, or in Frampton's assessment, 'subversive' influence. Frampton draws attention to the importance of the expression or transparency of construction that is already implied here:

> The tectonic implications of Perrault's position are evident from his contention that style belongs to the realm of arbitrary beauty, whereas symmetry, richness of materials and precision of beauty are the only indisputable constituents of a positive and universal form of beauty. Where we may elect to regard style as a-tectonic by virtue of its representational emphasis, positive beauty may be seen as tectonic.[11]

Style and construction thus being separated, there rises also the possibility to reevaluate the only available non-classical tradition (that can be claimed for France): the Gothic. Indeed, French interest in the Gothic predates the rise of nineteenth-century revivals by more than a century and it is not primarily driven by concern for style. On the contrary, as Françoise Choay points out:

> The structural approach to Gothic architecture was unique to France at the time. It was a continuation of stereotomic practice and a critical analysis of architecture based on mathematics and technical knowledge. The perception of Gothic boldness was not the exclusive preserve of religious figures and scholars: it was also found, in the seventeenth and eighteenth centuries, among the protagonists of classicism, theoreticians, architects and engineers such as Cordemoy, Frézier, J.F. Blondel, Laugier and Quatremère. But, with a few exceptions and along with the majority

10 Anthony Vidler, 'The Story of the World', architectural-review.com/essays/books/the-story-of-the-world (accessed 3 July 2024).

11 Kenneth Frampton and John Cava (eds.), *Studies in Tectonic Culture: The Poetics of Construction in Nineteenth and Twentieth Century Architecture* (Cambridge, MA/London: MIT Press, 1995), 29.

interesse in de gotiek dateert van meer dan een eeuw vóór de opkomst van de negentiende-eeuwse heroplevingen en is niet in de eerste plaats gebaseerd op aandacht voor stijl. Integendeel, zegt Françoise Choay:

> De structurele benadering van de gotische architectuur was indertijd uniek voor Frankrijk. Het was een voortzetting van de stereotomische praktijk en een kritische analyse van de architectuur op basis van wiskunde en technische kennis. De perceptie van de gotische stoutmoedigheid was niet voorbehouden aan religieuze figuren en geleerden, maar was in de zeventiende en achttiende eeuw ook te vinden bij de protagonisten van het classicisme, theoretici, architecten en ingenieurs zoals Cordemoy, Frézier, J.F. Blondel, Laugier en Quatremère. Zij veroordeelden echter allemaal – op een enkele uitzondering na en samen met het merendeel van de oudheidkundigen – de ruwheid en overdaad van de gotische architectuur, waaraan ze geen enkele artistieke waarde toekenden. Dit tegenstrijdige meten met twee maten, dat voor hedendaagse lezers als een verrassing zal komen, is gebaseerd op een kunstmatige scheiding tussen bouwsysteem en decoratie: onvoorwaardelijke bewondering voor de technische bekwaamheid; hartgrondige minachting voor het artistieke resultaat, dat naar de maatstaven van de Griekse canons wordt beoordeeld.[12]

Viollet-le-Duc was een van de eersten die vond dat de gotische bouwprincipes wél een rol konden spelen bij het denken over architectuur en dat hun invloed kon worden gewaardeerd als een conceptueel model voor een organische integratie van vorm en structuur. Dit gold minder voor de sociale programmering, en nog minder voor een begrip van een gebouw binnen zijn fysieke context. Zelfs als Viollet-le-Duc het mogelijk maakte om stereotomische (dat wil zeggen: op steen gebaseerde) constructies door te ontwikkelen tot wat men 'versteende organismen' zou kunnen noemen, deden degenen die door hem beïnvloed waren, bijvoorbeeld de ontwerper van de Bibliothèque Sainte-Geneviève, Henri Labrouste, een beroep op allebei: de lichtgewicht ijzeren constructie van het dak – een inspiratie voor twintigste-eeuwse architecten onder wie Herman Hertzberger – staat bijvoorbeeld op een omhulling van gemetselde muren die een gevoel van culturele gepastheid (dat wil zeggen: decorum) en stedelijke geloofwaardigheid creëren. Conceptueel gezien, zo merkte Kenneth Frampton op, bleef de terughoudendheid om de mogelijkheden van het zichtbare structurele raamwerk te gebruiken bestaan, ondanks de bereidheid om gebouwen als zodanig te representeren. Vandaar dat Schinkel en Semper: '(...) hoewel ze uitsluitend dragend metselwerk gebruikten in hun gebouwen, hun vorm toch begrepen als een fenomenologisch transparant raster, gestructureerd bij een hiërarchische articulatie van afzonderlijke delen'.[13] Sociale programmering en de stedelijke context bleven vragen om stenen gebouwen. De oefeningen van Viollet-le-Duc lijden – alsof ze het fun-

12
Françoise Choay, *L'allégorie du patrimoine* (Parijs: Éditions du Seuil, 1992), 60.

13
Frampton, *Studies in Tectonic Culture*, op. cit. (noot 11), 85.

> of antiquarians, they all condemned the crudeness and excess of Gothic architecture, to which they denied any artistic value. This contradictory double judgement, which will come as a surprise to today's reader, is based on an artificial dissociation between the building system and its decoration: unreserved admiration for the technical prowess, complete disdain for the artistic result, which is measured against the yardstick of Greek canons.[12]

It was only with Viollet-le-Duc that Gothic principles of construction were absorbed as a possibility for thinking about architecture and for appreciating their impact as a conceptual model for an organic integration of form and structure – less so for the social programming, and even less for the understanding of a building within its physical context. Even if Viollet-le-Duc opened the path away from stereotomic (that is: stone-based) constructions towards what could be understood as ossified organisms, those influenced by him, including Henri Labrouste in the design for the Bibliothèque Sainte-Geneviève, employed both: the lightweight iron construction of the roof, an inspiration for twentieth-century architects including Herman Hertzberger, sits on and inside masonry walls that establish a sense of cultural appropriateness (that is: decorum) and urban credibility. Conceptually, as Kenneth Frampton noted, the reluctance to use the possibilities of the visible constructional frame, remained effective despite the willingness to represent buildings as such. So, 'while Schinkel and Semper exclusively employed load-bearing masonry in their buildings they nonetheless conceived of their form as a phenomenally transparent grid, structured about a hierarchical articulation of discrete parts'.[13] Social programming and urban context continued to demand stone buildings. And, as if to reveal the basic difficulty of organic rationalism to locate itself in a given context, Viollet-le-Duc's exercises suffer from being exclusively conceptualised in an inherent, constructional logic. If structure replaces composition as the integration of 'syntax' and 'vocabulary' at one and the same time, this may also imply an incapability to engage with the irregular geometries and specificities of a given site in a given city. Organic rationalism tends to think from the inside, spinning threads out of itself.

This inability of organic rationalism to respond to the often messy conditions of its context is perhaps a main feature of rationalism in general, at least as it reappears in the rationalist discourses of modernist architects in the twentieth century. At the time, the supposed organic integration of form and structure largely revolved around ideas of standardisation, in which technological and material advances increasingly imposed an industrialised form onto the supposed tabula rasa of the environment. Not coincidentally, then, rationalist discourses about standardised architecture often included some type of social standardisation, as in the case of Le Corbusier's Modulor in France or Ernst Neufert's research on ergonomics in Germany. These and other such examples relied on a vision of the (universal) standardisation

12
Françoise Choay, *L'allégorie du patrimoine* (Paris: Editions du Seuil, 1992), 60.

13
Frampton, *Studies in Tectonic Culture*, op. cit. (note 11), 85.

damentele probleem willen onthullen waar het organische rationalisme op stuit als het in een gegeven context moet opereren – onder het feit dat ze uitsluitend worden opgevat in termen van een inherente, constructieve logica. Als 'structuur' (of constructie) de plaats inneemt van 'compositie' als de gelijktijdige integratie van 'syntax' en 'vocabulaire', dan kan dit ook een onvermogen inhouden om aan te sluiten bij de onregelmatige geometrieën en specifieke kenmerken van een bepaalde locatie in een bepaalde stad. Het organisch rationalisme heeft de neiging om van binnenuit te denken, om draden vanuit zichzelf te spinnen.

Dit onvermogen van het organisch rationalisme om te reageren op de vaak rommelige omstandigheden die zich vanuit een context opdringen, is misschien wel het belangrijkste kenmerk van het rationalisme, in ieder geval van het rationalisme zoals dat uit de rationalistische vertogen van modernistische architecten in de twintigste eeuw naar voren komt. De verondersteld organische integratie van vorm en structuur/constructie draaide indertijd grotendeels om ideeën over standaardisatie, waarbij technische en materiële vooruitgang steeds vaker een geïndustrialiseerde vorm oplegde aan het veronderstelde *tabula rasa* van de omgeving. Het was dan ook geen toeval dat het rationalistische discours over gestandaardiseerde architectuur vaak gepaard ging met een vorm van sociale standaardisatie, zoals in het geval van Le Corbusier's Modulor in Frankrijk of Ernst Neufert's ergonomisch onderzoek in Duitsland. Deze en andere soortgelijke gevallen waren gebaseerd op een opvatting van de (universele) standaardisatie van de mens – van zowel de culturele identiteit als het fysieke lichaam – die inmiddels zeer problematisch is gebleken.[14] Kunnen we ons een rationalisme voorstellen zonder een dergelijke ecologische en sociale standaardisering? En op welke 'regels' is dat dan gebaseerd?

Het is mogelijk dat deze vragen nu weer relevant zijn, omdat er een nieuwe reeks algemene regels is ontwikkeld op basis waarvan de hedendaagse architectuur wordt ontworpen. Tegen de achtergrond van de wereldwijde klimaatcrisis wordt de bouwindustrie in het mondiale Noorden steeds meer bepaald door allerlei abstracte certificeringsnormen die zijn gebaseerd op algemene energie- en materiaalberekeningsregels. Tegelijkertijd kan de hedendaagse architectuur ook baat hebben bij een confrontatie met rationalistische tradities, dit vanwege de nadruk op eenvoud als een esthetisch en constructief principe. Het gebruik van zowel innovatieve als berekenbare constructie- en assemblagemethoden past in een tijdperk van schaarste en eindige hulpbronnen, waar een logica van economische efficiëntie het risico in zich heeft om weer een ander soort sociale standaard te produceren.

In hoeverre zijn, tegen de achtergrond van de klimaatcrisis, de theoretische schermutselingen in de Parijse bubbel van de Beaux-Arts (en zijn tegenstanders) over de vraag welke rede het ontwerp zou moeten bepalen

14
Federica Buzzi, '"Human, All Too Human": A Critique on the Modulor', failedarchitecture.com/human-all-too-human-a-critique-on-the-modulor (laatst bezocht op 10 juli 2024).

of human beings – their cultural identities as well as their physical bodies – which, by now, has become highly problematic indeed.[14] Can we imagine a rationalism without such environmental and social standardisation? And according to which 'rules'?

The reason why these questions have become relevant again is perhaps because of the development of a new set of general rules according to which contemporary architecture is being designed. Against the backdrop of the global climate crisis, construction industries in the Global North are increasingly shaped by all kinds of abstract certification standards, based on the general rules of energetic and material calculations. At the same time, a confrontation with rationalist traditions for architecture today might also be justified by their emphasis on simplicity as an aesthetic and constructive principle. The use of both innovative but also calculable methods of construction and assemblage fits into an era of scarcity and finite resources, in which an economic logic of efficiency runs the risk of producing yet another kind of societal standardisation.

Against the background of the climate crisis, to what extent are the theoretical skirmishes in the Paris bubble of the Beaux-Arts (and its adversaries) on the question of which reason should determine the design – the one of social programming (or decorum) or that of construction – still relevant? Kenneth Frampton argues that a design emerges from the trade-offs and negotiations between *typos*, *topos* and *techné*.[15] What if topos and typos are given, and the tectonic has to relate to them? Does the social conveyance of meaning hover over everything, or is it the basis of all considerations? Perhaps it is useful here to make a distinction between the rationalism of the engineer and the reasonableness of common sense. For example, in *The Functional Tradition*, J.M. Richards makes an argument for the rationalism of *vernacular* practices, based on the application of what we might call 'contextual rules'. It is no coincidence that the term *einfach bauen* or 'building simply' is once again gaining favour. At the same time, it needs to be expanded: it is about *einfach weiterbauen* – building simply and further.

The quest for conceptual clarity that characterised the Greco-Roman tradition in France is also significant insofar as the material transmutation engendered under the influence of the Industrial Revolution is now acquiring a new dimension. Today, reimagined wooden structures or lightweight textile elements are driving progress in construction, as organic materials are favoured above glass or steel. In addition, there are new practices of reusing building components. A tradition that has historically favoured the aesthetically driven assemblage of columns and beams and that – to use the terminology of German architecture theory of the 1840s – strove for the closest possible interlocking of 'core form' and 'art form', may well have something to offer when a variety of structural logics becomes a key characteristic of the architectural object.

14
Federica Buzzi, '"Human, All Too Human": A Critique on the Modulor', failedarchitecture.com/human-all-too-human-a-critique-on-the-modulor/ (accessed 10 July 2024).

15
Frampton, *Studies in Tectonic Culture*, op. cit. (note 11), 2.

– die van de sociale programmering (of het decorum) of die van de constructie – nog relevant? Kenneth Frampton stelt dat een ontwerp voortkomt uit afwegingen en onderhandelingen tussen *typos*, *topos* en *techné*.[15] Stel dat topos en typos een gegeven zijn, en de tektoniek zich daartoe moet verhouden? Overstijgt de sociale overdracht van betekenis alles, of is het juist de basis van alle overwegingen? Misschien is het nuttig om hier een onderscheid te maken tussen het rationalisme van de ingenieur en de redelijkheid van het gezonde verstand. Zo houdt J.M. Richards in *The Functional Tradition* een pleidooi voor het rationalisme van *vernaculaire* praktijken, gebaseerd op de toepassing van wat we hier 'contextuele regels' zouden kunnen noemen. Het is geen toeval dat de uitdrukking *einfach bauen*, 'eenvoudig bouwen', weer aan populariteit wint. Tegelijkertijd hoort hier nog wat bij: het gaat om *einfach weiterbauen* – 'eenvoudig' én 'verder' bouwen.

De zoektocht naar conceptuele helderheid die een kenmerk was van de Grieks-Romeinse traditie in Frankrijk is ook belangrijk, omdat de materiële transmutatie die plaatsvond onder invloed van de industriële revolutie, er een nieuwe dimensie door krijgt. Tegenwoordig zorgen herontworpen houten constructies of lichtgewicht textielelementen voor vooruitgang in de bouw en gaat de voorkeur uit naar organische materialen boven glas of staal. Daarnaast is er sprake van nieuwe werkmethoden, zoals het hergebruik van gebouwonderdelen. Een traditie die van oudsher een voorkeur heeft voor de esthetisch gedefinieerde assemblage van kolommen en balken en die – om de terminologie van de Duitse architectuurtheorie uit de jaren 1840 te gebruiken – streefde naar de nauwst mogelijke verwevenheid van de 'kernvorm' en de 'kunstvorm', heeft misschien wel iets te bieden, als een verscheidenheid aan structurele logica's een belangrijk kenmerk van het architectonische object wordt.

Auguste Perret, wiens toepassing in *béton armé* van de Grieks-Romeinse traditie – de Franse variant van het rationalisme – de vitaliteit van een dergelijk denken in de context van de industrialisatie van de bouw liet zien, heeft ook eens een gebouw van hout ontworpen. Het ontwerp was bedoeld als tijdelijk en is daarom enigszins onbekend gebleven: het Palais de Bois in Porte Maillot (1924). Hier laat Perret de uitvoering zien van een concept dat vanaf het begin werd gevoed door de spanning tussen stereotomie en tektoniek. Het paviljoen illustreert de principes van het gewapend betonnen raamwerk, maar dan in hout. Dit afwijkende materiaal, een uitzondering in het werk van Perret, kan ook worden gezien als onderdeel van een continue werkwijze. Een blik op dit paviljoen laat zien dat structurele samenhang (en dus conceptuele helderheid) absoluut verenigbaar is met de acceptatie van hybriditeit. Als het gaat om bouwen met bestaande constructies, opent het aanbod of de mogelijkheid van een hybride rationaliteit een zeer aantrekkelijk perspectief. Past het concept van een opportunistische, 'adhocistische' collage, zoals Charles Jencks die aantrof in de betonkolos op de Londense Southbank, in een tijdperk dat geen trek meer heeft in ironische of pittoreske architectuur? 'Alles kan en alles mag' past op de een of andere manier niet helemaal in een

15
Frampton, *Studies in Tectonic Culture*, op. cit. (noot 11), 2.

Auguste Perret, whose implementation in *béton armé* of the Greco-Roman tradition – the French variety of rationalism – showed the vitality of such thinking within the context of the industrialisation of construction, also designed a building in wood. This design was intended to be temporary and has therefore remained somewhat unknown: the Palais de Bois at Porte Maillot (1924). Here, Perret shows the implementation of a concept that from the very outset was fuelled by the tension between stereotomy and tectonics. The pavilion illustrates the principles of the reinforced concrete frame, but now in timber. The change of material, an exception in Perret's work, could also be thought of as a continuous practice. A glance at this pavilion shows that structural coherence (and hence conceptual clarity) is entirely compatible with the acceptance of hybridity. Where building with existing constructions is concerned, the offer, the possibility, of a hybrid rationality opens up a seriously attractive perspective. Does the concept of an opportunistic, 'adhocist' collage, as Charles Jencks found it in the concrete colossus on the South Bank, fit into an age that has lost its appetite for ironic and picturesquely charged architecture? 'Anything goes' somehow just does not quite fit into a time of tough questions and decisions. The acceptance of disparate logics, of multiple construction systems and of beautifully fumigated authorship is a conceptual achievement resulting from the departure from modernist dogmas. In this sense, it is striking how Cottingham's paraphrase of Francis Bacon's distinction between ants and spiders omits a third category: the bee. As Bacon writes, the bee takes an in-between position: 'It gathers its material from the flowers of the garden and of the field, but transforms and digests it by a power of its own.'[16] As such, the hybridity of adhocist rationalism, precisely because of the *contradictio in terminis*, remains a sustainable and attractive alternative path for the architecture in a finite world, when things start to get too serious.

16
Francis Bacon, *The New Organon* (1620).

tijd van moeilijke vragen en beslissingen. De acceptatie van ongelijksoortige logica's, van meervoudige constructiesystemen, en van een prachtig en puur auteurschap is een vooruitgang in het denken dat voortvloeit uit een afscheid van modernistische dogma's. In die zin is het opvallend dat Cottingham, wanneer hij Francis Bacon's onderscheid tussen mieren en spinnen parafraseert, een derde categorie weglaat: die van de bij. Volgens de tekst van Bacon neemt de bij een tussenpositie in, 'ze verzamelt haar materiaal van de bloemen van de tuin en het veld, maar transformeert en verwerkt die op eigen kracht'.[16] En zo blijft de hybriditeit van het adhocistische rationalisme, juist vanwege de *contradictio in terminis*, een duurzame en aantrekkelijke alternatieve route voor de architectuur in een eindige wereld – wanneer de dingen te serieus worden.

Vertaling: InOtherWords, Maria van Tol

16
Francis Bacon, *The New Organon* (1620).

Standing to Reason
Irénée Scalbert

In Jorge Luis Borges's story, the narrator meets Ireneo Funes, a man whose perfect memory traps him in a world of endless particulars. Funes can recall every detail, but struggles with the abstraction necessary for coherent thought. This scenario reflects a broader architectural concern: the tension between uniqueness and reason. In recent years, architects like Herzog & de Meuron have championed projects that defy repetition, valuing uniqueness to the point of peculiarity. Yet, a countertrend emerged with the approaches of Pier Vittorio Aureli and Martino Tattara, advocating for a return to rationalism and universal principles. Atelier Kempe Thill embodies this rational approach, seeking clarity and objective standards in architecture. Their work aligns with a broader tradition that values reason, balancing individuality with a commitment to universal design principles.

De redelijkheid zelve
Irénée Scalbert

In het verhaal van Jorge Luis Borges ontmoet de verteller Ireneo Funes, een man wiens perfecte geheugen hem gevangenhoudt in een wereld van eindeloze bijzonderheden. Funes kan zich elk detail herinneren, maar worstelt met de abstractie die nodig is voor coherent denken. Dit scenario weerspiegelt een meer algemene bezorgdheid in de architectuur: de spanning tussen uniciteit en rede. Voorgaand decennium hebben architecten als Herzog & de Meuron de voorkeur gegeven aan projecten die zich niet laten herhalen, waarbij ze uniciteit – tot op het randje van eigenaardigheid – hoog in het vaandel hebben. Er is echter een tegenbeweging ontstaan met de benaderingen van bijvoorbeeld Pier Vittorio Aureli en Martino Tattara, die pleiten voor een terugkeer naar rationalisme en universele principes. Atelier Kempe Thill representeert deze rationele benadering, op zoek naar helderheid en objectieve normen in de architectuur. Hun werk sluit aan bij een bredere traditie die de rede waardeert, waarbij individualiteit wordt afgewogen tegen een toewijding aan universele ontwerpprincipes.

Rules that Create Freedom: Justin Agyin, Christoph Grafe and Bart Decroos in Conversation with Herman Hertzberger

In the conversation with Amsterdam architect Herman Hertzberger, a series of questions emerge that ties his architectural work to underlying theoretical considerations. Hertzberger's projects, such as Centraal Beheer and the Apollo schools, are characterised by a conscious manifestation of their rational construction. As Hertzberger points out, each design solution is part of a uniform grammar, in which all elements are interrelated, creating a common 'family relationship'. This raises the question as to whether this approach stems from a desire for constructive consistency or from a need to make constructions comprehensible. This inherent consistency allows for creative flexibility, as conceptual unity ensures a coherent architectural language. Although most of Hertzberger's work relates to new constructions, projects such as LinMij and the university library in Groningen illustrate his principles applied to existing structures, further deepening these themes.

Regels die vrijheid scheppen: Justin Agyin, Christoph Grafe en Bart Decroos in gesprek met Herman Hertzbergerr

In het gesprek met de Amsterdamse architect Herman Hertzberger komt een reeks vragen naar voren die zijn architectonisch werk verbindt met onderliggende theoretische overwegingen. Hertzberger's projecten, zoals Centraal Beheer en de Apolloscholen, worden gekenmerkt door een bewuste zichtbaarheid van hun rationale, constructieve opbouw. Hij wijst erop dat elke ontwerpoplossing deel uitmaakt van een uniforme grammatica, waarin alle elementen met elkaar in verband staan, waardoor er een onderlinge 'familierelatie' ontstaat. Dit doet de vraag rijzen of deze benadering voortkomt uit een streven naar constructieve consistentie of uit een behoefte om constructies begrijpelijk te maken. Door deze inherente consistentie kan er creatieve flexibiliteit ontstaan, omdat de conceptuele eenheid voor een samenhangende architectonische taal zorgt. Hoewel het meeste werk van Hertzberger betrekking heeft op nieuwe constructies, illustreren projecten als LinMij en de universiteitsbibliotheek in Groningen zijn principes, toegepast op bestaande structuren, waarbij deze thema's verder worden verdiept.

Economic Authenticity: Christoph Grafe and Bart Decroos in Conversation with André Kempe and Oliver Thill

Rotterdam architects Oliver Thill and André Kempe highlight the importance of French rationalism in architecture. They reflect on the influential movement from the twentieth century, which seemed to disappear in the 1980s and 1990s, but is now re-emerging among younger architects who are rediscovering the tradition of the 1950s and 1960s. In doing so, the architects emphasise the importance of cultural networks and collaboration, and how economic constraints and contextual knowledge determine their design methods. Thill and Kempe talk about the impact of 40 years of neoliberalism, and how this reality expresses itself in the formal possibilities of architecture. They stress that people are social beings by nature, but are often isolated by today's society. They point to an example from Rotterdam, where a shell housing project with a communal courtyard actually promotes social interaction. Despite current social conditions, the space offers opportunities for future social use. This highlights the role of architecture in supporting social connections, regardless of prevailing social trends.

Economische authenticiteit: Christoph Grafe en Bart Decroos in gesprek met André Kempe en Oliver Thill

De Rotterdamse architecten Oliver Thill en André Kempe belichten het belang van Frans rationalisme in de architectuur. Thill reflecteert op de invloedrijke stroming uit de twintigste eeuw, die in de jaren 1980 en 1990 leek te verdwijnen, maar nu weer opduikt bij jongere architecten die de traditie van de jaren 1950 en 1960 herontdekken. De architecten benadrukken daarbij het belang van culturele netwerken en samenwerking, en hoe economische beperkingen en contextuele kennis bepalend zijn voor hun ontwerpmethoden. Thill en Kempe spreken over de invloed van 40 jaar neoliberalisme, en hoe deze realiteit in de

formele mogelijkheden van de architectuur tot uitdrukking komt. Ze benadrukken dat mensen van nature sociale wezens zijn, maar door de huidige maatschappij vaak geïsoleerd raken. Zij wijzen op een voorbeeld uit Rotterdam, waar een casco-woonproject met een gemeenschappelijk hofje daadwerkelijk de sociale interactie bevordert. Ondanks de huidige maatschappelijke omstandigheden biedt de ruimte mogelijkheden voor toekomstig sociaal gebruik. Dit onderstreept de rol van architectuur in de ondersteuning van sociale verbindingen, ongeacht de heersende maatschappelijke trends.

Necessity and Evidence: Emmanuel Breton and Serge Joly in Conversation

Rationalism in construction invented forms whose elegance, derived from necessity, made it possible to both identify human needs as precisely as possible and to accommodate them with dignity in the best possible economy of time and money. When the demand for efficiency alone imposes itself, then what has become of rationalism manifests something *unreasonable*. And yet, in an age of dwindling resources and production needs, rationalism is emerging as a legitimate design principle. How, then, can we define a rational attitude that does not reduce *Reason* in the project to the sole pursuit of cost efficiency, to the detriment of those for whom architecture is made? By adopting an artisanal project ethic inspired by the Arts & Crafts movement, the practice of Atelier Serge Joly Architectes places industrial production and high architectural standards under this horizon of constructive rationalism. Its two principles are 'Do less' – slow down – and 'Do better' – improve. The aim is nothing less than to rehabilitate mankind's ability to transform matter with moderation, intelligence and care, in order to build better buildings and a better society.

Noodzaak en bewijs: Emmanuel Breton en Serge Joly in gesprek

Het rationalisme in de constructie vond vormen uit waarvan de elegantie, afgeleid van de noodzaak, het mogelijk maakte om menselijke behoeften niet alleen zo precies mogelijk te identificeren als wel ze optimaal tegemoet te komen, en wel op een efficiënte manier qua tijd en geld. Wanneer, echter, alleen de vraag naar efficiëntie zich opdringt, manifesteert zich wat er van het rationalisme is terecht gekomen als iets *onredelijks*. En toch komt het rationalisme, in een periode van afnemende hulpbronnen en productiebehoeften, naar voren als een legitiem ontwerpprincipe. Hoe kunnen we dan een rationele houding definiëren die *de Rede* in het project niet reduceert tot het louter nastreven van kostenefficiëntie, ten nadele van degenen voor wie architectuur gemaakt wordt? Door een ambachtelijke projectethiek aan te nemen, geïnspireerd door de Arts & Crafts-beweging, plaatst de praktijk van Atelier Serge Joly Architectes industriële productie en hoge architectonische standaarden onder deze horizon van constructief rationalisme. De twee principes van het bureau zijn 'doe minder' – vertragen – en 'doe beter' – verbeteren. Het doel is niets minder dan het herstel van het vermogen van de mens om materie met mate, intelligentie en zorg te transformeren, om zo betere gebouwen en een betere samenleving te bouwen.

The Reuse of Concrete Elements: Kim Förster in Conversation with Kerstin Müller, Charlotte Bofinger and Maléna Bastien Masse

Due to increasing attention to the consequences of the climate crisis, architecture and the construction industry increasingly see concrete as a problematic building material. In Switzerland, there are several initiatives and organisations engaged in research, education, design and consultancy on the reuse of concrete elements, such as bureau Zirkular in Basel and EPFL's Structural Xploration Lab (SXL). Kerstin Müller and Charlotte Bofinger of Zirkular, and Maléna Bastien Masse of SXL have a conversation with Kim Förster of the University of Manchester about the reuse of concrete elements in various projects from recent years.

Over het hergebruik van betonelementen: Kim Förster in gesprek met Kerstin Müller, Charlotte Bofinger en Maléna Bastien Masse

Dankzij de toenemende aandacht voor de gevolgen van de klimaatcrisis zien de architectuur- en de bouwsector beton steeds vaker als een problematisch bouwmateriaal. In Zwitserland zijn er verschillende initiatieven en organisaties die zich bezighouden met onderzoek, onderwijs, ontwerp en advies over het hergebruik van betonelementen, zoals bureau Zirkular in Bazel en het Structural Xploration Lab (SXL) van EPFL. Kerstin Müller en Charlotte Bofinger van Zirkular, Maléna Bastien Masse van SXL gaan in gesprek met Kim Förster van de Universiteit van Manchester over het hergebruik van betonelementen in verschillende projecten uit de afgelopen jaren.

Embracing Impermanence: A Conversation with Marina Tabassum, Sadia Rahman and Priyanka Hutschenreiter

The rationalist tradition in European architecture speaks of a rationalisation of making buildings efficiently. Today, efficiency is demanded due to finite resources and environmental degradation. Against this backdrop, reuse, repair and reconstruction have become significant in architectural practices. In Bangladesh, architectural practices have reflected these concerns throughout history, and more so today. Marina Tabassum's practice (active since 1997) emphasises vernacular architecture as a resource to find new and existing ways to create sustainable architectures. For Tabassum vernacular architecture, or 'architecture of people' as she prefers to call it, involves excavating old building materials and structural design practices, adapting these to the context in which they are built (technologically, aesthetically), and involving local communities and histories in the design and building processes by applying vernacular building skills and relearning lost building practices. Tabassum thus emphasises sustainability through connection between past, present and future habitual lives and building practices in the Bengal delta.

De omarming van vergankelijkheid: Een conversatie met Marina Tabassum, Sadia Rahman en Priyanka Hutschenreiter

De rationalistische traditie in Europese architectuur spreekt van een rationalisatie van het efficiënt maken van

gebouwen. Tegenwoordig is efficiëntie vereist vanwege de eindige hulpbronnen en de aantasting van het milieu. Tegen deze achtergrond zijn hergebruik, reparatie en reconstructie belangrijk geworden in de architectuurpraktijk. In Bangladesh hebben architecten deze zorgen door de geschiedenis heen weerspiegeld, en vandaag de dag nog meer. De praktijk van Marina Tabassum legt de nadruk op vernaculaire architectuur als een hulpmiddel om nieuwe en bestaande manieren te vinden om duurzame architecturen te creëren. Voor Tabassum houdt vernaculaire architectuur, of 'architectuur van mensen', zoals zij het liever noemt, in dat oude bouwmaterialen en constructieve ontwerppraktijken worden opgegraven, deze worden aangepast aan de context waarin ze zijn gebouwd (technologisch, esthetisch), en lokale gemeenschappen en geschiedenissen bij het ontwerp worden betrokken. Tabassum benadrukt dus duurzaamheid door verbinding tussen vroegere, huidige en toekomstige alledaagse gebruiken en bouwpraktijken in de Bengaalse delta.

Urban Assemblage, Repair and *Ragionevolezza*: A Correspondence between Filippo Cattapan and Angelo Lunatii

The possibility of a rational architecture that is not based solely on technical and material issues, but also and above all on a broader disciplinary tradition, is explored in this contribution, which is conceived as a conversation between Filippo Cattapan and Angelo Lunati. A critical and theoretical examination on these matters is conducted through a series of letters and reflections on projects by Onsitestudio, the Milanese practice of which Lunati is partner together with Giancarlo Floridi. Going beyond the aesthetics of sustainability, the rationality of the *bricoleur*, grounded in notions of context, urbanity and continuity, is revisited. It is the natural field of a certain Milanese rationalism, or better *ragionevolezza*, on which Onsitestudio has reflected at length and in whose trajectory it has tried to place its own work.

Assemblage, reparatie en *ragionevolezza* in de stad: Een briefwisseling tussen Filippo Cattapan en Angelo Lunati

De mogelijkheid van een rationele architectuur die niet alleen gebaseerd is op technische en materiële kwesties, maar ook en vooral op een bredere disciplinaire traditie, wordt onderzocht in deze bijdrage, die is opgevat als een gesprek tussen Filippo Cattapan en Angelo Lunati. Een kritisch en theoretisch onderzoek naar deze onderwerpen wordt gedaan aan de hand van een reeks brieven en reflecties op projecten van Onsitestudio, de Milanese praktijk waarvan Lunati samen met Giancarlo Floridi partner is. De rationaliteit van de *bricoleur*, waarbij er verder wordt gekeken dan louter naar een esthetiek van duurzaamheid, is geworteld in noties van context, stedelijkheid en continuïteit en wordt opnieuw onderzocht. Het is het natuurlijke veld van een bepaald Milanees rationalisme, of beter *ragionevolezza*, waarop Onsitestudio uitvoerig heeft gereflecteerd en waarbinnen het zijn eigen werk heeft proberen te plaatsen.

The Blurring of Times: A Conversation between Paul Bouet and Julien Boidot

In their discussion, Paul Bouet and Julien Boidot explore the evolution of Boidot's architectural practice and particularly its shift from small-scale projects in semi-rural France to the transformation of existing buildings. Bouet highlights Boidot's early work in neglected areas, noting the recent trend towards adaptive reuse. Boidot explains that this shift is driven by the growing demand for repurposing buildings and a recognition that older structures, though often overlooked, present significant architectural challenges. His approach emphasises a blend of old and new, avoiding clear separations between historical layers. Boidot cites influences from modernist architecture and the work of Lacaton & Vassal, advocating for a continuous evolution of buildings rather than static, monumental forms. He also discusses integrating bioclimatic systems into projects, drawing on historical techniques adapted for contemporary needs. This integration reflects a broader trend of cross-temporal and spatial hybridization in architecture.

Vervloeiende tijden: Een discussie tussen Paul Bouet en Julien Boidot

In hun discussie verkennen Paul Bouet en Julien Boidot de evolutie van Boidot's architectuurpraktijk en met name de verschuiving van kleinschalige projecten in semi-landelijk Frankrijk naar de transformatie van bestaande gebouwen. Bouet benadrukt Boidot's vroege werk in achtergebleven gebieden en wijst op de recente trend van aanpassing. Boidot legt uit dat deze verschuiving wordt gedreven door de groeiende vraag naar het herbestemmen van gebouwen en de erkenning dat oudere structuren, hoewel ze vaak over het hoofd worden gezien, zorgen voor belangrijke architectonische uitdagingen. Zijn benadering legt de nadruk op een mix van oud en nieuw, waarbij een duidelijke scheiding tussen historische lagen wordt vermeden. Boidot haalt invloeden aan van de modernistische architectuur en het werk van Lacaton & Vassal, waarbij hij pleit voor een voortdurende evolutie van gebouwen in plaats van statische, monumentale vormen. Hij bespreekt ook de integratie van bioklimatologische systemen in projecten, waarbij hij gebruik maakt van historische technieken die zijn aangepast aan hedendaagse behoeften. Deze integratie weerspiegelt een bredere trend van tijd en ruimte overschrijdende hybridisatie in de architectuur.

Of Ants and Spiders: Notes on Adhocist Rationalism

Christoph Grafe and Bart Decroos

The acceptance of hybridity in architecture challenges traditional rationalism's core concepts. Rationalism in architecture emphasises an inherent, a priori logic governing design, aligning with Cartesian ideals of clarity and precision. This framework, rooted in the seventeenth-century philosophical tradition, upholds general rules over exceptions and contingencies, as described by Alan Colquhoun. Rationalism contrasts sharply with empiricism, which values sensory experience over abstract reason. However, the rise of hybrid approaches undermines this rigid structure, proposing a shift towards adaptable, context-sensitive designs. The tension between standardi-

zation and local specificity highlights a broader debate on efficiency and social implications in contemporary architecture. In an era of resource constraints, embracing hybrid rationality offers a pragmatic path forward, integrating diverse construction methods and materials to address complex environmental challenges.

Van mieren en spinnen: Opmerkingen over een ad hoc-rationalisme
Christoph Grafe en Bart Decroos

De aanvaarding van hybriditeit in de architectuur is een uitdaging voor de fundamentele concepten van het klassieke rationalisme. Rationalisme in de architectuur legt de nadruk op een inherente, a priori logica die het ontwerp beheerst, in lijn met Cartesiaanse idealen van helderheid en precisie. Dit kader, geworteld in de zeventiendeeeuwse filosofische traditie, stelt algemene regels boven uitzonderingen en toevalligheden, zoals beschreven door Alan Colquhoun. Rationalisme staat in schril contrast met empirisme, dat zintuiglijke ervaring belangrijker vindt dan abstracte rede. De opkomst van hybride benaderingen ondermijnt echter deze rigide structuur en stelt een verschuiving voor naar aanpasbare, contextgevoelige ontwerpen. De spanning tussen standaardisatie en lokale specificiteit benadrukt een breder debat over efficiëntie en sociale implicaties in de hedendaagse architectuur. In een tijdperk van beperkte middelen biedt het omarmen van hybride rationaliteit een pragmatisch pad voorwaarts, waarbij verschillende bouwmethoden en materialen worden geïntegreerd om complexe milieu-uitdagingen te pareren.

Justin Agyin is an architect, researcher and editor. He studied at the Eindhoven University of Technology where he also teaches and has contributed to various art and architecture exhibitions with CASA Vertigo and the Curatorial Research Collective (CRC). He works at Space Encounters in Amsterdam and previously worked at Koen van Velsen architects and the Architecture Institute Rotterdam (AIR). He is an editor of *OASE,* co-organizer of the research group Critical Intermediate Affairs (CIA) and co-founder of The Architecture Circus.

Justin Agyin is architect, onderzoeker en redacteur. Hij studeerde aan de TU Eindhoven, waar hij ook lesgaf en met CASA Vertigo en het Curatorial Research Collective (CRC) een bijdrage leverde aan verschillende kunst- en architectuurtentoonstellingen. Hij werkt bij Space Encounters in Amsterdam en eerder bij Koen van Velsen architecten en het Architectuurinstituut Rotterdam (AIR). Hij is redacteur bij *OASE,* medeorganisator van de onderzoeksgroep Critical Intermediate Affairs (CIA) en medeoprichter van Het Architectuurcircus.

Maléna Bastien Masse is a civil engineer and research associate at SXL, EPFL. After completing a doctoral thesis on reinforcement methods for existing concrete slabs, she was project leader for bridge and building projects in a design office. At EPFL, she focuses on developing concrete reuse and assessing the reuse potential of structural elements for projects.

Maléna Bastien Masse is civiel ingenieur en onderzoeksmedewerker bij SXL, EPFL. Na het afronden van een proefschrift over wapeningsmethoden voor bestaande betonplaten, was zij projectleider voor brug- en bouwprojecten bij een ontwerpbureau. Bij EPFL richt ze zich op manieren om beton opnieuw te gebruiken en beoordeelt ze voor projecten, of constructieve elementen een kans maken hergebruikt te worden.

Charlotte Bofinger is a civil engineer at Zirkular. She pursued her studies at the University of Stuttgart and spent a few years working in a civil engineering office before further educating herself in regenerative building. At Zirkular, she is responsible for all queries and processes related to the re-use of load-bearing components and life cycle assessment.

Charlotte Bofinger is civiel ingenieur bij Zirkular. Ze studeerde aan de Universiteit van Stuttgart en werkte een paar jaar op een civieltechnisch bureau, voordat ze zichzelf verder onderwees in regeneratief bouwen. Bij Zirkular is zij verantwoordelijk voor alle onderzoeken en processen rondom hergebruik van dragende componenten en levenscyclusanalyse.

Julien Boidot graduated from ENSA Nantes in 2007. Since 2017, he has headed the Atelier Julien Boidot and is a senior lecturer at EAV&T Paris-Est. He was a consultant architect to the French State from 2015 to 2023 and taught as a part-time lecturer at EAV&T Paris-Est from 2013 to 2017. Prior to that, Boidot was a partner at Boidot & Robin architectes (2009-2017) and worked as a project manager at Babled Nouvet Reynaud and Atelier Olivier Chaslin. He began his career as an intern at Ateliers Jean Nouvel and ESTAV in Barcelona.

Julien Boidot studeerde in 2007 af aan ENSA Nantes. Sinds 2017 leidt hij het Atelier Julien Boidot en is hij hoofddocent aan de EAV&T Paris-Est. Hij was architect-consultant voor de Franse regering van 2015 tot 2023 en doceerde ook als deeltijddocent aan de EAV&T Paris-Est tussen 2013 en 2017. Daarvoor was Boidot partner bij Boidot & Robin architectes (2009-2017) en werkte hij als projectmanager bij Babled Nouvet Reynaud en Atelier Olivier Chaslin. Hij begon zijn carrière als stagiair bij Ateliers Jean Nouvel en ESTAV in Barcelona.

Paul Bouet is an associate professor of Architecture History at ENSA Paris-Est, Université Gustave Eiffel. Trained as an architect and historian, his research focuses on the environmental history of architecture in the twentieth and twenty-first centuries. His forthcoming book, tentatively titled *Domesticating Solar Energy: Decolonization and Environmentalism in Postwar France,* will be published by gta Verlag (Zurich). He was a doctoral fellow at the Canadian Centre for Architecture in 2019 and the Eiermann postdoctoral fellow at the ETH Zurich in 2022-2023.

Paul Bouet is universitair hoofddocent architectuurgeschiedenis aan de ENSA Paris-Est, Université Gustave Eiffel. Hij is opgeleid als architect en historicus en zijn onderzoek richt zich op de ecologische geschiedenis van de architectuur in de twintigste en eenentwintigste eeuw. Zijn nieuwe boek, met de voorlopige titel *Domesticating Solar Energy: Decolonization and Environmentalism in Postwar France*, wordt gepubliceerd door gta Verlag (Zürich). Hij was doctoraal onderzoeker aan het Canadian Centre for Architecture in 2019 en een Eiermann postdoctoraal onderzoeker aan de ETH Zürich in 2022-2023.

Emmanuel Breton is an architect and associate lecturer at the Clermont-Ferrand School of Architecture. He is preparing a thesis on the legacy of the Smithsons in contemporary English architecture at the OCS-UMR AUSSER laboratory under the supervision of Paul Landauer and Luc Baboulet.

Emmanuel Breton is architect en universitair docent aan de School voor Architectuur van Clermont-Ferrand. Aan het laboratorium OCS-UMR AUSSER, onder begeleiding van Paul Landauer en Luc Baboulet, bereidt hij een proefschrift voor over de erfenis van de Smithsons in de hedendaagse Engelse architectuur.

Filippo Cattapan is an architect and researcher based between Milan, Cologne and Lausanne. He studied Architecture at the IUAV University of Venice and has taught and researched architecture at the Politecnico di Milano, the ETH Zurich and the EPFL Lausanne. Currently, he is pursuing his doctoral studies at the Chair of Architectural History and Theory of the Bergische Universität Wuppertal as part of the European Union's Horizons 2020 Programme *TACK Communities of Tacit Knowledge: Architecture and Its Ways of Knowing.*

Filippo Cattapan is een architect en onderzoeker gevestigd tussen Milaan, Keulen en Lausanne. Hij studeerde architectuur aan de IUAV Universiteit van Venetië, en was als docent en onderzoeker verbonden aan de Politecnico di Milano, de ETH Zürich en de EPFL Lausanne. Momenteel werkt hij aan zijn proefschrift aan de leerstoel

Architectuurgeschiedenis en Theorie van de Bergische Universität Wuppertal als onderdeel van het Horizons 2020-programma van de EU, *TACK Communities of Tacit Knowledge: Architecture and Its Ways of Knowing.*

Bart Decroos is an architect and writer based in Antwerp. He obtained his doctoral degree (fellowship of the Research Foundation Flanders FWO) at the University of Antwerp with a dissertation titled *The Ecological Sensibility: Between Ruskin and Banham*. His research focuses on the intersection of ecological theory, modern architecture history, and contemporary practices. Previously, he worked with among others *architecten de vylder vinck taillieu*. Currently he is a research fellow at the Flanders Architecture Institute. He is an editor of *OASE* and writes regularly for architecture magazines.

Bart Decroos is architect en publicist in Antwerpen. Hij behaalde zijn doctoraat (beurs van het Fonds voor Wetenschappelijk Onderzoek Vlaanderen FWO) aan de Universiteit Antwerpen met een proefschrift getiteld *The Ecological Sensibility: Between Ruskin and Banham*. Zijn onderzoek richt zich op het snijvlak van ecologische theorie, moderne architectuurgeschiedenis en hedendaagse praktijken. Eerder werkte hij samen met onder andere *architecten de vylder vinck taillieu*. Momenteel is hij als onderzoeksassistent verbonden aan het Vlaams Architectuurinstituut. Hij is redacteur bij *OASE* en schrijft regelmatig voor architectuurtijdschriften.

Kim Förster researches and teaches at the University of Manchester with a focus on knowledge and cultural production related to institutional as well as environmental history of architecture. He is editor of Environmental Histories of Architecture (2022) and published on his cement research in *Überbau* (2021), *Beyond Concrete* (2022), *Werk, Bauen und Wohnen* (2022), *Solarities: Elemental Encounters and Refractions* (2023) and *e-flux Architecture* (2023).

Kim Förster doet onderzoek en doceert aan de Universiteit van Manchester met een focus op kennis en culturele productie, gerelateerd aan zowel de institutionele als ecologische geschiedenis van de architectuur. Hij is redacteur van *Environmental Histories of Architecture* (2022), en publiceerde over zijn cementonderzoek in *Überbau* (2021), *Beyond Concrete* (2022), *Werk, Bauen und Wohnen* (2022), *Solarities: Elemental Encounters and Refractions* (2023), en *e-flux Architectuur* (2023).

Christoph Grafe is an architect and writer. He is professor of Architectural History and Theory and dean at the Faculty of Architecture and Building Engineering at Wuppertal University. He was director of the Flanders Architecture Institute in Antwerp from 2011 to 2017 and interim city architect in Antwerp (with bOb van Reeth, 2015). Visiting professorships at Hasselt (Belgium) and Milan. His book *People's Palaces – Architecture, Culture and Democracy in Post-War Western Europe* was published in 2014, Umbaukultur (with Tim Rieniets) in 2020/2022. He is an editor of *OASE* and publisher/editor of *Eselsohren*.

Christoph Grafe is architect en publicist. Hij is hoogleraar architectuurgeschiedenis en -theorie en decaan aan de faculteit Architectuur en Bouwingenieurwetenschappen van de Universiteit van Wuppertal. Hij was directeur van het Vlaams Architectuurinstituut in Antwerpen van 2011 tot 2017 en interim-stadsbouwmeester in Antwerpen (met bOb van Reeth, 2015). Gasthoogleraarschappen in Hasselt (België) en Milaan. Zijn boek *People's Palaces – Architecture, Culture and Democracy in Post-War Western Europe* verscheen in 2014, *Umbaukultur* (met Tim Rieniets) in 2020/2022. Hij is redacteur van *OASE* en uitgever/redacteur van *Eselsohren*.

Herman Hertzberger founded his office in 1960, the current Architectuurstudio HH. Well-known projects of the office are the headquarters of Centraal Beheer, Tivoli Vredenburg, Chassé Theatre en numerous educational institutions, such as Montessori College Oost and the Noordelijke Hogeschool. Hertzberger has taught worldwide, is honorary professor at Delft University of Technology, and has published widely. Books such as *Ruimte maken, ruimte laten* (1991), *De ruimte van de architect* (1999), *Ruimte en leren* (2008) and *Architecture and Structuralism* (2015) still serve as important study books for students and practitioners today. In 2012 he received the RIBA Royal Gold Medal for his entire oeuvre.

Herman Hertzberger richtte in 1960 zijn eigen architectenbureau op, de huidige Architectuurstudio HH. Bekende gebouwen van het bureau zijn onder meer het hoofdkantoor van Centraal Beheer, Tivoli Vredenburg, het Chassé Theater en tal van onderwijsinstellingen, waaronder de Apolloscholen, het Montessori College Oost en de Noordelijke Hogeschool. Hertzberger doceerde wereldwijd, is als emeritus-hoogleraar Architectuur verbonden aan de TU Delft, en publiceerde veelvuldig. Boeken als *Ruimte maken, ruimte laten* (1991), *De ruimte van de architect* (1999), *Ruimte en leren* (2008) en *Architectuur en Structuralisme* (2014) dienen tot op heden als belangrijke studieboeken voor studenten en praktiserende architecten. In 2012 ontving hij de RIBA Royal Gold Medal voor zijn gehele oeuvre.

Priyanka Hutschenreiter is a non-binary scholar, writer and cultural practitioner with a background in anthropology, art history and Queer studies. Their work focuses on architecture, religion, secularism and identity in Bangladesh and Central Europe. They received their PhD in anthropology from SOAS University of London in 2023.

Priyanka Hutschenreiter is een non-binaire wetenschapper, schrijver en cultureel beoefenaar met een achtergrond in antropologie, kunstgeschiedenis en queerstudies. Hun werk richt zich op architectuur, religie, secularisme en identiteit in Bangladesh en Centraal-Europa. Hen is in 2023 gepromoveerd in de antropologie aan de SOAS Universiteit van Londen.

Serge Joly trained at the Renzo Piano Building Workshop. He founded Joly & Loiret in 2007 and the Serge Joly Architectes studio in 2020. His practice is involved in the 'Cycle terre' project, winner of the Urban Innovative Action award, which aims to recycle excavated earth from the Greater Paris area to generate raw earth building materials. The project encourages local production through local networks. Joly also teaches at the École Nationale d'Architecture in Marseille, where he runs studios on the materiality and resilience of places and communities.

Authors/ Auteurs

Serge Joly, opgeleid aan de Renzo Piano Building Workshop, richtte in 2007 Joly & Loiret op en in 2020 de studio Serge Joly Architectes. Zijn bureau is betrokken bij het project 'Cycle terre', winnaar van de Urban Innovative Action Award, dat tot doel heeft afgegraven aarde uit de regio Groot-Parijs te recycleren tot bouwmaterialen uit ruwe grond. Het project stimuleert lokale productie door middel van kleine kringloopnetwerken. Joly geeft ook les aan de École Nationale d'Architecture in Marseille, waar hij studio's leidt over de materialiteit en veerkracht van plaatsen en gemeenschappen.

André Kempe studied at the TU Dresden and is a founding partner of the Rotterdam-based firm Atelier Kempe Thill. He has been a studio master at Delft University of Technology and the Academy of Architecture in both Arnhem and Rotterdam. He was an invited professor at the EPF Lausanne, PSBA Düsseldorf and the TU Berlin. In 2020 he was appointed as full professor at the Leibniz University of Hannover. He was a board member of Young European Architects and is currently board member of the *MONU magazine* and Europan NL.

André Kempe studeerde aan de TU Dresden en is een van de oprichters van het Rotterdamse bureau Atelier Kempe Thill. Hij is werkzaam geweest als ateliermeester aan de TU Delft en de Academie van Bouwkunst in zowel Arnhem als Rotterdam. Hij was gasthoogleraar aan de EPF Lausanne, PSBA Düsseldorf en de TU Berlijn. In 2020 werd hij benoemd tot hoogleraar aan de Leibniz Universiteit van Hannover. Hij was bestuurslid van Young European Architects en is momenteel bestuurslid van het *MONU magazine* en Europan NL.

Angelo Lunati graduated from the Politecnico di Milano in 1998 and also studied at the Faculdade de Arquitectura da Universidade do Porto. He established Onsitestudio in 2006. Lunati received a PhD at ETH Zurich in 2018 with a dissertation on modern Milan and has been visiting professor at IUAV Venice and TU Wien. Currently, he is unit professor of Architectural Design at the Politecnico di Milano and visiting professor at Harvard Graduate School of Design.

Angelo Lunati studeerde in 1998 af aan de Politecnico di Milano en studeerde tevens aan de Faculdade de Arquitectura da Universidade do Porto. Hij richtte Onsitestudio op in 2006. Lunati promoveerde in 2018 aan de ETH Zürich met een proefschrift over het moderne Milaan en was gasthoogleraar aan de IUAV Venetië en TU Wenen. Momenteel is hij hoogleraar Architectonisch Ontwerp aan de Politecnico di Milano en gasthoogleraar aan de Harvard Graduate School of Design.

Kerstin Müller is an architect and managing director of Zirkular GmbH. Previously, she was part of the management team of baubüro in situ in Basel. Müller is co-managing the CAS Zirkuläres Bauen in Switzerland and currently holds a guest professorship at the faculty of architecture at Karlsruher Institut für Technologie.

Kerstin Müller is architect en directeur van Zirkular GmbH. Voorheen maakte ze deel uit van het management-team van baubüro in situ in Bazel. Müller is mede-manager van CAS Zirkuläres Bauen in Zwitserland en is momenteel gasthoogleraar aan de faculteit Architectuur van het Karlsruher Institut für Technologie.

Sadia Rahman is an independent curator with a background in social anthropology. Their work engages with modern and contemporary art, architecture, craft, moving image, performance and photography as well as exhibition-making, collecting and museum practice in Bangladesh. They received their master's degree in Anthropology from the University of Dhaka in 2003.

Sadia Rahman is een onafhankelijke curator met een achtergrond in sociale antropologie. Hun werk houdt zich bezig met moderne en hedendaagse kunst, architectuur, ambacht, bewegend beeld, performance en fotografie, maar ook met het maken van tentoonstellingen, het verzamelen en de museumpraktijk in Bangladesh. Hen behaalde hun masterdiploma in antropologie aan de Universiteit van Dhaka in 2003.

Irénée Scalbert is an architect, historian and critic based in London. He taught at the AA for many years. He was a visiting professor at the Harvard Graduate School of Design, Cambridge, MA, the Politecnico di Milano and SAUL, Limerick from 2006 to 2023. He returned to the AA in 2019 where he also served as a member of the editorial board of *AA Files*. His publications include *Never Modern* (2013) and *A Real Living Contact with the Things Themselves* (2018).

Irénée Scalbert is architect, historicus en criticus en woont en werkt in Londen. Hij doceerde jarenlang aan de AA. Hij was gasthoogleraar aan de Harvard Graduate School of Design, Cambridge, de Politecnico di Milano en van 2006 tot 2023 in SAUL, Limerick. Hij keerde terug naar de AA in 2019 waar hij ook lid was van de redactieraad van *AA Files*. Zijn publicaties omvatten *Never Modern* (2013) en *A Real Living Contact with the Things Themselves* (2018).

Oliver Thill studied at the TU Dresden and is a founding partner of the Rotterdam-based firm Atelier Kempe Thill. He has been a studio master at Delft University of Technology, the Academy of Architecture in both Arnhem and Rotterdam, and the Berlage Institute. He was an invited professor at the EPF Lausanne, the PSBA Düsseldorf, the Polytechnico di Milano and the TU Berlin. In 2020 he was appointed as full professor at the Leibniz University of Hannover. He was a board member of the Jaap Bakema Foundation Rotterdam and writes on a regular basis for the European architecture magazine *San Rocco*.

Oliver Thill studeerde aan de TU Dresden en is een van de oprichters van het Rotterdamse bureau Atelier Kempe Thill. Hij is werkzaam geweest als atelier-meester bij de TU Delft, de Academie van Bouwkunst in zowel Arnhem als Rotterdam, en het Berlage Instituut. Hij was gasthoogleraar aan de EPF Lausanne, de PSBA Düsseldorf, Polytechnico di Milano en de TU Berlijn. In 2020 werd hij benoemd tot hoogleraar aan de Leibniz Universiteit van Hannover. Hij was bestuurslid van de Jaap Bakema Stichting Rotterdam en schrijft regelmatig voor het Europese architectuurtijdschrift *San Rocco*.

Backlist

To order back issues of OASE, please visit our website: www.oasejournal.nl, or that of our distrubutor: www.nai010.com/ U kunt eerder verschenen nummers van OASE bestellen via onze website: www.oasejournal.nl, of die van onzedistributeur: www.nai010.com

OASE 119	Book Reviews: From Words to Buildings/ Boekbesprekingen: Van woorden naar gebouwen
OASE 117	Project Village/ Project dorp
OASE 116	The Architect as a Public Intellectual/ De architect als publieke intellectueel
OASE 115	Interferences: Moving across European Architecture Cultures/ Interferenties: Europese architectuurculturen in beweging
OASE 114	Optimism or Bust?/ Optimisme of de ondergang?
OASE 113	Authorship/ Auteurschap
OASE 112	Ecology & Aesthetics/ Ecologie & Esthetiek
OASE 111	Staging the Museum/ Musea in scene gezet
OASE 110	The Project of the Soil/ De grond van de kwestie
OASE 109	Modernities/ Moderniteiten
OASE 108	Ups & Downs: Reception Histories in Architecture/ Receptiegeschiedenissen in de architectuur
OASE 107	The Drawing in Landscape Design and Urbanism/ De tekening in landschapsontwerp en stedenbouw
OASE 106	Table Settings: Reflections on Architecture with Hannah Arendt/Tafelschikkingen: Reflecties op architectuur met Hannah Arendt
OASE 105	Practices of Drawing/Tekenpraktijken
OASE 104	The Urban Household of Metabolism/ Het stedelijke huishouden van het metabolisme
OASE 103	Critical Regionalism Revisited
OASE 102	Schools & Teachers: The Education of an Architect in Europe/ Scholen & docenten: De opleiding tot architect in Europa
OASE 101	Microcosm: Searching for the City in Its Interiors/ Microkosmos: Een zoektocht naar de stad in haar interieurs
OASE 100	Karel Martens and the Architecture of the Journal/ Karel Martens en de architectuur van het tijdschrift
OASE 99	The Architecture Museum Effect/ De effecten van architectuurmusea
OASE 98	Narrating Urban Landscapes/ Verhalend stedelijk landschap
OASE 97	Action and Reaction in Architecture/ Actie en reactie in architectuur
OASE 96	Social Poetics: The Architecture of Use and Appropriation/ Sociale Poëtica: De architectuur vangebruik en toe-eigening
OASE 95	Crossing Boundaries: Transcultural Practices in Architecture and Urbanism/ Grenzenloos: Transculturele praktijken in architectuur en stedenbouw
OASE 94	OMA: The First Decade/ OMA: De eerste tien jaar
OASE 93	Making Landscape Public: Making Public Landscape/ Landschap publiek maken: Publiek landschap maken
OASE 92	Codes and Continuities/ Codes en continuïteiten
OASE 91	Building Atmosphere/ Sfeer bouwen, met/ with Juhani Pallasmaa & Peter Zumthor
OASE 90	What is Good Architecture/ Wat is goede architectuur?
OASE 89	Medium: The Mid-Size City as a European Urban Condition and Strategy/ De middelgrote stad als Europese stedelijke conditie en strategie
OASE 88	Exhibitions: Showing and Producing Architecture/Tentoonstellingen: Architectuur tonen en produceren
OASE 87	Alan Colquhoun: Architect, Historian, Critic/ Architect, Historicus, Criticus
OASE 86	Baroque/ Barok
OASE 85	Productive Uncertainty/ Productieve onzekerheid
OASE 84	Models/ Maquettes
OASE 83	Commissioning Architecture/ Opdrachtgevers in de architectuur
OASE 82	L'Afrique, c'est chic: Architecture and planning in Africa 1950-1970/ Architectuur en planning in Afrika 1950-1970
OASE 81	Constructing Criticism/ Kritiek in opbouw
OASE 80	On Territories/ Over territoria
OASE 79	The Architecture of James Stirling, 1964-1992/ De architectuur van James Sterling, 1964-1992
OASE 78	Immersed: Sound and Architecture/ Architectuur en geluid
OASE 77	Into the Open: Accommodating the Public/ Publieke plaatsen
OASE 76	Context/ Specificity
OASE 75	25 Years of Critical Reflection on Architecture
OASE 74	Invention/ Inventie
OASE 73	Gentrification: Flows and Counter-Flows/ Stromen en tegenstromen
OASE 72	Back to School/ Terug naar school
OASE 71	Urban Formation & Collective Spaces/ Stedelijke formatie & collectieve ruimten
OASE 70	Architecture & Literature/ Architectuur & Literatuur
OASE 69	Positions/ Posities
OASE 68	Home-Land/Thuis-Land

Credits/ Colofon

Illustration credits/ Beeldverantwoording

p. 15 Private collection/ privé verzameling, Amsterdam
p. 21 Christoph Grafe
p. 23 Office KGDVS, Brussel
p. 31, 33, 34, 35, 36, 39, 40, 41, 42/43, 44 and/ en 47 right/ rechts Herman Hertzberger
p. 52, 54, 57, 59, 60 Ulrich Schwarz
p. 65 top/ boven Atelier Serge Joly + LMING, bottom/ beneden Atelier Serge Joly + Filippo Bolognese
p. 71 top/ boven Atelier Serge Joly + Filippo Bolognese, bottom/ beneden Atelier Serge Joly
p. 72 Atelier Serge Joly
p. 74 Atelier Serge Joly, Joly+Loiret/ Filippo Bolognese
p. 75 top/ boven Atelier Serge Joly, Joly+Loiret, bottom/ beneden Atelier Serge Joly, Joly+Loiret/ Filippo Bolognese
p. 76 top/ boven Atelier Serge Joly, bottom/ beneden Atelier Serge Joly + Filippo Bolognese
p. 83 Zirkular GmbH. Planning team for building in the circular economy. *Bauteilkatalog-IBS,* bauteile-ibs.ch/dist/CO2-Bilanzierung-Reuse-955bd7d686.pdf
p. 84 top/ boven Structural Xploration Lab, EPFL: Julie Devènes, Maléna Bastien-Masse, Corentin Fivet. *Bauteilkatalog-IBS,* bauteile-ibs.ch, bottom/ beneden Structural Xploration Lab, EPFL: Julie Devènes, Maléna Bastien Masse, Corentin Fivet, *Bauteilkatalog-IBS,* bauteile-ibs.ch
p. 87 PARABASE GmbH, Basel: Carla Ferrando, Pablo Garrido Arnaiz; Monotti Ingegneri Consulenti SA: Mario Monotti, archdaily.com/1008183/parabase-reuses-prefabricated-concrete-elements-for-a-radical-housing-development-in-basel-switzerland
p. 90 Kim Förster
p. 93 Solanellas Van Noten Meister
p. 101, 105, 106 MTA
p. J113, 114 Johan Dehlin
p. 117 Stefano Graziani
p. 121, 122 Onsitestudio
p. 128/129 Atelier Julien Boidot – BAST
p. 130 Atelier Julien Boidot. Clement Guillaume
p. 133 Atelier Julien Boidot – Boris Bouchet. Studio Jeudi. Wang
p. 135 Atelier Julien Boidot
p. 141 Kenneth Frampton, *Studies in Tectonic Culture* (Cambridge, MA: MIT Press, 2001)
p. 144 Wijnanda Deroo, New York
All other images are from the public domain/ Alle overige afbeeldingen zijn afkomstig uit het publiek domein

Sponsors

Atelier Quadrat, Rotterdam
Atelier Stadsbouwmeester Antwerpen
B-ILD, Brussel
Bouwmeester Maitre Architecte, Brussel
DaF architecten, Rotterdam
De Nijl Architecten, Rotterdam
De Smet Vermeulen architecten, Gent
Dhooge & Meganck Architectuur, Gent
Diederendirrix architecten, Eindhoven
Dierendonckblancke architecten, Gent
FVWW architecten, Antwerpen
GAFPA, Gent
Geurst & Schulze architecten, Den Haag
HBAAT, Lille
HILBERINKBOSCH architecten, Berlicum
Martens, Willems & Humblé, Maastricht
Korth Tielens Architecten, Amsterdam
MUST Stedebouw, Amsterdam – Köln
Office Winhov, Amsterdam
Frits Palmboom Stedenbouwkundige, Amsterdam
Rapp+Rapp, Amsterdam
Rijnboutt, Amsterdam
Urbain Architectencollectief, Gent
Wim van den Bergh Architect, Maastricht
Ziegler | Branderhorst stedenbouw en architectuur, Rotterdam

Credits/ Colofon

Subscriptions and administration/
Abonnementenadministratie
Abonnementenland
De Trompet 1739
1967 DB Heemskerk
the Netherlands
Tel +31 (0)251 - 257924
www.aboland.nl

Subscriptions/ Abonnementen
OASE is published three times a year. Subscriptions can be taken out via the website of Abonnementenland, see www.aboland.nl. OASE can be found under the 'Art & Culture' category. Students at universities and academies of architecture as well as holders of a *CJP* are entitled to a reduction in the costs of the subscription. For the terms and conditions of the OASE subscription, please consult the website of Abonnementenland.

OASE verschijnt drie keer per jaar. Abonnementen kunnen afgesloten worden via de website van Abonnementenland, zie www.aboland.nl. OASE is te vinden onder de categorie 'Kunst & Cultuur'. Recht op reductie op de abonnementskosten hebben studenten aan universiteiten en academies van bouwkunst, alsmede houders van CJP. Voor de voorwaarden van het OASE-abonnement verwijzen wij u naar de website van Abonnementenland.

Subscriptions for three issues in Europe/
Abonnementsprijs voor drie nummers in Europa
individuals/ particulieren € 70
organisations/ instellingen € 100
students/ studenten € 50

Abonnementsprijs voor drie nummers in
Nederland en België
particulieren € 60
instellingen € 100
studenten € 40

Subscriptions for three issues outside Europe/
Abonnementsprijs voor drie nummers buiten
Europa
Individuals/ particulieren, students/ studenten € 100
organisations/ instellingen € 120

Subscriptions for three digital issues/
Abonnementsprijs voor drie digitale nummers
individuals/ particulieren € 40
students/ studenten € 25

For professional and international (business) subscriptions, please send an email to oase@nai010.com/ Stuur voor professionele en internationale (zakelijke) abonnementen een e-mail naar oase@nai010.com.

Books distributed by nai010 are available internationally at selected bookstores and from the following distribution partners:

North, South and Central America – Artbook | D.A.P., New York, USA, dap@dapinc.com

Rest of the world – Idea Books, Amsterdam, the Netherlands, idea@ideabooks.nl

For general questions, please contact the OASE foundation directly at info@oasejournal.nl or visit our website www.oasejournal.nl for further information. For sales information and availability for bookshops, please contact nai010 at sales@nai010.com or visit www.nai010.com

Voor informatie over verkoop en distributie in Nederland en België, stuur een e-mail naar sales@nai010.com of kijk op www.nai010.com.